李白传

童 强 著

长江出版传媒 | 长江文艺出版社

图书在版编目（CIP）数据

李白传 / 童强著. -- 武汉 ：长江文艺出版社，
2025. 8. -- ISBN 978-7-5702-3436-3

Ⅰ. K825.6

中国国家版本馆 CIP 数据核字第 2025N728C1 号

李白传
LIBAI ZHUAN

策划编辑：张远林

责任编辑：黄雪菁 　　　　　　责任校对：程华清

封面设计：胡冰倩 　　　　　　责任印制：邱　莉　韩　燕

出版： 长江出版传媒 | 长江文艺出版社

地址：武汉市雄楚大街 268 号 　　　邮编：430070

发行：长江文艺出版社

http://www.cjlap.com

印刷：湖北恒泰印务有限公司

开本：640 毫米×960 毫米 　　1/16 　　　印张：20.25

版次：2025 年 8 月第 1 版 　　　　2025 年 8 月第 1 次印刷

字数：216 千字

定价：46.00 元

目　录

引言：召唤诗与远方

为什么要读诗？为什么要读李白？

我们说不出什么特别的理由。但如果人生没有诗，我们就无法在人生的河流中，引入一股清泉；如果人生没有远方，我们就无法在现实的丛林中，吹进一丝理想的清风。

我要遇见李白！

这是我们阅读李白的内在动力。只有内心向往诗的人，才会找到诗，才会遇见李白。

人的生存依赖于吃饭穿衣这样的物质供应，然而这个需求并不容易满足。千百年来，人们为此耗费了几乎所有的精力。长期的饥饿威胁，使得人们把免于饥饿（包括获得巨额财富）当作人生最大的目标。这种物质的满足，很快被视为人生满足的全部。一旦有可能，人们就把整个精力投入物质财富的获取上，人为财死，鸟为食亡。但这种认识是片面的，它只是物质匮乏条件下人们心理扭曲的反映。一个长期饥饿的人，人生只剩下一个目标——吃饱。但人类发展的目标显然不仅仅是吃饱的问题，还有着比温饱更重要的追求。

人变得像今天这样风趣、高雅、智慧，并不是仅靠喝酒吃肉取得的（人固然要吃饭穿衣，喝酒吃肉），而是依赖他的精神世界的发展。人真正的发展，是基于他内在的发展，精神世界的发展。两千年前成书的《淮南子·泰族训》已经说明白了这一点：

物质生活的无限满足，最终并不能带来真正的愉悦，更不能提高人的境界。将人关在黑暗的屋子里，"虽养之以刍豢，衣之以绮绣，不能乐也"。为什么不能乐？因为"目之无见，耳之无闻"，精神失去了它的来源。此时"出室坐堂，见日月光"，就能"旷然而乐"，更何况"登泰山，履石封，以望八荒，视天都若盖，江河若带，又况万物在其间者乎！其为乐岂不大哉"！这个"乐"不是物质享受带来的，而是万物尽收眼底、拥抱整个世界的"乐"。我们今天比原始时期更发达、更文明，固然在于现代物质财富的增长，社会的高度发达，但更在于现代人拥有一个更丰富、更开阔的精神世界。

这个精神世界来之不易，它是各个时代的哲学家、思想家、诗人、艺术家以及许许多多普通人努力建造起来的一个大厦。一个平凡的人也有自己的精神生活，也可以为精神世界作出自己的贡献。历史越长，这个大厦越大，杰出人物越多，内容越丰富，人们从中获得的滋养就越丰富。这个大厦就是人类的文明，就是传统文化。

这个精神世界是我们成长成熟、接触文化的重要宝库与渠道。对于西方民族而言，他们有他们的古典世界；对于中华文明而言，我们有我们的传统文化。内容形式虽有不同，但本质都是人类的精神世界。我们正是依赖这个精神世界成长成熟起来的。德国哲学家雅斯贝尔斯特别强调西方古典文化对于他们的意义，他说："凡在青年时代学过希腊文和拉丁文的人，凡曾读过古典诗人、哲学家和历史学家作品的人，凡通晓数学、研究过《圣经》以及自己祖国的富有想象力的伟大作家的作品的人，都可能进入一个无限灵活而广阔的世界。这个世界将赋予他不可剥夺的内在价值，将授予他开启其他世界的钥匙。"（《时代的精神状况》）自我的每一次提升都源于与古典世界的重新接触。正是对古典世界的学习领悟，人才获得了一种"不可剥夺的内在价值"。我们相信，任何一个与古典世界、传统文化有过接触而有所提升的人，都会感受到那种内在价值之所在，正是这种意识，使他并不需要过分地依赖外在的价值来提升自身的地位。正如孟子所说，这种内在价值是一个人的"天爵"，而外在的价值只是"人爵"。"天爵"是一个人天生具有的地位与尊严，"人爵"只是一个人因为某种外在因素获得的爵位与官职。

我们从传统文化中汲取营养的程度取决于我们接受精神影响的悟性。而一个民族的诗歌此时体现出独特的价值，不同于哲学、不同于其他知识类型，它用了我们每个人都能够明白的语言，向我们展示了精神世界的奥秘。正因此，诗人有着独特的地位。

诗是什么？很多时候，人们觉得它只是漂亮的句子、优美的表达，评论家只是用另一些华美的辞藻称赞那些漂亮的诗句。诗歌是华美，但本质上却与丽辞藻饰无关，它代表了那个时代最敏感、最杰出的精英对这个世界的感受、洞察和领悟。今天在机场与亲人恋人告别，你也只能相拥而泣，一句"我爱你"成为你最富有诗意的表达的全部。但在两千多年前，在没有大学、在99.9%的人只会唱歌而不会阅读的时代，在唐诗宋词还没有出现，从没有人看过爱情片、言情剧的年代里，在不可能有网络与社交软件的地方，一个人在告别亲人恋人的时候，却说出了"昔我往矣，杨柳依依；今我来思，雨雪霏霏"这样的诗句，这是何等的伟大！

昔我往矣，杨柳依依；今我来思，雨雪霏霏。

写出这个句子的人是真正的诗人，尽管我们根本不知道这人是谁，是年轻人，还是老年人，但有一点可以肯定，他是诗人，是伟大的诗人！

人的感受性的表达获得了突破！一种人们能够感受到、却说不出来的东西喷薄而出，人仿佛从禁锢中挣脱出来，这不仅是感性的解放，更是人的解放。如果没有诗人，我们就不能如此清晰地感受到我们内在的情感、思想，我们甚至无法思考。

在 1200 年前，在全球许多文学史还没开始的时候，李白就已经说出：

床前明月光，疑是地上霜。举头望明月，低头思故乡。
（《静夜思》）

两岸青山相对出，孤帆一片日边来。（《望天门山》）

清风朗月不用一钱买，玉山自倒非人推。（《襄阳歌》）

如此通俗清新、脍炙人口的诗歌。还唱出了：

飞流直下三千尺，疑是银河落九天。（《望庐山瀑布》）

白发三千丈，缘愁似个长。不知明镜里，何处得秋霜？
（《秋浦歌》）

君不见，黄河之水天上来，奔流到海不复回。君不见，高堂明镜悲白发，朝如青丝暮成雪。（《将进酒》）

如此豪放张扬、充满强烈个性的诗篇。还有：

仰天大笑出门去，我辈岂是蓬蒿人！（《南陵别儿童入京》）

人生得意须尽欢，莫使金樽空对月。天生我材必有用，千金散尽还复来。（《将进酒》）

安能摧眉折腰事权贵，使我不得开心颜。（《梦游天姥吟留别》）

如此顽强对抗命运、永不言败、毫不屈服的人格形象。

这样的诗句不仅是语言华美，更是诗人对世界的洞察，对人间的关怀，对美好的执着与向往。诗人是我们心灵的导师，是一个民族的先知先觉者。我们今天所达到的文化认知，依赖于历史上无数杰出思想家、哲学家的重要贡献，无数先贤哲人的智慧结晶，依赖于李白、杜甫这样许许多多伟大诗人的文化滋养与精神熏陶。

诗人为我们打开了通向精神世界的大门。

第一章　成为诗人

怎样才能成为一个诗人？没有人知道答案，也不可能有答案。

不过，从李白的经历中，我们略可知道诗人是什么样的人，又如何成为一个诗人。

李白距离我们有 1000 多年。社会历史文化的变迁，使我们理解李白有一种时间上的距离。当然，我们都很熟悉他。他的"小时不识月，呼作白玉盘"诸如此类的诗歌，我们从小就耳熟能详。他的诗句能够穿越漫长的时空为我们毫无障碍地感受。

但另一方面，我们又不能完全理解诗人。他有些经历，有些诗歌，作为现代人，我们已经很难完全领会。他的人生、他的诗歌背后隐然有一种难解之谜。正是这份好奇，开启了我们追随诗人之旅。

诗人的诞生，需要一个时代。时代造就英雄，时代也孕育诗人。一个充满激情、感性、充满理想的时代更容易催生诗人。

诗人需要天才，多方面的天才，更需要语言的天赋。但语言天赋并不是单纯造出富丽华美句子的能力，尽管诗歌确实需要优美的诗句。语言是洞察世界、揭示内心的表达。诗人用诗歌告诉人们他目之所见，内心所想，用诗歌展现他的心灵世界。所以这份天才是始终保持了对这个世界、人生、心灵的高度敏感。

诗人需要睁开双眼，开阔眼界。眼界有两层，一是眼睛所看到的世界，一是心灵所感受到的世界。幸运的是李白早年经历了一次大迁移，随着家人从中亚到川蜀。这是多么奇异的旅行！尽管李白当时年幼，还不能理解自己所看到的高山大漠、饮食服饰、风土人情等所有的一切，但是世界仅仅呈现为表象，正是诗人心灵成长所需要的滋养。诗歌是通过形象而表达情感与思想，一个诗人正是需要这异常丰富、异常缤纷的表象。世界就是表象，表象就是世界的本质。诗人能够看到的，正是提供给心灵感受的素材。在这里，诗人的眼界正与胸怀相统一。有一种说法是诗人出生在川蜀，就是在李白出生前，他家已经从中亚迁至四川。但就诗人的成长需要一种眼界的开放、胸襟的开放而言，我们更愿意相信诗人李白早年确有一次看世界的经历。

一、激情时代

时代造就诗人。

李白在诗歌上的成就，除了他个人天赋等多方面的原因之外，通常认为，最主要的就是社会环境，特别是盛唐时代的社会特征。

公元 624 年，李渊统一中国，结束了自汉末以来近四百年动荡分裂的局面。随后唐太宗李世民即位，翻开了历史新的一页。唐朝前期，王朝政治相对清明，天子以四海为一家，眼界开阔。社会经济繁荣，文化多元发达。从文化意义上来，整个民族正处于发展成熟时期。这样的社会环境为促进唐代文学的繁荣发展、造就李白这样的大诗人提供了较好的社会基础。

唐太宗即位时非常年轻，非常开明，懂得吸取历史的经验与教训，深知中国传统所说的"水能载舟，亦能覆舟"的道理，懂得民心向背对于王朝长治久安的重大影响。基于这一出发点，唐朝当时推行的许多政策都比较有利于社会生产的发展，有利于百姓安居乐业。经济的繁荣、军事实力的加强，使大唐成为一个强大的国家。

社会相对稳定，经济繁荣，特别是交通便利之后，汉民族与周边民族以及海外的交流日益频繁起来。唐代皇室含有中国少数民族的血统，在民族政策上，唐太宗提倡西域各民族与中原汉族和睦共处，即所谓"胡汉一家"，他尊重少数民族的乡土习俗和宗教信仰，允许他们建立各自的寺院。唐朝的对外政策也比较开明，相关的政策促进了各民族之间的融合以及中外文化的交流。整个唐代，各民族之间以及中外的贸易、文化、艺术上的交流十分频繁。西域各民族以及亚洲、欧洲国家的商人有的通过陆路，有的经过海上，进行贸易。当时，胡商的足迹遍布海内，胡僧的寺院也集中于长安、洛阳等地。这种交流不仅给唐人带来了西域以及中亚各民族的金银器物等物质产品，更重要的是，带来了丰富的文化资源。华夏文艺创作与充满异域风光和兴味的艺术风格相互融合，呈现出多彩多姿的风貌。这是唐代文学艺术特别是诗歌得以蓬勃发展的沃土。

盛唐时期民众生活相对宽裕，加上当时水路和陆路交通都相对便利，文人墨客外出旅行颇为方便。这为盛唐诗人的物质生活和游历提供了基本的条件。盛唐诗人大多喜好漫游。对于诗人而言，漫游既可以增长见识，开阔视野；又大大促进了不同地域之间文化的交流、文风的融合。

唐人性情开朗，对于各种艺术风格、文化现象，较少偏见，南朝诗文，风格优美，但不免纤弱；北朝文风刚劲有力，但不够含蓄，唐诗人则能避免南北文学的短处，而将南朝清丽和北朝兀爽结合起来，熔二者于一炉。"初唐四杰"王勃、杨炯、卢照邻、骆宾王的诗歌作品，已经能够把刚毅的骨气与华美的辞藻较好地结合起来。随后的一位重要诗人陈子昂，继续沿着这一方向探索，开创出唐诗的新风尚。盛唐之时，南北文学各自的特点更是在诗人手中充分融合，诗人们努力创作，展现出真正属于唐诗自身的独特风貌。南方与北方学风、文风的结合给文化艺术的发展，特别是诗歌创作，提供了极好的精神氛围与发展方向。

中国传统一向重视诗歌，人们喜爱读诗、学诗、写诗。有时选拔文官也会考察候选者诗歌的写作能力，诗歌写得好，被朝廷录用为官员的可能性更大一些。诗歌除了美感价值，还很"实用"，许多社交场合都需要写诗。一人远行，朋友都会设宴送别，席间赋诗相赠，彼此之间依依惜别之情都是通过优美的诗句来表达。能够写诗在中国古代是受到良好教育的标志，古代大部分官员都会写诗。在这样一个诗歌传统中，唐初的几位帝王自然也都比较重视诗歌，尊重诗人。帝王经常召集文士游宴，吟诗作画，欣赏歌舞，还举行诗歌创作比赛，看谁在最短的时间里写出最好的诗篇。最佳的诗人自然受到皇帝以及朝臣们的推崇。当时的诗人写作比较自由，一般情况下，朝廷不会干涉诗歌的内容。这种状况十分有利于诗人的创作活动。

唐人普遍充满了开阔、明朗、乐观的精神。唐初经济繁荣、社会稳定、国力强盛，这是广大士人具有激情昂扬的精神状态的基础。当然，对于唐人乐观向上的精神面貌而言，这些物质因素只提供了某种可能性，唐以后的某些时期也曾出现过类似的局面，但唐人的那种精神气息却是一去不复返了。这一时期的民族好似正在成长中的青年。初、盛唐时期尽管也有战争、灾难，士人百姓也都遭遇种种困难、挫折，也有忧郁、悲伤，但令人惊叹的是，唐人始终都是那样的自信、充满希望。尽管悲伤，却是短暂；虽然叹息，总是轻盈。在唐人的精神世界的深处确实较少悲观和失望，通体散发出一种蓬勃、昂扬、向上的气息。冯至的《杜甫传》说得好，这是"一个健康的时代"。

此时，不仅是唐帝国走向鼎盛的时期，也是民族的心智走向成熟的时代。当时的中国不仅门户敞开，而且民族的心扉也是敞开着的。正是这种开放的心灵，唐人面对纷至沓来的异域外族文化，不仅不会感到威胁，反而主动地从中获取于己有利的各种滋养。在这种交流中，音乐常常是最先传播的内容。当听惯了凝重迟缓的雅乐和轻柔婉转的"采莲曲"的唐人初次接触西域的胡旋舞、胡腾舞时，一下子便被吸引住了，那快速急促的节奏、活泼有力的舞姿、令人耳目一新的音乐样式，着实让唐人着迷。唐初宫廷中设有"十部乐"，其中四部来自境内的少数民族，四部来自国外，可见当时外族异域的音乐占了很大的比例。这些音乐大多配合有独特的歌舞，舞蹈的编排、装扮、舞姿以及乐队组成、旋律都与中国原有的乐舞样式大相径庭。上至君主官员，下至平民百姓，都很喜爱这些样式新颖的歌舞音乐。唐人对各种外来文化，都很有兴趣，无论是音乐、舞蹈，还是绘画、雕塑，都能够十分关注，并且广泛吸收其中的新内容与新形式。国外的绘画也传入中国，在技法等方面影响到本土的画家。唐代诗人每有咏画之作，借此表达他们对各种新画风的新鲜感受。

唐代社会安定，国力强盛，人民生活富裕；民族心智成熟，心胸开阔，充满积极向上的精神；学术文化发达，特别是诗歌创作具有良好的社会基础和文学积累。唐人在充分融合南北学风、文风的基础上，又积极吸收西域各民族以及海外文化的新内容、新形式，从而创造了一种既具有生动优美的表达形式，又能够反映自身民族精神面貌和现实生活的新文化。这种文化在盛唐时期达到了高峰，其中内在的精神，大体就是前人所谓的"盛唐气象"。

李白生活在盛唐时期，亲身感受到盛唐文化的影响。他出生在西域，后到四川，一生中大部分时间都在游历各地，接触各种宗教文化、民族风情、地方习俗，包括大量传说神话、民歌民谣、音乐舞蹈，他的诗歌创作体现出对这些多元文化、异质元素的有机融合。李白胸襟开阔，性格豪放，想象丰富，富有文学天才，他的大部分诗歌都写作于这个时代，是"盛唐气象"最直接、最生动的写照。

二、天才

中国诗歌史上，李白的天才是独一无二的；一旦说到李白，人们都会称赞他的天才。五代时，王仁裕《开元天宝遗事》当中就说"李白有天才俊逸之誉"，宋人记载"唐人以李白为天才绝"，严羽《沧浪诗话》当中也说"太白天才豪逸"。历代文献中还有许多类似的赞语，总之，李白的天才可以说是人们公认的。李白在唐代就享有天才的声誉。当时的诗人贺知章称李白为"谪仙人"。谪仙，就是本来是天上的仙人，被贬谪到人间，故在人间能够遇到这位仙人。但这个仙人主要不是强调他能够长生不老，而是他富有智慧，才能卓越。

李白的天才正是在这个意义上来说的。他执着于追寻人生的真谛，执着于用诗歌来表达他人生的感受以及对世道的理解。正是因为这种执着，许多与他切身利益相关的世事他反而漫不经心。

真正的天才就意味着他们容易忽略自身，不会刻意追求自身的利益，不晓得为自己筹划，而是关注大道、真知，关注万民、天下、宇宙这样的主题。李白一生中与道教接触，反映出他对道术真知的追求，特别是他对炼丹的了解，体现出他对宇宙天地的追问。天才往往是自己都拯救不了，却决心拯救天下。生活上的事情他们不太在意，却倾心关注诗歌、艺术及那些超越日常有用范畴的宏大事件。从这方面来说，天才在日常生活领域中尤显迟钝笨拙。

　　天才拙于生计，所以日常生活中人们丝毫看不出天才的卓越，相反会觉得他们连普通人都不如。正如叔本华所说："一个精明人，正当他精明之时，就不会是天才；一个天才，就他是天才来说，就不会精明。"对于精明的人而言，他们精于筹划，会利用各种资源与手段，获得各种对生存有利的东西，他们能够一帆风顺，青云直上，而天才则多半陷于困境，一生潦倒落魄，他们常常执着于某个理想，而不顾自己的个人生活的好坏。李白凭借自己的才智，谋得一个能够让家族温饱的小官位应该是没有问题的。但也正如叔本华所说："天才无法去做只存在于眼前的、死板的行政工作。"所以，李白一辈子都不想做官，但渴望居于高位而干出一番惊天动地的事业来。这在我们有点理智的人看来，都是不可能的事情，但在李白那里，他的思考从来不是按照我们常人的逻辑来的，日常现实的逻辑就是为了自己可能的利益而牺牲自己的尊严、原则、人格。用叔本华的话来说，天才不是以现实社会的"根据律"来行事的，"遵循根据律的都是在生活上给人带来精明和审慎，也是把科学建立起来的认识。"供奉翰林的日子里，李白只需有一点算计，只需有那么一点点自屈，只需多那么一点点讨好人主及其近臣的意思，他也不会离开禁中。

他为了自己宏大的理想，宁愿牺牲自己个人现实中的利益。他顺从自己的内心，不惜得罪周围权贵，以至亲自毁掉自己的前程。他的举动在时人看来是非常不理智的，人称李白是"狂士"。宋人晁补之《采石李白坟》曰："载酒五湖狂到死，只今天地不能藏。"元人周权《谪仙楼诗》曰："笑傲玉堂金马中，诗酒猖狂天子客。"狂在诗歌上表现为豪放的风格。

对李白诗历代共同的评价就是豪放。王安石说李白是"豪放飘逸"，李纲称他是"豪迈清逸"。但诗歌豪放在李白那里，不仅仅是诗歌的风格，也是诗人内在的个性。不是那种豪放的个性，也写不出来如李白那样豪放的诗歌。所以，说李白豪放有两个方面，一个是说他的诗歌风格豪放，另一个是说他内在的个性豪放。这两者实际上是互为因果的。

正是由于这种豪放的个性，促成了他壮丽的人生与激情的诗篇。话说诗歌史上豪放而富有激情的诗人很多，并不止李白一人，关键在于如李白这样旁若无人、气凌权贵、为求豪情万丈气势磅礴于一瞬而不计任何人生后果者，盖诗歌史上独此一人。

叔本华说："天才的根本要求是感受性极其强烈。"李白富有激情，渴望沉浸在强烈的激情之中。大约他是极易冲动的诗人，而且一旦冲动起来，就很难平息抑制，当然对于诗人而言，他最大的冲动就是写诗。幸好他给后人留下了千首诗篇，我们还能领略到诗人激烈的情感、壮阔的心灵、无比丰富的精神世界。

他热衷于几乎所有宏大的事业与场面。他想象着在历史紧要关头出场，"为君谈笑静胡沙"；他想象着自己是富有正义感且剑术高超的侠士，在人们最危难的时刻出现在人们的面前。

不论是谈古论今让他激动，还是饮酒赋诗让他激动，不论是知心朋友的告别让他感慨，还是眼前的壮丽美景让他豪情万丈。

凡事足以让李白情感激动，让他处于一种强烈的感情状态下，他都非常投入。心理学家告诉我们，如果情感的强度越大，那么他整个自我就越容易被卷入，卷入的程度也越大。就是说整个自我都为这种情感所支配，几乎无法控制。我们在李白的诗歌中看到的正是这种情形。

三、从碎叶到川蜀

诗人早年随家迁徙的经历，对他有深刻的影响。

李白出生在碎叶城，即今在吉尔吉斯共和国境内托克马克城南八公里处，其地阿克·贝希姆（City site AK－Beshim）古城可比定为碎叶故址。这里当时属于唐王朝的疆域。但李白出生后不久，他们家就从碎叶城内迁回四川，整个行程4000多公里，这一漫长旅行给诗人带来了开阔、远大、开放的眼界。李白豪放的个性、多元的价值观、独特的文化视野、缤纷浪漫的想象，不能说与他早年的这一旅行没有联系。

李白一家本来是在西凉的建康郡，即今甘肃酒泉与张掖之间。隋朝末年，天下大乱，从大业七年（611）王薄率众叛变开始，一直到大业十四年（618）四月杨广被叛军缢杀，混乱的局面持续了好多年。直到六月李渊称帝，建立唐朝，天下渐趋安定。为避隋末战乱，李白的祖先西迁至碎叶，在那里定居。长安元年（701）李白出生。神龙元年（705）李白五岁时，全家从西域返回内地。

李白称自己"陇西成纪人"。李阳冰《草堂集序》、范传正《唐左拾遗翰林学士李公新墓碑并序》都记载李白是"陇西成纪人"。李白《赠张相镐二首》之二中说："本家陇西人，先为汉边将。功略盖天地，名飞青云上。"陇西李氏是著名的望族。如果李白是陇西李氏家族的人，那他就是西汉名将李广的后代。李广的后裔有一支定居在陇西成纪。后来，陇西出了个李暠，他声称是西汉飞将军李广十六世孙。五胡十六国时，他创立了西凉王朝，疆域包括如今甘肃西部、内蒙古西南部及新疆部分地区。

推算起来，李白是李暠的九世孙。李白是陇西成纪人，李唐王室也称出自陇西李氏，则李白与王室还有同宗的关系。

西凉灭亡后，李暠之孙李宝迁家到关东，出仕北魏，陇西李氏逐渐成为当地一流士族。隋代，陇西李氏与丝绸之路的商人联系密切。近年宁夏固原发掘隋代陇西李氏的墓，在李贤、李静训的墓中，出土的嵌珍珠宝石的金项链、金银高足杯、玻璃碗等物品都来自中亚、西亚。从出土随葬品来看，陇西李氏在隋代已有较高的社会地位。唐代贞观年间修《氏族志》时，鉴于皇家的影响力，陇西李氏被列为第一等，"李氏凡十三望，以陇西为第一"。

在这里可以看到中古时代的一种独特的社会现象——郡望。郡望就是老家，名门望族的老家。普通人的祖籍就是老家，豪门大族的祖籍就是郡望。古人都是聚族而居，一个宗族，支脉繁衍，人丁兴旺，家业富裕发达，且一定要有人在朝中担任高官，这样显贵的家族在地方上有很大的影响，就形成了当地的望族，意思是世居某郡为人所仰慕的家族。隋唐时期，北方有所谓四大郡望：范阳（今北京至河北省保定一带）卢氏、清河（今河北省清河一带）崔氏、荥阳郑氏（今河南省郑州一带）、太原（今山西省太原一带）王氏，都是郡望的典型例子。

望族成员在当地受到尊重，在外可以得到族人的帮助，免于欺凌。好处一多，冒认著姓的人也多了起来，"天下皆知美之为美，斯恶矣"。除范阳卢氏、清河崔氏、荥阳郑氏、太原王氏之外，还有陇西李氏、赵郡李氏、博陵崔氏等著姓，出身寒微的同姓，常常声称自己也是出自这些大姓，借此攀附望族中的显要人物，求得援引。

中国隋唐之前选拔官员主要是推荐制，魏晋南北朝时期选官采用九品中正制，主要根据"家世""行状"来划分九个等级，然后根据等级授予官职。然而时间一长，评定等级主要就是看家世，于是出现了"上品无寒门，下品无士族""公门有公，卿门有卿"的状况。所以推崇郡望，实与世家大族扩大家族声望，意欲垄断入仕资源有关。《新唐书·柳冲传》载，柳芳撰《氏族论》强调"别贵贱，分士庶，不可易也。于时有司选举，必稽谱籍，而考其真伪。故官有世胄，谱有世官"，意在捍卫门阀家族的地位，此时科举制度正在形成，门阀士族的势力已经衰退。但名门望族的社会形象还在，人们还会利用同姓关系说自己出自某个望族。

李唐王室究竟是否出于陇西，李白一家是否陇西李氏之后，研究者有不同的看法，但这个问题在这里已不重要了。不仅因为现在很难发现决定性的证据以回答上述这个问题，更主要的在于，即使无据，李白声称陇西李氏，在当时或今天看来都是无伤大雅的事情。

碎叶城，是什么样子？

碎叶，坐落在唐王朝最西的边疆，是边陲上的一个军事重镇，保大军的驻地。高宗调露元年（679），检校安西都护王方翼建造碎叶镇城，军事地位骤然提升。玄宗开元七年（719），四镇节度使汤嘉惠根据当时形势，请求朝廷以焉耆代替碎叶。在这之前，碎叶、龟兹、疏勒、于阗一直是安西大都护府属下的四个军事重镇，所谓安西四镇。

太宗贞观之初，即李白出生的七十多年前，玄奘法师从长安出发，前往天竺取经，就经过碎叶。玄奘称当地"戎马甚盛"。它本是军事驻防之地。

玄奘所作的《大唐西域记》卷一记跋禄迦国（下）有素叶水城，即碎叶。碎叶以附近的碎叶水（一作碎叶川）而得名，为丝绸之路上的一座重要城市。西边呾逻私城南有小孤城，"南行十余里有小孤城，三百余户，本中国人也。昔为突厥所掠，后遂鸠集同国，共保此城，于中宅居。衣服去就，遂同突厥；言辞仪范，犹存本国。"李白先世在碎叶居住时的情形大约也是这样。

《大唐西域记》中还描述："城周六七里，诸国商胡杂居也。土宜靡、麦、蒲萄，林树稀疏，气序风寒，人衣毡褐。"碎叶的生活习俗、风土人情、思想文化都与中原大不相同，这里的人骁勇善战、能歌善舞。这里地处以胡人为主的丝绸之路，商旅贡使往来频繁，交易货币除了大唐的开元通宝，还有萨珊银币、东罗马金币、阿拉伯金币。李白儿童时期居住在这里，军队士兵、商队行旅、不同民族的群体以及当地林木稀少、沙漠干燥、月光皎洁等印象一定深深印在他的脑海中。

神龙元年（705），李白一家离开碎叶，迁至蜀地。整个路途长达4000多公里，需要经过沙漠，环境十分恶劣，行人时有遭遇高温缺水、迷失方向和沙尘暴袭击的危险。据说当年玄奘还未行至碎叶，就险些丧命。

当时走的是哪条路线，李白诗中没有提及，文献中也没有记载。现代对丝绸之路研究很多，一般以为古代丝绸之路有北线、中线和南线。北线经过托克马克，看起来就是李家内迁的路线：从托克马克出发，沿着天山北坡经过阿拉木图、乌鲁木齐，再经过吐鲁番盆地到达哈密，进入敦煌嘉峪关。沿着甘肃走廊，即可到达长安。在到达金城（今甘肃兰州）以后，就有多条入蜀的道路。有学者认为入蜀正道是"阴平道"。严耕望《唐代交通图考》第四卷中说，汉魏时代，自西安入蜀，要经过汉中，如果从陇右道入蜀，要经过阴平，两条道路都会经过白水关。白水关大约在四川广元市（历史上的昭化县）西北，昭化又称葭萌，白水即今白龙江。

有学者认为李白一家走的是"西山路"。唐人所称的西山，不仅指维州、茂州一带的高山，还指青海、新疆南沿的高山。沿西山路的西山行进可通吐蕃以及西域。还有一条道则是"氐羌道"，从高原沿着岷江上游入蜀。这是青海为数众多的古道之一，文献鲜有记载。

李家在西域，大约没有从事畜牧，推测起来可能主要从事商业贸易。从碎叶城到川蜀4000多公里的行程，最有可能也最为经济的办法，就是一边做商贸，一边向中原方向行进。将西域的货物贩卖给沿途的集市，再不断收购沿途的物资，贩卖到下一站或沿途附近的区域。否则，举族迁徙的这段时间内，家族成员根本无法从事生产，生活来源以及旅行的费用完全靠积蓄是难以想象的。所以我们以为，利用迁徙长途旅行从事商业贸易是极有可能的事情。

李家不远万里回到内地，耗时多久不得而知。因为是举族迁徙，人口、水和药品、日用物资、商品货物、骆驼、马匹等，整个队伍不会太小。

学者告诉我们，丝绸之路上通常的商队是5到12匹骆驼，每天行进30到45公里。这大约是境内的商队，规模较小。西域龟兹国对经过国境的每一支商队都有清点。现存的文献记载，公元

641 到 644 年一共有 13 支商队经过龟兹，而其中有 9 支商队，人数不超过 10 人，骆驼马匹最多的 17 匹。从境内出土的文物来看，绝大部分商队都只有六七匹骆驼或者马匹，这些商队携带的只是简单的日用品，他们只是把商品贩卖到邻近的村落或者城市，并不是直接把货物从长安贩运到罗马。

但也有学者文章认为，波斯等国际贸易的商队，骆驼数量从 50 头到近千头不等，成员数量也有数百人至万人的悬殊。商队成员的身份更是复杂多样，除了独立的商人之外，还有语言、民族、地理知识的向导和护卫，以及学者、工匠、艺术家、官方使者、教徒和医生，朝圣者也会加入商队的行列。玄奘在取经的途中，常常与商队同行，曾担任 500 人商队的首领。

李家迁徙当然不同于一般商队。因为是举族迁移，加上其他杂役向导等，人数不会太少。前面说商队每天可行进 30 到 45 公里，那是专业商队的速度，老李家拖家带口，扶老携幼，还有搬家的行李，大约走不了那么快。4000 多公里的路，若是每天行进 5 到 10 公里，就得耗时 400 至 800 天，也得有一两年的时间。若是沿途做些生意买卖，则花费的时间将更久。不论怎样，李白随着家人走了 4000 多公里，都是让他开阔眼界的大事。

四、精神视野

眼界，就是一个人所拥有的思想的宽度、精神的视野。

4000 多公里的旅途，对年幼的诗人有什么影响，李白诗中没有提及，但我们可以想见。一个幼童在经历西域沙漠绿洲，高原的雪山白云，川蜀的崇山峻岭、大江大河，各地城镇、军营以及街道集市上金银器物、珠宝服装，不同相貌的民族，欢快的音乐、缤纷的舞蹈之后，他会有什么感受？相比其他孩童，李白受到了最大最多最强的感性刺激。"蜀道之难，难于上青天"，一定包含着幼年入蜀时的深刻感受。

西域的月亮，给诗人以强烈的视觉印象。《古朗月行》曰：

> 小时不识月，呼作白玉盘。又疑瑶台镜，飞在青云端。

诗人并没有说这是否西域所见月亮。但我们与其把它作为一般民歌儿歌来读，不如把它作为李白儿时在西域时的真实写照。幼年就注意到月亮不能不与李白一家西域的经历有关。

实际上李白一家都喜爱月亮。李白有个妹妹，叫月圆。家里人为她取名"月圆"，可见对"月"的偏爱。李白后来与夫人许氏生有一双儿女，儿子叫伯禽，小名明月奴，又是与月有关。

李白笔下出现次数最多的天象就是明月。李白《关山月》说：

> 明月出天山，苍茫云海间。长风几万里，吹度玉门关。

李白一家当时沿着天山山脉，穿过沙漠，途经高原，最后到达四川绵阳的青莲乡定居下来。天山明月，苍茫云海，玉门长风，虽是沿用传统意象，但也切合了李白早年的经历。

西域多山与高原，海拔普遍较高。吉尔吉斯斯坦境内平均海拔2750米，90%的领土在海拔1500米以上。天山山脉和帕米尔-阿赖山脉绵亘于中吉边境。天山山脉的一些主要山峰海拔在4000-6000米之间。帕米尔高原平均海拔4500米以上。甘肃地处黄土高原、青藏高原和内蒙古高原三大高原的交会地带，是山地型高原地貌，海拔大多在 1000 米以上。当然，这里并不是说西域多高山，更靠近天上的月亮，而是西域海拔高，大气的透明度好。如有雾、烟、沙尘、大雪、细雨等肯定会使大气浑浊，透明度变小，而西域气候干燥，空旷多风，能见度极佳，所以夜空中的明月能给人强烈的视觉感受。唐诗人写边塞，几乎都会写到月，这与边关明月形象突出有关。王昌龄有"秦时明月汉时关"的描写，杜甫《后出塞五首》之二曰："中天悬明月，令严夜寂寥。"《月》曰："天上秋期近，人间月影清。……干戈知满地，休照国西营。"古代没有现代人造光源，古人对黑夜中月光的印象，远比现代人来得强烈。

诗人喜爱歌舞，也肯定是得益于早年的西域印象。李白是从西域迁回来的受到胡族文化影响的家庭，喜爱音乐歌舞是非常自然的。

唐代宗庙祭祀多用传统的清乐，虽然古雅，但人们并不欣赏；朝野流行的主要还是西域和西南地区传入的音乐歌舞。于是西域以及域外音乐歌舞，大量输入。唐王朝的乐署中有"十部乐"的建置，其中"清商"部是前代延续下来的音乐，"燕乐"是本国新编曲的音乐，其他"西凉""高昌""龟兹""疏勒""康国""安国""扶南""高丽"八部则是边疆民族或域外民族传入的音乐。这些音乐大多比境内传统音乐活泼动感，富有表现力，深受人们的喜爱。不同的乐器与演奏方法，不同的内容与风格的曲调，不同的民族乐手，服饰不同，气氛各异，竞相表演，这种经历，激发了李白对音乐歌舞的强烈喜爱。他的诗歌中涉及琴、瑟、筝、笛、笙、琵琶、箜篌等许多乐器以及歌舞，充分表明了他对歌舞音乐的热衷。他在《东山吟》中说"酣来自作青海舞"，看来李白酒酣之时也会情不自禁地跳起舞来。

李白对于能歌善舞的态度不同于当时士大夫。中国传统士大夫虽然欣赏音乐歌舞，但对于能歌善舞的人却颇为轻视，乐工舞者就像工匠一样，官人欣赏他们的舞姿、技术、手艺，但他们的身份都很低贱。颜之推《颜氏家训·教子》中记载，南朝齐一士大夫"有一儿，年已十七"，学习鲜卑语和弹奏琵琶，以博公卿赏识，颜之推甚为鄙视。这个鄙视包括两层，一是学习乐器演奏，这本是卑微的乐人的事情；二是以音乐求得进身也不可取。可见，南北朝时士大夫的正统观念里是轻视学习外族语言以及音乐歌舞的。

李白没有这种轻视的观念。他在《寄东鲁二稚子》中说"娇女字平阳"，可知他的长女叫平阳。"平阳"是什么意思？王昌龄《春宫怨》诗曰："平阳歌舞新承宠，帘外春寒赐锦袍。"这是说汉时的故事。汉武帝在他姊姊平阳公主家中，遇见舞姬卫子夫。卫子夫以歌舞得宠，成为皇后，后世即以平阳指称能歌善舞的女子。正统观念的士人素来轻视以色艺侍人的乐伎，而李白似乎毫不在意。他在诗中每每提到胡姬的美貌和擅长歌舞，热情称赞欣赏，在人格上丝毫没有轻贱的意思。《前有樽酒行二首》其二中说："胡姬貌似花，当垆笑春风。笑春风，舞罗衣，君今不醉欲安归？"这种对西域文化的接受与欣赏的程度，在唐诗人当中可谓罕出其右了。

早年西域的经历，使诗人形成宽阔的胸怀与视野，具有高度的文化宽容、价值观包容的态度。李白对女子学习歌舞、能歌善舞的态度就颇不同于传统观念。能歌善舞是人的能力、个性的展现，身份低贱是社会偏见，可以说李白的观念比较接近现代人的观念。

李白的想法不同于传统还不止这一点。他轻视贫穷，反对固守穷贱。他主张人人都要有快意幸福的人生，为什么安于贫穷不值得称赞呢？所以在他的诗歌中常常流露出对豪奢生活方式的称赞。从某种意义上来说，这种观念打破了强加给穷人的刻板想法。

他对皓首穷经、枯坐一生的读书每每不以为然，这与传统唯有读书高的观念颇有抵触。他嘲笑鲁儒，讽刺书生，推崇历史上有极强行动力的人。"羞作济南生，九十诵古文。"（《赠何七判官昌浩》）他强调积极活动。诗人的一生似乎就一直在游历的过程中。他的生平踪迹比一般诗人更难确定，很大程度上在于诗人始终处在活动当中，游赏名川大山，求仙问道，与亲朋聚饮，写诗送行，寄赠留别，可谓一生都在忙碌当中度过。

总之，诗人早年随家人从西域内迁的漫长旅行以及李家颇有西域文化特征的氛围，对他产生了积极的影响。

第二章　青少年时代

诗人是什么样的人？李白是怎样才成为诗人的？翻开各种历史文献，我们很难找到答案。李白的诗文大部分都是他青年、中年以后的作品，若要追述李白的儿童、青少年时代，就会发现没有什么确切的记载。

青少年时代是认真学习的时代，李白也不例外。学习有两方面，一是读书，一是阅历。李白除了读书，早年也在家乡附近的地方游历，结识朋友。不仅感受四川的人文精神，也受到蜀中山水的熏陶。

人们都说"一方水土养一方人"，家乡不仅提供生产资源，一山一水也让人获得与自然交往的渠道以及美育"教材"。相比城市那些成长在鲜花与赞誉之中世家大族的少年，诗人更需要一种缓慢、宁静、朴素的生活环境，有山有水的自然环境，悠久深厚的文化环境。李白早年可以说是生活在大唐的边远地带，长于乡间，学在寺观，漫游江湖，成长轨迹与环境都有其独特性。

一、童年读书

李白一家在蜀中的绵州昌明县（又称昌隆、彰明，今四川江油）青莲乡（原本叫清廉乡）定居下来。

绵州位于四川盆地的边缘，周围一片苍茫的大山，最知名的是大匡山，山峦连绵，景色壮美。青莲乡距离绵州（今四川绵阳）城数十公里，距离繁华的益州（今四川成都）两百公里，距离长安有六百多公里。

当地人称呼李白的父亲为"李客"，这应该不是他的本名。李家万里跋涉，从西域来到川蜀，客居此地，当地人不晓得他父亲的名字，直接称他为"李客"，亦合情理。客居的外乡人，以"客"相称，很符合李家"漂泊"的状态。

在青莲乡，李白度过了他的少年时光。后来他在《上安州裴长史书》中描述自己说：

> 五岁诵六甲，十岁观百家，轩辕以来，颇得闻矣。常横经籍书，制作不倦，迄于今三十春矣。

李家的思想文化观念很特别。李白五岁，李客就开始让他诵读《六甲》。这是记载天干地支、六十甲子的书籍。"天干"有十个，就是甲、乙、丙、丁、戊、己、庚、辛、壬、癸；"地支"有十二个，子、丑、寅、卯、辰、巳、午、未、申、酉、戌、亥。十天干与十二地支，排列组合，配成六十个名称，如第一个甲子、第二个乙丑，以此类推，第六十是癸亥。这相当于六十个数字，古代用于标记年、月、日和时辰。李白十岁，就开始读百家著作。所谓诸子百家，主要指阴阳家、儒家、墨家、名家、法家、道德家等六家，再加上纵横家、杂家、农家、小说家共十家著作，去小说家为九流，所谓九流十家。

"五岁诵六甲，十岁观百家"，士族子弟从小不仅学写文章、能书画、解音律，此外还学习医方、阴阳、术数等内容，于各种知识，无不通览，努力成为"通才"。具有广泛知识，当时称为

"博物"，是士族素养与教育追求的目标。

李家先祖一直居住在河西走廊地区，此地自西晋时起，就流行中原文化。隋末，李家西迁至碎叶，虽然到了边陲，但恪守的仍是中原文化的传统。李客教育孩子，从"诵六甲"开始，又读诸子百家著作，反而不同于当时中原内地流行的想法。

内地的文化观念、文化传统在悄然发生变化，年轻人寻求进身的方式不同了。中国古代除了最高统治者，整个社会阶层实际上只有两种，官与民。官有一些特权，而民的地位低贱。年轻读书人一旦有机会总是渴望进入官员阶层，所谓"学而优则仕"。朝廷选拔官员，魏晋南北朝之前主要通过推荐，隋唐以后实行科举考试。推荐重在候选人的名声素养，所以魏晋南北朝士族崇尚通识博物的学风，旨在提高士族子弟自身的素养。唐代科举一开，士人读书的重心转移到了应试上。

唐代科举考试的名目繁多，总计不下数十种，如明经、明法、明字、明算、进士、秀才、孝廉、史科、开元礼、道举、童子科等。

后来主要是明经和进士两科。明经，主要考经学内容。"经"指儒家经典，如《诗》《书》《礼》《易》《春秋》五经。明经主要考查应试者对于经书的背诵与理解。高宗永徽四年（653）"颁孔颖达撰《五经正义》，每年明经，令依此考试"。明经考试主要有两种形式，帖经与墨义。考帖经时，遮挡经文前后文字，只打开其中一行，再裁纸为帖，帖其中三字，让考生读通整行句子，颇像今天的填空。墨义则是要求默写所习经文约两千字的段落以及相应的注释。宋人的墨义有如简答题，如问："作者七人矣，请以七人之名对。"则回答："七人某某、某某也，谨对。"《论语·宪问》中有一句"作者七人矣"，要求考生能够回答是哪七个人。墨义考试要回答十几个这样的问题。

唐代还有童子科，儿童"凡十岁以下能通一经及《孝经》、《论语》者均可应试"。所谓"通一经"，就是能够背诵整个经文。每卷经书能够背诵十段都通过者授予官职，七段通过者给予"出身"。在这样的教育环境下，士子为了未来的功名，一般年幼时就开始熟读儒家经典。

进士试侧重考查文才、识见水平。高宗开耀元年（681）进士试确立帖经、试文（含箴、表、铭、赋类）、试策（时务策）三场考试。至开元间，又试一诗一赋，确立进士以诗赋取士的制度。

李家似乎并没有特别在意科举，仍然注重传统通才的"博物"教育。蜀地偏远，交通相对闭塞，中原追求科举风气对其影响固然较小，但四川地区确实也有科举成功的实例。

比如蜀中诗人陈子昂出生于梓州射洪，少年时慷慨任侠，十七八岁仍不知书。后折节读书，博览群书，通涉百家。事实上，陈子昂参加了三次科举，于科举不可谓不是精心准备。调露元年（679），陈子昂二十岁赴京城国子监学习，第二年参加科举考试，落第。永淳元年（682），再赴京应试，仍名落孙山。光宅元年（684），再次参加考试，进士及第，官麟台正字。李白一家身处四川，当地陈子昂科举的故事，不会不知道。开元前后，进士出身的诗人有不少，有贺知章、张九龄、王维、祖咏、李颀、王昌龄等，但也有如孟浩然应进士试不第的，也有如高适、杜甫没有参加常规的科举考试的，总之与后世士人几乎都参加科举考试不同，当时士人对进士试的选择还是比较自由的。

李白家没有选择应试这条道路，而是让李白接受博物教育。李白博览群书，兼及百家，而且还开始阅读"奇书"。蜀中尚奇，士人多爱奇书。李白在《赠张相镐二首》其二中说："十五观奇书，作赋凌相如。"奇书显然不是指儒家著作，也不是常见的典籍，而蜀地确实保存着一些奇书。如陈子昂的先祖陈方庆曾得"墨子五行秘书、白虎七变"，卢藏用《陈氏别传》载子昂"四世祖方庆，得墨翟秘书，隐于武东山，子孙家焉"。李白好友赵蕤著《长短要术》（又名《长短经》），卷一《品目》中引《铃经》，卷三《是非》中的《狐卷子》，均不见他书。陈子昂、赵蕤、李白都热衷于阅读奇书秘书，不是说他们偏好稀奇古怪的事情，而是蜀中士人眼界开阔，能够包容各种相异的观点与价值观。这对于一个诗人的成长是至关重要的环境。

李白最重要的学习内容应该是诗歌写作。中国古代，写诗是一项重要的技能，诗写得好，上可以应征诗赋科举，下可以悦情怡性，既能得到朝廷重视，又能得到士庶称赞。少年时代李白在诗歌上花了很大工夫，具体情形不能详知，但他的诗集中有《初月》《雨后望月》《对雨》《晚晴》《望夫石》五首律诗，学者以为当是少年之作，从技巧来看，确实还有稚嫩的地方，但已经显露出诗人的天才和他努力学习写诗的印迹。如《对雨》中间四句：

古岫披云毳，空庭织碎烟。水红愁不起，风线重难牵。

《望夫石》中间四句：

露如今日泪，苔似昔年衣。有恨同湘女，无言类楚妃。

前人所谓已有风雏之态，确实如此。

28

李白早年的经历和蜀中的文化风气使诗人获得比较独特的成长环境。李白出生在西域，成长在汉地边缘，从小受到家族传统文化以及魏晋学术遗风的影响，远离当时的文化中心，边缘化的文化环境反而使李白作为诗人的成长获得了相当程度的自由。他读书、写作、思考、与志同道合的朋友交流，而没有专注于应对科举考试。李白一生也没有参加过科举考试，那种孜孜矻矻准备应试的状态与诗人张扬豪放的个性太不吻合了。

二、三拟《文选》

李白是诗人，是诗人中的天才。清人沈德潜《说诗晬语》卷上曰：

> 太白想落天外，局自变生。大江无风，涛浪自涌，白云卷舒，从风变灭，此殆天授，非人力也。

李白诗歌上的天才仿佛有神相助，得之自然，根本不是以"人力"苦学可以得来。历史上许多诗论者、学者都看到了李白的这种天才，并且特别强调，李白诗非天才不可以学。"此人学不得，无其才断不能到（李白诗的水平）"。李白诗歌具有不可学习性、不可模仿性、不可复制性。

即使如李白这样的天才，青少年时代就显露出卓越的文学天赋，但在文学写作上，他还是下了极大的苦功。

在唐代，一般人读书非常不容易，难在何处？书少。上古竹帛昂贵，制作困难，除了个别官员、学者家中有藏书，一般人手上很少有书自不待言。甚至到五代时，蜀相毋昭裔布衣之时，向人借《文选》及《初学记》，"人多难色"。后显达，命工匠雕版刊印二书。唐代虽然有了纸张，但制作一本书大多还是需要依靠手抄，复制过程仍然很困难。人们手上书很少，甚至王公贵族家里也没有书，想读书只好向皇帝请求，皇帝无奈只好吩咐抄工抄了几部书送给他们。可见一般人根本没有书。李白家从西域迁来，家里可能也没有多少藏书。

雕版印刷大约到中晚唐时期才出现。白居易长庆四年（824）编定《白氏长庆集》，元稹在序文中说：当时，扬州与越州一带，有人把白居易的诗"缮写模勒"，在街上贩卖。有人认为，这里的"模勒"两字就是雕版印刷的意思。即使"模勒"是雕版的意思，"缮写模勒"几首诗歌与能够雕版刻印整部《白氏长庆集》，有很大的距离。即使雕版印刷出现在这个时期，距离李白时代也差不多近百年之后了。《唐会要》卷五十载，天宝元年（742）五月，有大臣建议"《洞灵》等三经，望付所司，各写千卷，较定讫，付诸道采访使颁行"。这是说，当时的道教三部经典，各抄写千卷，核准校定，然后颁发天下。可见李白时代至少还不流行雕版刻印。

《云溪友议》记载，纥干尚书大约是唐文宗开成（836-840）前后人，曾"大延方术之士，乃作《刘弘传》，雕印数千本，以寄中朝及四海精心烧炼之者"。明确提到雕印数千本，但这基本已经到中晚唐时期了。

李白熟读先贤诗文，曾经"三拟《文选》"。段成式《酉阳杂俎》前集卷十二曰："白前后三拟词选，不如意，悉焚之。唯留《恨》《别》赋。"词选应该就是指《文选》。《文选》由南朝梁武帝的长子昭明太子萧统组织文人共同编选，选录先秦到梁代的诗、文、辞赋等作品700多篇，是现存最早的诗文总集。李白

"三拟《文选》"，就是将700多篇诗文模仿了三遍，这就是写了2000多篇习作，可见李白学习之勤奋、下的功夫之深。

古人把学习诗文写作看作是一个经验的过程。它不需要先讲解写诗的那些规则、修辞、句法、押韵之类的东西，而是实际的模仿练习。汉代桓谭向扬雄学写赋，扬雄说："能读千赋，则善为之矣。"能读千赋则善赋，就是能背诵千篇赋，则自然能写好赋。王君大擅长兵器，他告诉桓谭类似的经验，"观千剑则晓剑"。《文心雕龙·知音》中说："操千曲而后晓声，观千剑而后识器。"古代谚语亦说："伏习象神，巧者不过习者之门。"中国人特别强调练习。

学文首先是背诵，把经典作品背得滚瓜烂熟。李白《秋于敬亭送从侄耑游庐山序》曰："余小时，大人令诵《子虚赋》，私心慕之。"可知诗人早年的启蒙教育就是从背诵诗赋文章开始的。通过背诵，词汇典故、篇章结构、声律协韵等技巧也就逐渐记忆并了解。其次就是模拟经典作家的作品。通过模仿，熟练掌握文学的各种基本功。

南朝文学家江淹有名作《恨赋》和《别赋》，收录在昭明太子所编的《文选》中，李白三拟，则是写过三遍，但今只存《拟恨赋》一篇。

江淹的《恨赋》抒写了令人扼腕叹息的六个历史人物，秦始皇、赵王、李陵、王昭君、冯衍、嵇康。李白的拟作则选取了刘邦、项羽、荆轲、陈后、屈原、李斯六人。我们略加比较。江淹《恨赋》这样描写嵇康：

    及夫中散下狱，神气激扬。浊醪夕引，素琴晨张。秋日萧索，浮云无光。郁青霞之奇意，入修夜之不旸。

文笔酣畅，意象饱满，描绘嵇康在狱中，神情激昂。黄昏中自饮浊酒一杯，黎明时弹奏素琴一张。那一刻苍天也为之鸣不平。秋日更显萧瑟，浮云尤为晦暗。面对冤屈，无限恨意，黄昏郁积的青霞也为之诧异，黯然带入黑暗的长夜。嵇康是诗人，李白作中只有屈原相近。李白仿照江淹之作《拟恨赋》写下了他心中的屈原：

> 昔者屈原既放，迁于湘流。心死旧楚，魂飞长楸。听江风之嫋嫋，闻岭狖之啾啾。永埋骨于渌水，怨怀王之不收。

屈原受冤流放沅湘流域，对楚君非常绝望，于是恨别人间。李白用了"心死旧楚，魂飞长楸"来形容，凝练而富有意象。赶来的人们不见屈大夫的身影，只见江边林木呜咽，仿佛屈大夫的魂灵掠过树梢。江风嫋嫋，长楸萧瑟，野猿哀鸣，寒骨留在清澈的江水之中，哀叹楚怀王的昏庸。

《文选》中收录屈原的作品，李白肯定多次拟作，非常熟悉《楚辞》的写作手法。李白现存几篇抒情小赋，如《惜余春赋》《愁阳春赋》《悲清秋赋》等，都是伤春悲秋之作，其句法则与《楚辞》的造句亦相仿佛。从作品来看，很可能是早年的习作。

后来的创作经历中，李白仍有模仿《楚辞》的骚体诗。李白、岑勋和元丹丘在河南梁园会面，岑勋将去鸣皋山隐居，李白作《鸣皋歌送岑征君》，因送别而抒发内心感慨：

> 若有人兮思鸣皋，阻积雪兮心烦劳。洪河凌兢不可以径度，冰龙鳞兮难容舠。邈仙山之峻极兮，闻天籁之嘈嘈。霜

崖缟皓以合沓兮，若长风扇海涌沧溟之波涛。玄猿绿黑，舔
谈鉴危；危柯振石，骇胆栗魄，群呼而相号。峰峥嵘以路绝，
挂星辰于崖嶅。送君之归兮，动鸣皋之新作。交鼓吹兮弹
丝，觞清泠之池阁。君不行兮何待？若返顾之黄鹤。扫梁园
之群英，振大雅于东洛。巾征轩兮历阻折，寻幽居兮越巇
崿。盘白石兮坐素月，琴松风兮寂万壑。望不见兮心氛氲，
萝冥冥兮霰纷纷。水横洞以下渌，波小声而上闻。虎啸谷而
生风，龙藏溪而吐云。冥鹤清唳，饥鼯嚬呻。块独处此幽默
兮，愀空山而愁人。鸡聚族以争食，凤孤飞而无邻。蟊螗嘲
龙，鱼目混珍；嫫母衣锦，西施负薪。若使巢由桎梏于轩冕
兮，亦奚异于夔龙蹩躠于风尘！哭何苦而救楚，笑何夸而却
秦？吾诚不能学二子沽名矫节以耀世兮，固将弃天地而遗身！
白鸥兮飞来，长与君兮相亲。

在李白现存的作品中，这类模仿《楚辞》的骚体诗并不多，但他
模仿的诗作既有酷似《楚辞》的地方，又有自己的特点。诗人天
才逸荡，诗中"不规规步趋处正是其才高气逸"的标志。沈德潜
《唐诗别裁》曰："学楚骚而长短疾徐，横纵驰骤，又复变化其
体，是为仙才。"诚如其言。

李白这首诗中说，岑勋君打算隐居鸣皋山，然而为冰雪所
阻。我在清泠池阁张乐设宴为君送行，但君仿佛有什么心事而不
肯立马动身。原来岑勋君有匡世济俗的志愿，欲扫梁园之群英而
振大雅于东洛，布名天下而后归隐，但终究无法实现。诗人厌世
之浊，而感叹隐者之穷栖。鸡族当道，鱼目混珠，美丑颠倒。即
使如申包胥哭秦以救楚，或如鲁仲连笑谈以却秦，都不免沽名矫
节，唯有弃世遗身，与白鸥相亲。这实际上也是诗人李白心志的

写照。

不仅是《楚辞》的诗歌形式，屈原的思想观念、精神风貌对李白也有深刻影响。李白《日出行》（一作《日出入行》）就是以屈原《天问》的语气对传说与神话中的各种说法表示怀疑。通过疑问，李白表达一种对外部世界的理解。诗曰：

> 日出东方隈，似从地底来。历天又入海，六龙所舍安在哉？其始与终古不息，人非元气，安得与之久徘徊？草不谢荣于春风，木不怨落于秋天。谁挥鞭策驱四运？万物兴歇皆自然。羲和！羲和！汝奚汨没于荒淫之波？鲁阳何德，驻景挥戈？逆道违天，矫诬实多。吾将囊括大块，浩然与溟涬同科！

古代神话讲，太阳神羲和驾着由六条龙拉着的云车从东到西在天空中驶过。诗人说，太阳只是升起与落下，一天一天、一日一日，划过天空，又潜入西海，自古便是如此，六龙又在哪里？鲁阳公对日挥戈，让太阳停驻下来，也是不存在的事情。

人不是纯粹的元气，而是由精、气、神三项构成，是大自然赋予的气和父母结合产生的肉体。后天所形成的肉身，无法像先天的元气一样天长地久。人求长生只是虚妄的行为。

大自然，是没有人的情感介入的客观过程。能够认识到这一点并不容易，因为日常生活中人对事情的认知判断大多基于情感，而不是客观事实。花开就高兴，叶落就哀伤，这都是人的情感介入的结果。但事实上，花草伴着春风盛开，又同秋风一起凋残，只是自然的过程，因此，既无须感谢春风，也无须怨恨秋天。"万物兴歇皆自然"，草木的繁荣和凋落，万物的兴盛和衰歇，都是自然。

最后八句，诗人用两个诘问句再次表达质疑：羲和，你怎么会在浩渺无际的波涛之中不停地来回？鲁阳公，你又有什么能力挥戈让太阳停下来？这都是"矫诬"的看法。这里用屈原天问式的质疑表现出对自然的思考。诗人说："吾将囊括大块，浩然与溟涬同科！"囊就是袋子，括就是把袋子口扎上。大块，就是大地，此指天地。溟涬就是混沌世界。"囊括大块""溟涬同科"，在这里都是《庄子》"天地与我并生，万物与我为一"的思想。

李白后来成长为大诗人，与他年轻时代努力汲取前人文学创作的成果分不开。

三、梦笔生花

各种诗体，李白都有尝试。他所具有的扎实的文学功底以及文史知识的积累，都需要他在文学上下苦功。他对照《文选》中每一篇作品进行练习，又说自己"十五观奇书，作赋凌相如"（《赠张相镐二首》），说自己作赋可与汉代大文学家司马相如相抗衡，语虽夸张，但李白青少年时代已显现文学天才却是事实。

诗文写作，自古一直视为一种特殊的技能，并不是随便就能写好。不仅需要内容正确，合乎道理，吸引人，还要遵循许多复杂的规范，比如篇章结构、遣词造句、对仗排偶、典故象征。这仅仅只是基础，更好的文章是能在内容与形式上创新突破，传达出超越言词之外的神韵、气象。

历史上一旦有文学艺术天才出现，围绕他们就会有各种传说、故事，在民间广为流传。这些传说与故事，现代看起来，它们的真实性已经不重要了，重要的是这些故事表明了人们对诗人、艺术家卓越天才的崇拜。

前面所提到的写《恨赋》和《别赋》的江淹，文思泉涌，文笔华美，但晚年时候，文采不及当年，人们形容他是"江郎才尽"，与此相关的是一个奇妙的故事，南朝梁的文学家钟嵘在《诗品》中有记载："初，淹罢宣城郡，遂宿冶亭。梦一美丈夫，自称郭璞，谓淹曰：'我有笔在卿处多年矣，可以见还。'淹探怀中，得五色笔以授之。尔后为诗，不复成语，故世传江淹才尽。"故事说江淹五十多岁时，曾任宣城太守，四年期满，要回京城，途经冶亭而小憩，不知不觉入梦。见到一位美丈夫，自称是郭璞。郭璞是晋代文学家，比江淹早一百多年。他对江淹说："我有毛笔在你这儿已经多年，现在可以还给我了吧。"江淹恍惚之中，从怀中拿出一支五彩笔，还给了郭璞，自此之后，江淹诗文就没有那么多的文采了。这里，需要关注的不是"江郎才尽"，而是如江淹那样的天才诗人，能写出如此美妙的诗文，是一种神奇力量，是怀揣五彩笔所带来神异性。写诗作文，在古人看来，从来就不是普通的技能。

西方文艺复兴时期同样流行着各种有关天才艺术家的故事，乔托是最早的一位。乔托，一个普通农民的儿子，一边照看他父亲的羊群，一边在石头和沙地上画着他所放牧的那些羊。奇马布埃这时恰巧从旁经过，一眼看出了这个牧童的非凡才能，就把他带上，精心培养这个注定是要成为意大利最伟大的艺术家之一的孩子。奇马布埃是意大利画家，后来成了乔托的老师。这个故事与古希腊关于艺术家的故事有着某种关联，也影响到后来出现的许多类似的、变形的其他艺术家的传说。这些传说大多强调了艺术家具有非凡的想象力和创造性，表明公众开始对艺术家个人感兴趣。

在唐人的心目中，李白是一位天才。这样的天才，出生自然不同寻常。据说，李白出生时，他的母亲梦到长庚星落入怀中。长庚星傍晚出现在西边，天亮前出现在东方，又称为启明星。这颗星非常明亮，特别醒目，又称太白金星，因此，他的父亲给他取名白，字太白。当时人认为李白这样的天才不可能生于人间，一定是"太白之精下降"，就是说，是太白金星的灵气、精气凝聚而成，才使他如此才能出众。李白少年时，还曾梦见所用毛笔的笔头上开放出鲜花。人们以为这是个重要的象征，日后李白的诗歌创作果然精妙奇绝，闻名天下。后来，汉语中常用成语"梦笔生花"来形容一个人文采卓越。

有些李白的传说没有什么神异性，但也反映了人们对诗人的关注、对天才的崇敬。最流行的故事莫过于"铁杵磨成针"的故事。一天李白苦读，他望着窗外田埂上开心嬉戏的同伴，又看着眼前的书本，顿时感到不耐烦，索性扔掉书籍，外出玩耍去了。当他经过一条溪水时，看到一位老奶奶正在溪边磨铁杵。铁杵，就是大铁棒子。老奶奶非常耐心地磨着。李白不解老奶奶这是要干什么，老奶奶回答："磨针。"这让李白震惊，这么粗的一根铁杵磨成细细的绣花针，得磨到什么时候！老奶奶的举动让李白明白了耐心的道理。读书万卷，非一朝一夕，需要耐心。

传说县衙招募小吏，李白前去做了一名书吏，在县衙里抄写文书。一日，李白牵着水牛从堂下经过，牛腿上的黄泥弄脏了院子，惹得县令夫人十分恼火。李白当即以诗谢罪：

素面倚栏钩，娇声出外头。若非是织女，何必问牵牛？

夫人听完十分高兴，诗中将她比作天上的仙女。只有是织女，才会询问牵牛。诗中委婉的语气完全化解了故事中预设的冲突。这显然是一个好事者编出来的笑话，但故事编撰者意识到也只有李白这样的天才，才可能出口成章。

四、树深时见鹿

李白早年游历，主要是邻近的大匡山、紫云山等地。他结识前辈学友，求道问学，足迹虽然不出附近州县，结交的人不多，但也有一些特异之士。后来到过梓州、成都等地。

《访戴天山道士不遇》是李白留存下来的早期诗作，写这首五律的时候，他大约十八九岁。少年李白显露卓越的文学才华，诗写得相当成熟。曰：

> 犬吠水声中，桃花带雨浓。树深时见鹿，溪午不闻钟。
> 野竹分青霭，飞泉挂碧峰。无人知所去，愁倚两三松。

戴天山又称大匡山，在四川盆地的北部。山中有大明寺，李白曾在那里读书。道士虽然没有遇见，但诗自然而生了。

他把沿着溪流进入深山的所见所闻都变成了优美的诗句。清晨入山，流水潺潺声伴随着远方隐隐传来的几声狗叫，一旁春季盛开的桃花还带着晨露，折射出一丝阳光。道观远在深山之中，深山林中时不时有野鹿出没。李白一路上走走停停，到正午时还没抵达，心细的他发现本应该打钟的道观却杳然无声，只有一旁溪水流淌的声响。果然不出所料，进了道观，四周一片寂静，观内空无一人，唯有眼前的绿竹与翠微融为一色，飞瀑像白色的纱巾一样飘挂在山峰之上。错过了想见的人，李白惆怅地靠在松树上，不知道是该离去，还是继续等候道长的归来。

全诗平淡自然却不乏巧妙，"带雨浓"指明入山的时间；"时见鹿"隐喻道观位于深山之中；"不闻钟"暗示道人不遇。这首五律呈现了少年李白的天赋，言词之外，多有神韵。李白那些我们耳熟能详的诗作，总是有着一股豪气在其中，洒脱而飘逸。他个人成熟的风格，在这时还没有开始呈现。

唐人的诗，不仅仅是一种文学，更是生活和心境的记录。他们游山访友写诗，聚会送行写诗，思乡忆亲写诗，失意贬谪写诗，隐居喝酒写诗，甚至临终也没有忘记写诗。诗，与诗人的一生紧紧相连，成为人生的记录本。

成都有峨眉山，是当地著名的仙山。每年都有达官贵人、文人雅士前往那里求仙学道。李白收拾行囊，带着书僮丹砂决定前往。他顺着江水乘船而下，经过彭州、眉州，抵达峨眉山。过去李白访各地道士时，也去过不少的山林，其中不乏幽静之地，但是当他来到峨眉山时，仍然被眼前的充满着圣洁之气的景色震惊。《登峨眉山》一诗中，他感叹道：

> 蜀国多仙山，峨眉邈难匹。周流试登览，绝怪安可悉？青冥倚天开，彩错疑画出。泠然紫霞赏，果得锦囊术。云间吟琼箫，石上弄宝瑟。平生有微尚，欢笑自此毕。烟容如在颜，尘累忽相失。倘逢骑羊子，携手凌白日。

诗人说，蜀中众多的仙山，都难以与眼前这座绵邈的山脉相比。高峻磅礴、秀丽无比的峨眉山，周游登览，也无法将这绝奇怪异的风光尽收眼底。青翠苍茫的山峰，在天际中一排排展开，五彩斑斓的光线，让他感觉仿佛置身于画中。李白和丹砂登上了一座山峰之顶，恰逢傍晚来临，余晖中紫色的云海在脚下铺展开来，他觉得自己仿佛已经得道成仙、飘然出世，进入了云雾缭绕的仙境之中。李白拿起了随身携带的玉箫吹奏了一曲，觉得还不够尽兴，再弹奏了一阵宝瑟，方才觉得内心的畅快、激动之情得到了抒发。原本就对修道成仙有向往的李白，在如梦如幻的山光云霞的照映中，忽然间忘却了俗世的纷扰，甚至觉得那位骑着木羊的仙人葛由，就在附近。他想，如果真的遇见了仙人葛由，那就跟随他一道登仙吧。

离开峰顶后，李白仍然觉得有些天旋地转。宏伟壮观的景象让他沉浸。夜幕降临，他投宿白水寺。那里极为清幽，如果能在那里住上一段时日，并跟着寺里的僧人修行、习道，会大有收获。白水寺中法名濬的僧人接待了李白，给他一间厢房。稍做休整后，第二天李白把自己过往的经历、来峨眉山漫游的目的说与了僧濬。两人十分投机，一见如故。

客居白水寺的日子里，李白一边读书，一边修行，闲暇之时，听僧濬抚琴，或者共谈近日对佛学义理的所悟，相处惬意。李白《听蜀僧濬弹琴》中写道：

> 蜀僧抱绿绮，西下峨眉峰。为我一挥手，如听万壑松。
> 客心洗流水，余响入霜钟。不觉碧山暮，秋云暗几重。

僧濬背对着峨眉的山峰，在一片清幽的树林中，弹奏着古琴。指尖中流淌出来的不是平日所听的音乐，更近乎万壑松声。好的音乐，总是与天地万物相通的，就像风拂过寺铃。僧濬的音乐修养很高，琴声与峨眉的一草一木都有所共鸣，一曲琴音，仿佛感应到了自然的神灵。李白听着他弹琴，心灵像被流水洗涤了一般，沉浸其中。乐音应和着傍晚的钟声，回荡在起雾的山林中，不知不觉忘却了时间，抬头暮色已经降临了。

不论是寺院道观，还是山林隐所，都是少年李白长见识的地方。这段时间，李白常常前去游访峨眉山其他寺院或道观，与那里的僧人或道士一起论道、比剑、弹琴、赏月。时时在山林雾霭之中穿梭，想象自己仿佛仙人一般。李白理想的自我形象，就是如在白水寺的日子里，仗剑走遍天涯，逍遥云天之外，他的《代寿山答孟少府移文书》曰："将欲倚剑天外，挂弓扶桑。浮四海，横八荒。出宇宙之寥廓，登云天之渺茫。"诗人不屑于世俗事务，期望能够超越尘世，但他希望先能有助社会、改善社会，功成而身退，然后修炼学道，飞腾成仙。学道成仙是在这个世界变得美好之后才有意义。

五、豪侠赵蕤

青莲乡比较偏僻，附近最大的州城就是绵阳。船只沿着涪江而下就能到达，外出需要行船、客宿、翻山越岭，古代出行远不及今天方便。李白"十五好剑术"，可能与早年出行安全有关，但更直接的是与尚侠风气有关。

这一时期，李白结识了当地的侠士赵蕤。

"侠"在中国古代有很长的历史，在社会上也很有影响。据史传中侠士之所为，大体可以归结为两类。第一类是参与政治的侠士。在王朝更替、社会动荡之际，侠士招揽豪杰，起兵征战，或割据一方，或追随新主，总之，试图为建立新秩序发挥自己的作用。第二类是打抱不平的侠士。他们与政治的关系较为疏远。在社会稳定时期，任侠之士修行砥名，一诺千金，仗义好施，救人于危难之中，由此获得极大的声名，在地方上形成一定的势力。《后汉书·戴良传》载，王莽时，戴遵称病归乡里。"家富，好给施，尚侠气，食客常三四百人"，在当地颇有影响力。这两类侠士实际上都有共同点，勇猛刚强，行为果敢，仗义好施，充满豪气。侠士身上充满的豪气正是吸引李白的地方，我们前面已经说过，李白的个性就是渴望各种豪情万丈的事情，豪侠正是他追求的对象。

战国时代，游侠与纵横家本是两种不同类型的人，但到汉代之后，国家统一，像战国时代那样可以往来于各诸侯国之间、纵横捭阖的社会环境消失了，纵横术转变为那些富有政治热情、豪爽刚健的好侠之士热衷于谈论但很难实行的东西。

蜀中多侠士，这些侠士又特别喜好纵横术。当地诗人陈子昂豪气过人，尤好侠义之举，十七八岁之时，方始折节读书。他喜好纵横术，往来楚、燕各地，体现了蜀地文士既好纵横术、又尚游侠风的特点。蜀中名士赵蕤，也是"任侠有气，善为纵横学"。他对于李白的好侠有着直接的影响。

开元七年（719），十八岁的李白出游梓州（今四川三台），这里没有多少名山胜迹，吸引他的正是当地的奇士赵蕤。

青莲乡到梓州大约100公里。李白沿着涪江而下，云雾缭绕着低缓的山丘，房屋沿着山丘而建，错落有致。他很快抵达梓州。

赵蕤隐居山中，两人终于见面，并且在后来的交往中建立了深厚的情谊。李白日后曾在《淮南卧病书怀，寄蜀中赵征君蕤》诗中说："故人不可见，幽梦谁与适？"这是说见不到老朋友赵蕤，就只能在梦中相见。可见两人的交情很深。

赵蕤喜纵横之术，好行侠仗义，又博览群书，专心学道术。

他写了《长短经》一书，专门讨论国家的政治，在蜀中地区广为流传。赵蕤认为，国家治理首先必须确切地了解国家的状况，然后采取相应的措施，或施行"王道"，或施行"霸道"，或施行"强道"。这些观点受到了先秦法家、纵横家观点的影响。赵蕤极为赞赏古代傅说、太公、苏秦、张仪、鲁仲连、汉高祖、汉光武帝、张良、韩信、诸葛亮及谢安等，尤其推崇诸葛亮。诸葛亮原是一个隐士，未出茅庐，已知天下三分鼎立，后跟随刘备，建功立业，名垂青史。对赵蕤来说，诸葛亮的经历无疑是他可以直接仿效的模式。

赵蕤的纵横家思想在李白的脑海中留下深深的印迹。赵蕤欣赏的这些人物，李白诗中差不多都赞叹过，鲁仲连、张良、谢安更是李白诗中经常出现的传奇人物。战国游说家鲁仲连是齐人。李白诗中推崇他，不仅因为他有济世安邦之才，更主要的是他"轻世肆志"的风度吸引了李白。《古风》其十曰：

> 齐有倜傥生，鲁连特高妙。明月出海底，一朝开光曜。
> 却秦振英声，后世仰末照。意轻千金赠，顾向平原笑。吾亦
> 澹荡人，拂衣可同调。

鲁仲连具有卓越的谋略与口才。出游赵国，正遇秦军围攻赵国邯郸（今属河北），魏国将军新垣衍劝赵国尊秦为帝。鲁仲连往见赵相平原君，陈说利害，义不帝秦，赵王坚决抗秦击退秦军。平原君以千金相赠，鲁仲连再三辞让："所谓贵于天下之士者，为人排患释难解纷乱而无取也。即有取者，是商贾之事也，而连不忍为也。"于是辞别而去，终生不复见。李白自称坦荡之人，把鲁仲连引为"同调"，具有相同的见识。

战国时期的苏秦、张仪出身卑微，然而都是凭借自己的才能，说服君主，在当时的政坛上叱咤风云。李白每每自比苏秦、张仪，渴望以纵横家的方式在政坛中一显身手。

赵蕤好侠，李白也好侠。李白的任侠之风，在他的诗篇里以及当时人的记载中都曾提到。当时人都说，李白少年时代就把自己当作侠士，从不考虑自己的生计等琐碎的事情，京城都知道他的名声。魏颢《李翰林集序》说他"少任侠，手刃数人"。

对自己年轻时期的豪侠作风，李白很是得意。他在《叙旧赠江阳宰陆调》诗中说：当初风流年少，穿着华美的服饰，佩着长剑，往来于大都市中的游乐之地。在一场斗鸡中，李白与豪门子弟发生冲突。他们把李白抓了起来，多亏了友人才把他解救出来。李白的这种经历，恐怕其他文人很少遇到过。唐代的侠士豪奢逸乐、纵酒狎妓、打架斗殴，与常人的生活有很大不同。

从大的方面说，侠客能够为国解难；从小的方面说，侠客能够打抱不平。不论怎样，这些都需要侠士有些武功，击剑打斗是一个侠士的基本功。李白自称"十五好剑术"，就是说他少年时代就学习过剑法。李白的朋友崔宗之《赠李十二》中称赞他"起舞拂长剑，四座皆扬眉"，可见，他的剑术还比较高明。无论到哪里，李白都喜爱佩长剑，喜爱抚弄长剑。他在《赠张相镐》诗中说："抚剑夜吟啸，雄心日千里。"《赠崔侍御》诗中又说："长剑一杯酒，男儿方寸心。"剑成了他雄心壮志的象征，也是他作为侠士的标记。除了长剑，李白有时还袖藏匕首。崔宗之《赠李十二》诗曰："袖有匕首剑，怀中茂陵书。双眸光照人，词赋凌子虚。"

当然，侠士本身就有豪奢夸张的风气。李白重侠，诗中也多有铺张夸耀的地方。他在《侠客行》中说："十步杀一人，千里不留行。"《白马篇》中也说："杀人如剪草，剧孟同游遨。"《结客少年场行》曰："笑尽一杯酒，杀人都市中。"但"十步杀一人""杀人如剪草"这种事情在李白身上不太可能。这些诗都是拟乐府诗，写作多承袭古语或古诗主题，诸如"十步杀一人"用的是《庄子·说剑》中的话"臣之剑十步一人，千里不留行"，看起来只是袭用典故成语。

但是砍杀的句子还是不太符合传统诗歌温柔敦厚的风格。李白在《赠从兄襄阳少府皓》诗中说："却秦不受赏，击晋宁为功？托身白刃里，杀人红尘中。当朝揖高义，举世钦英风。"细读起来，这里的"却秦""击晋"都是为国解难的侠士行为，面对刀山火海，持刀拼刺，冲锋陷阵，这是朝廷奖赏的"高义"，举世推重的"英风"。但"杀人红尘中"毕竟太过暴力，后四句宋代以后的版本《李白集》大多删去。

魏颢《李翰林集序》中说他"少任侠，手刃数人"。在序文当中说这话，不同于李诗中的描写，或有所根据。但我们倾向于把它看成是少年任侠行为略有夸张的表述。

关键并不在于李白诗中充满刀光剑影，而在于他对"杀人红尘中"之类行为竭力颂扬的态度。像杜甫之类的诗人即使在评价朝廷的"正义"战争中，也不主张多杀人。王维描写英勇，《燕支行》也只是说"拔剑已断天骄臂，归鞍共饮月支头"，用的是典故；《老将行》也只是说"一身转战三千里，一剑曾当百万师"，避免杀人的直接描写，都是通过其他的细节来烘托勇猛的形象，而不像李白这样直接并夸张地说出"杀人如剪草"。

对于侠士，很难能用现在的道德标准、处世原则去衡量他们。他们有自己独特的原则，这就是"义"。义就是正义，即做应该做的事情。"侠义"的独特之处在于，侠士经常是从自己的本性出发，确认那些必须做的事情，而不是从世人的常识、理智、利害出发去衡量。能够完成那些应该做的事情，将极大地满足侠士的情志与意愿：看见别人欺侮女性，一定要拔刀解救；看见饥饿的人，一定要拿出自己最后的一碗饭来共享；知己有难，可以两肋插刀；看见杀父之仇，一定要以死相拼，毫不怯懦；有谁侮辱自己，即使对手的力量远远超过自己，也得较量到底。诸如此类，都体现出侠士做人的原则。侠士最重豪爽与血气，一旦血气上涌，激情勃发，则永无回头之时，更不用说犹豫、摇摆、懦弱的表现了。

李白看重的正是豪侠这份激情，而这份激情正是他内心一直涌动而要得到表现的力量，所以他异乎寻常地颂扬侠士精神，豪侠果敢，根本来不及考虑自己这样可能与世俗观念、社会规则之间的冲突。表达上的率真是李白一贯做法，源自他内在豪放力量要喷薄而出时，他从来不会吞吞吐吐，顾虑重重，左思右想，诗人将他的内心直接呈现在人们面前，他赢得了读者的信任。

六、蜀国多仙山

川蜀是一个盆地——四川盆地，其中的成都平原，土地肥沃，农业发达，称为天府之国。盆地四周，东有长江三峡之险，西有青藏高原之阻，向南是云贵高原，向北是秦岭巴山。走出去，非常不容易，蜀道难，难于上青天，所以川蜀地区山水奇险，很容易形成独特的山水文化、地方文化。当地的山水景观成为诗人成长必不可少的重要因素。

四川聚集了很多少数民族，少数民族文化异彩纷呈。四川羌族的起源十分古老，殷商的甲骨文中即有关于羌的记载。周人率八百诸侯伐纣，其中就有羌族参加。古老的羌族文化对李白颇有影响。

羌族活动集中在中国西部，自河西走廊到关中地区，经过青海、四川一带，南延到云南等地。羌族活动所及，神仙信仰流行，道教也兴盛。

中国的神仙信仰形成于东部沿海的燕国、齐国之地。沿海地区出现的海市蜃楼的景象，很容易使人形成海上存在仙山神人的想法，从而产生神仙学说。但有学者提出不同看法，以为齐国姜太公是羌族首领，齐燕之地的神仙思想根源在于羌人。羌人实施火葬，烈火升腾，人的肉体化为云烟冉冉上升，即灵魂脱离躯体而上升天国。灵魂不灭逐渐形成为神仙的观念。

魏晋南北朝时，一个少数民族的首领率领众多流民进入四川，得到道教徒范长生的支持，在此建立了一个小朝廷，并以道教作为当地的国教。道教在四川，具有广泛而深入的影响，境内诸多名山大川流传着各种神仙故事。唐代皇家李姓，以老子李耳为始祖，推崇道教，道教仙风由此更盛。李白生长在蜀中，自青少年起即学道访仙，深受当地道教文化的影响。

汉末张鲁凭借五斗米道组织民众，建立政教合一的政权；天师道的祖师张道陵则学道于西蜀的鹤鸣山（今岷江东岸仁寿县境内）。

李白生长在西蜀，既是羌族聚居之地，也是道教盛行的区域。蜀中奇异的山水、缥缈的云气，当地流传的神异的传说、神话、宗教故事都大大激发了李白的想象力。李白出川之前，曾到峨眉山游赏。他在《登峨眉山》诗中说："蜀国多仙山，峨眉邈难匹。"又说："傥逢骑羊子，携手凌白日。"诗中所说蜀中的仙山就是峨眉山，登临游览，诗人眼前出现各种奇异的景色、神奇的故事。诗人最后说，如果遇见骑羊子，就随他一同到仙国去。骑羊子即川蜀仙人葛由。《搜神记》曰：

> 前周葛由，蜀羌人也。周成王时，好刻木作羊卖之。一旦，乘木羊入蜀中，蜀中王侯贵人追之，上绥山，绥山多桃，在峨眉山西南，高无极也。随之者不复还，皆得仙道。故里谚曰："得绥山一桃，虽不能仙，亦足以豪。"山下立祠数十处。

传说葛由喜欢雕刻木羊，雕刻好的木羊就拿到集市上去卖。神奇的是，他对着木羊吹一口气，木羊立刻就变成了活羊。

这很像希腊神话中皮格马利翁的故事。皮格马利翁善雕刻，用神奇的技艺雕刻了一尊精美的少女像。他把全部的热情都赋予了这座雕像。爱神阿芙洛狄忒被他打动，赋予雕像以生命，并让他们结为夫妻。不过，两个故事重点不同，皮格马利翁的故事强调的是艺术家对艺术的热爱与追求，而葛由的木羊则渲染的是神仙超能力。

人们知道葛由有仙道，都跟他去学仙。一天，人们见他骑着一头羊上了峨眉的绥山，许多人都追随他而去，据说都成了神仙，再也没有回到人间。我们今天看到葛由仅仅只是一个神话故事而已，但巴蜀地区人们却是把他当作非常重要的神灵。

陈子昂诗中多次提到葛由，《感遇诗》其三十三曰："金鼎合神丹，世人将见欺。飞飞骑羊子，胡乃在峨眉。"其三十六曰："浩然坐何慕，吾蜀有峨眉。念与楚狂子，悠悠白云期。时哉悲不会，涕泣久涟洏。梦登绥山穴，南采巫山芝。探元观群化，遗世从云螭。"都涉及葛由神异的故事。

李白诗中也一再提及此事,《叙旧赠江阳宰陆调》中说:"此耻竟未刷,且食绥山桃。"李白提到"绥山桃"事,表示欲追随葛由成仙。他在其他诗中,提到"骑羊"之事者甚多,如《留别曹南群官之江南》诗曰:

> 我昔钓白龙,放龙溪水傍。道成本欲去,挥手凌苍苍。时来不关人,谈笑傲轩皇。献纳少成事,归休辞建章。……怀归路绵邈,览古情凄凉。登岳眺百川,杳然万恨长。却恋峨眉去,弄景偶骑羊。

诗中详细介绍了他少年时耽学仙术,历经事故蹉跎无成,朝廷仙宫两无着落,追忆蜀地道家踪迹,不由得又想起葛由骑羊之事,说明神仙形象对他影响至深。

李白诗歌想落天外,色彩斑斓,都与蜀中的地理山川、风土人情、信仰崇拜的多样化密切相关。

七、巴蜀先贤

四川是个好地方,是个有精神传统的地方。它的地方文化,特别是地方先贤,对李白的成长以及诗歌创作有着非常直接的影响。四川山明水秀,物产丰富,素有天府之国的称呼。山川自然条件以及当地乡贤、历史、习俗、饮食、方言等人文传统形成了地方特有的氛围,它们构成了诗人成长直接接触的环境。

在汉文帝时期,川蜀就大力兴办文化教育,出现了不少文学家和学者,最著名的莫过于司马相如和扬雄。

司马相如曾在这里出生成长,最终成为西汉著名的文学家,以擅长大赋而得到汉武帝的赏识。他曾奉命前往西南少数民族地区进行安抚工作，颇有功绩。扬雄也是四川人，早年赋作仿效司马相如，声名大噪，以献赋得官。他后来认为辞赋是"雕虫篆刻，壮夫不为"，自以为大丈夫不屑于做这样的事情，于是转向学术研究，成为汉代著名的学者。诸葛亮虽然不是四川人，但曾是蜀汉丞相，是出色的政治家。他们都是李白崇尚的人物，值得效法的对象。李白对于川蜀先贤很熟悉，有着天然的感情上的亲近。他写作《大猎赋》，自认为可以和司马相如的作品相媲美，在他的内心中一直有超越扬、马的雄心与抱负。

蜀地的文化氛围对李白极有影响。地域是古代重要的共同体类型，它通过方言、习俗、先贤、文化、对地方性的颂扬等因素强化地方群体内部的情感维系。魏颢《李翰林集序》曰："自盘古划天地，天地之气，艮于西南。剑门上断，横江下绝，岷、峨之曲，别为绵川。蜀之人无闻则已，闻则杰出。是生相如、君平、王褒、扬雄，降有陈子昂、李白，皆五百年矣。"这一段话几乎就是唐人对地方共同体的深切理解。乡贤是地方文化的重要标志，司马相如、王褒、扬雄都是四川文学家的代表人物，严君平是成都学者、闻名遐迩的隐士。陈子昂也是四川诗人，与李白同时而稍早。陈子昂遇害后不久，李白出生。

卢藏用《陈氏别传》曰："陈子昂，字伯玉，梓州射洪县人也。本居颍州，四世祖方庆，得墨翟秘书，隐于武东山，子孙家焉。世为豪族。父元敬，瑰玮倜傥。年二十，以豪侠闻。属乡人阻饥，一朝散万钟之粟而不求报，于是远近归之，若龟鱼之赴渊也。"陈子昂的祖先获得"墨翟秘书"，于是隐居于武东山，其子孙也就住在那里，成为当地的豪族。他的父亲陈元敬有豪侠之气，遇到饥荒，拿出自家粮食接济灾民，不求回报。

《陈氏别传》又曰:"子昂奇杰过人,姿状岳立。始以豪子驰侠使气,至年十七八未知书,尝从博徒。入乡学,慨然立志。因谢绝门客,专精坟典,数年之间,经史百家,罔不该览。尤善属文,雅有相如、子云之风骨。"陈子昂作为豪族子弟,有其父之风,豪气过人,尤好侠义之举,到了十七八岁之时,也没有用功读书。入乡学,立志读书。经史百家,无不遍览。大约 25 岁时,即赴京参加科举考试得中进士,官麟台正字,后升右拾遗,直言敢谏。因"逆党"反对武则天,受株连而下狱,后免罪复官。曾随左补阙乔知之北征,又随建安王武攸宜大军出征,平定契丹叛乱。圣历元年(698),陈子昂辞官归乡侍奉老父,不久受到当地射洪县令段简陷害,冤死狱中。

李白经常提到司马相如、扬雄,推崇陈子昂。陈子昂喜好纵横术,崇尚游侠之风,李白也是如此。陈子昂的诗歌看法,李白几乎是直接承继。陈子昂有《修竹篇序》,其中专门谈到了文学。陈子昂说:

> 今文章道弊五百年矣!汉魏风骨,晋宋莫传,然而文献有可征者。仆尝暇时观齐、梁间诗,彩丽竞繁,而兴寄都绝,每以永叹。思古人,常恐逶迤颓靡,风雅不作,以耿耿也。

这是说,从西晋到唐初五百年,文章之道已经衰落。汉魏时期具有风骨的作品,在晋宋时期已经无人追求。齐梁时期的诗歌大多流于精美的技巧,而缺乏兴味寄托,显得十分空洞。《诗经》风雅作品就是具有兴寄的典范。

李白的看法与陈子昂的观点几乎完全一致,都具有复古、复兴古道的倾向。《古风》五十九首中的第一首是李白诗歌理论的集中陈述。《古风》其一曰：

> 大雅久不作，吾衰竟谁陈？王风萎蔓草，战国多荆榛。龙虎相啖食，兵戈逮狂秦。正声何微茫，哀怨起骚人。扬马激颓波，开流荡无垠。废兴虽万变，宪章亦已沦。自从建安来，绮丽不足珍。圣代复元古，垂衣贵清真。群才属休明，乘运共跃鳞。文质相炳焕，众星罗秋旻。我志在删述，乘辉映千春。希圣如有立，绝笔于获麟。

第一句"大雅久不作"是全诗主旨，基本与陈子昂"风雅不作"、不满于当时文风的观点一脉相承。"自从建安来，绮丽不足珍"同样延续了陈子昂"齐、梁间诗，彩丽竞繁，而兴寄都绝"的看法，李陈二人主张坚持《诗经》风雅寄兴的诗歌创作方向。

简单地说，就是诗文写作，能够做到言之有物。对照陈子昂、李白实际的诗歌创作，不难看到，他们并非单纯反对"绮丽"，但如果诗歌仅仅只有表面的绮丽，那当然是不足珍；"五言不如四言"，也不是反对写五言、七言，而是要追求四言"兴寄深微"的境界。

第三章　初出茅庐

古人要增长见识，一靠读书，二靠游历。所谓读万卷书，行万里路。李白青少年时期主要是读书与访学，或居家学习，或游历在外。

这实际上是唐人求得上进的两种路径。读书对应的是科举；游历对应的是举荐。读书成功就可以参加朝廷举行的科举考试。进士及第就取得了授官资格，普通百姓由此进入社会中上阶层。游历，一般是以自己的文学才能、诗才，展开各种社会交往，从而获得达官贵人的推荐。

李白没有参加科举，他进身的渠道就集中在达官显贵的推荐上。所以诗人需要走出去。诗人直接进入社会生活之中，一方面可以了解社会，增长见识，一方面让社会了解你。读书人要想长见识、长本事，还是得出去闯闯。小的时候在家乡附近游荡，见识各种各样的事情，结交各种各样的伙伴，社会才是他们真正的学校。

男孩年龄大一点再到家乡附近的城市去看看，见识在家乡见不到的人物。青年时代，走出家乡，来到附近省会一样的大城市。最后来到京城，开展自己的事业，实现自己的梦想。

一、唐代科举

古代没有实行全民教育，读书人很少，只有极少数人接受过教育。在现代，学生毕业之后，可以从事许多职业，而在唐朝，读书人完成学业后，出路相对还是比较狭窄，最好的出路就是做官。

隋唐就实行科举考试，用来选拔朝廷的官员。简单地说，就是接受过教育、读书好、文章写得好、德行人品也不错的人，就可以通过考试选拔出来做官，进入仕途，所谓"学而优则仕"，或者说"以文取士"。李白虽然接受了一定的教育，但他并没有打算报考科举。

古代，选拔官员机制大体有推荐与考试两个路径。汉晋社会生活相对简单，朝廷官员少，多用推荐之法。举荐重贤德，用人重世官。一般而言，达官贵人才有资格推荐，被推荐的又大多都是他们熟悉的社会上层的子弟，寒门子弟获得推荐的机会相对就少。时间一长，就显出弊端来了。唐宋以后，多用考试之法。

科举，官员与普通士人都可以自愿报名投考，这让更多的人有了获选的机会。唐代平民中杰出的子弟要获得做官的机会，都可以通过科举。科举考试一般分为进士试、明经与制科等。这是朝廷"以文取士"的措施。百姓子弟聪明好学，则可以读书求学，参加朝廷举行的科举。文章写得好，诗赋写得好，考试通过，即可被朝廷录用授官，进入仕途，甚至步入上层。平民杰出子弟还有一个路径可以获得晋身，就是从军。唐前期，军力强盛，开边拓疆，军中非常需要人才。从军是为国家效力的好机会，建功立业，朝廷就会授予官职。唐诗人高适就是奔赴军中，后来成为剑南西川节度使这样的朝廷大员。唐代著名诗人中，高适最为显达。

唐代科举有其特点：一是，它呈现出一种过渡状态，既看考试的成绩，也考虑名公巨卿的推荐。相对于后代而言，唐代中进士的人数很少，这无形中增加了应试的难度。争取达官贵人的推荐，科举更容易成功。王维就是既争取王公贵族的推荐，也参加科举考试，最终获得成功。二是，唐代官员出身由此分为两种，一是通过科举考试、特别是进士试入职的；一是达官贵人推荐入职的。进士出身后来越来越成为晋身的正途。朝廷任命官员还有其他渠道，如以荫入仕，以父祖高贵的身份或职官授予官职等，可不细论。

唐代官员选拔既不同于六朝，也不同于宋代。六朝时期主要实行九品中正制加以推荐，选拔的依据主要是候选人的德行素养与声名；宋代则主要依赖科举考试，人们更相信应试的能力。

中唐以后，科举考试逐步规范，日渐成为官员选拔的标准形式。到了宋代，科举考试不仅在制度设计上、程序上更为严格，而且成为官员选拔最主要的渠道，成为入仕模式最重要的塑造力量。

进士试高中的人都被宋君视为日后能够成为宰相的人。宋仁宗读了苏轼兄弟的制策后说："朕今日为子孙得两宰相矣！"宋代没有通过科举考试而被任命的官员如陈师道者是比较少见的，而唐代不参加科举而又想进入仕途如李白者确有不少。所以唐代士子谋求入仕，其方式既不同于之前的六朝，又不同于之后的宋代，具有特殊性。

唐代距离六朝不远，当时的士人对于推荐征召还充满期望，有着很深的印象，还相信类似九品中正制那样的选拔推荐，而盛唐时期科举考试实行时间又不算太久，特别是在制度上还不像后来那么严格，所以推荐征召这种方式仍然在一定的程度上影响士人入仕的渠道与观念。这也是李白、杜甫为何不参加科举考试而热衷于推荐征召的原因。

唐代科举考试类型，常见的有进士、明经与制科。明经，主要考经学内容。进士试侧重考察文才、识见水平。制科指皇帝临时批准举行的考试。一旦通过考试，就被朝廷录用授官，进入仕途，施展政治抱负。科举是百姓子弟的入仕之路，但也并不容易，每年中进士的人非常少，民间流传着"三十老明经，五十少进士"的说法。

明经科考三场，第一场帖经，考儒家经典的记诵程度。第二场试义，解释儒家经典的一段话，第三场试时务策，根据朝廷所面临的重大时政问题陈述政见，发表主张。进士科第一场帖经，第三场试时务策，和明经相似，区别在于第二场试杂文，即测试诗、赋等。无论何种，都需要投入数十年的时间专攻学业。多年来，李白并不像中原的子弟那样专攻儒学，而是兼学百家。倘若他去参加科举考试，或许难以符合官方的标准。

李白不参加科考，那就只能寄希望于广泛结交朋友，扩大自己的声名。包括干谒，就是主动求见达官贵人，求得赞誉，获得他们向朝廷或地方上的推荐。汉代一般是朝廷高官以及地方刺史、郡守等大员有资格推荐人才，但平民百姓根本接触不到那些高官。李白生长在青莲乡，青少年时代所到不过梓州，所能接触结交的人物非常有限。若是到了成都，这是益州的首府，机会肯定更多。

二、崭露头角

开元八年（720），苏颋被罢相，改任检校礼部尚书、益州大都督府长史。秦汉时，丞相（大司徒）、太尉（大司马）、御史大夫（大司空）以及将军等高官，都有长史作为辅佐的官员。唐代大都督府的长史往往即充节度使，为地方或州府最高军事长官。李白听说后，知道这是结识大人物的机会，决定前往成都。

苏颋（670—727），京兆武功（今陕西省武功县）人。出身名门，父亲是尚书左仆射苏瑰。进士及第，走上仕途，在京任官多年，迁工部侍郎，袭封许国公。后为宰相，颇受唐玄宗的重用。因事罢相而出任益州长史。益州有成都平原，素有"天府之国"之称。西汉以后，巴蜀不断开发，繁荣兴盛，富甲一方。诸葛亮《隆中对》所谓："益州险塞，沃野千里，天府之土，高祖因之，以成帝业。"唐代益州素有"扬一益二"的称号，繁华可与扬州媲美。苏颋在成都，招募戍卒，鼓励开掘盐井，冶炼铁器，通过盐铁来增加当地的财政收入，同时充实粮库，大大改善了当地的民生。

李白来到成都，但在这里，他并不认识什么人，没有人能够为他引见苏大人。李白悄悄打定主意。

清晨，诗人趁着朝霞，来到附近的散花楼，赋诗《登锦城散花楼》，曰：

日照锦城头，朝光散花楼。金窗夹绣户，朱箔悬银钩。飞梯绿云中，极目销我忧。暮雨向三峡，春江绕双流。今来一登楼，如上九天游。

散花楼位于城墙上。初升的阳光照在散花楼上，令人睁不开眼。楼阁的窗户间夹着繁复的锦绣，珍珠缀饰的帘子悬挂在玉钩上，阳光映照下熠熠生辉。李白站在这里俯瞰城市，散花楼下清澈的流水穿梭在建筑之中，楼房屋顶的瓦片泛着金光，起起伏伏，推向远方，如同湖面的鳞波一般。诗人的视野也由近及远，依稀可见远处的平原以及四周的高山，甚至还能看见山巅的白雪皑皑。当地人都说西边遥远的山脉，有通天的高度，里面住着神灵和西王母。李白的目光从朝光中的金窗绣户延伸到暮雨三峡，从城头楼阁，云梯直上，登上九天游览，兴奋昂扬的心情如同朝霞一般。

这一天，益州长史苏颋出行，李白早早就在他必经之路等待。当苏颋的马队过来时，青年李白拿着自己的名片挡住了马队。

长史的手下将李白的名片呈给苏颋，苏颋以布衣之礼对待这位年轻人。李白呈上自己新写的赋，表达自己愿意辅佐君王、为国效力的志向。苏颋看到李白的赋，对群僚说："此子天才英丽，下笔不休，虽风力未成，且见专车之骨。若广之以学，可以相如（司马相如）比肩也。"（李白《上安州裴长史书》）苏颋称赞李白是天才，文思泉涌，虽然现在年少，文章还没有形成自己成熟的风格，但已经可以看出内在宏大的气势、强劲的骨力。如果潜心钻研，假以时日，可以与大文豪司马相如相比肩。这无疑是对年轻诗人莫大的鼓励。

确实是极大的鼓舞，诗人信心大增。这是他依靠自己的力量获得的成功，顿时使他充满自信，他以为可以拜访更多的名人，而名人们都会像苏颋一样期待着认识他。

他听说李邕在渝州（今重庆市），决定一鼓作气，前往拜见。开元六年（718），宋璟上书朝廷推荐李邕为渝州刺史。很快李邕到任，接下来的几年里，李邕都在渝州任上，李白就是在这个时间段里拜见李邕的。

李邕（678—747），鄂州江夏（今湖北武汉）人。父亲李善是唐代著名《文选》学者。李邕博学多才，少年成名。不仅文章写得好，而且书法风格奇伟倜傥，唐李阳冰称之为"书中仙手"。人们都说："论诗则曰王维、崔颢；论笔则王缙、李邕。祖咏、张说不得预焉。"古人或有文名，或以书法著称，如王羲之则以书名掩其文名，而李邕文章书翰都著称于世，确实难得。因有才名，书法上乘，所以当时人都请他撰写碑记碑颂，即碑文墓志一类文章。李邕在渝州刺史任上就为曲阜孔庙撰写碑文。有说他前后撰写了800篇，挣了很多钱，史称他"性豪侈，不拘细行，驰猎纵逸"，又好客，"能文养士"。这样的官员，李白迫切想要求见。

李白作为文学家，都是以自己诗文作品拜访达官贵人。这些官员必须对文学很在行，才可能欣赏李白的作品，赏识他的文学天赋，否则拜访的效果就会大打折扣。所以，他对造访的对象都是有所选择的。州府的地方官很多，但李白选择了苏颋，也因为他是著名的文学家。他自幼聪慧，读书一目十行，过目不忘，文采卓越。文章与宰相燕国公张说齐名，并称"燕许大手笔"。这样懂得诗文、享有文名的官员对于青年文士极有吸引力。

李白在成都拜访过苏颋，便收拾行囊，取道嘉州，沿江乘舟东下渝州。李白站在船头，两边的绿色缓缓后退，随波行船穿越江上雾霭。此时的他像是一匹奔跑在旷野中的野马，眼前只有若隐若现的光芒，那正是他想去的地方。

到了渝州，李白拜见李邕，并呈《上李邕》一诗，诗曰：

> 大鹏一日同风起，扶摇直上九万里。假令风歇时下来，
> 犹能簸却沧溟水。世人见我恒殊调，闻余大言皆冷笑。宣父
> 犹能畏后生，丈夫未可轻年少。

诗首以《庄子·逍遥游》中的大鹏自比，抒发怀抱。他说，大鹏能直上九万里，在于乘风翱翔，只有凭借风力，鹏鸟才能到九霄云外。如果风停下来，则不能高飞，自己的力量虽大，也只能用翅膀翻动沧海之水。诗人自比大鹏，把李邕比作海上大风。大鹏能够"图南"，飞向南冥，完全取决于大风。"风之积也不厚，则其负大翼也无力"。诗人期待李邕成为自己实现理想有力的支持者。后四句的意思是说，我的观点向来与世人不同调，人们听到我的"大言"皆冷笑。这里暗含着《老子》第四十一章"上士闻道，勤而行之；中士闻道，若存若亡；下士闻道，大笑之。不笑不足以为道"的典故。人们认为我的观点是奇谈怪论，我的豪言壮语只是白日梦，对我冷眼嘲笑，那只是他们完全不懂得大道的真理。但你却是同孔子一样的人物，能够欣赏年轻人，不会因为他们年少而轻视他们。

但元、明时期的学者对此诗提出疑问。他们认为"此篇似非太白之作"，不像李白的诗歌；又认为"李邕于李白为先辈，邕有文名，时流推重。白至京师（实际是在渝州），必与相见，白必不敢以敌体之礼自居，当从后进之列，今玩诗意，如语平交，且辞意浅薄而夸，又非所以谒大官、见长者、待师儒之礼也"。李白虽然狂放不羁，但在其他的赠诗当中，如赠崔侍郎、孟浩然等，"作辞皆谨重而无亵谩之意"；赠送那些尊卑差距不大的人，

所作也都"俱尽欢洽之情，无有谩词"。而现在面对李邕却说"宣父犹能畏后生，丈夫未可轻年少"，似有教训的口吻。孔子见到出色的年轻人都不禁发出"后生可畏，焉知来者之不如今也"的感叹，孔圣人尚有后生可畏的喟叹，大丈夫李邕不是更不应该轻视年少？

其实"丈夫未可轻年少"一句，可以有不同的语气。我们不能确定，唐人认为这句话的语气与我们所理解的语气是相同的。现在读起来，我们觉得它有一些对长者不敬的语气，唐人是否也有同样的感觉，这需要进一步分析求证。也许，李白、李邕并没有觉得这句话有什么语气上的冒犯。

我们还可以举一个例子来看唐人的语气。杜甫晚年避难于蜀中，曾居梓州，梓州刺史李某几次邀请杜甫参加聚会游赏，诗人于是作《数陪李梓州泛江，有女乐在诸舫，戏为艳曲二首赠李》，其二曰：

> 白日移歌袖，青霄近笛床。翠眉萦度曲，云鬟俨分行。
> 立马千山暮，回舟一水香。使君自有妇，莫学野鸳鸯。

末两句，前人以为"李梓州耽于女乐，故以此戏而规之"。"使君"就是刺史，李梓州是州府最高长官，而诗人此时几乎就是布衣，受到邀请游赏，粉饰恭维尚且不及，却有"此戏而规之"之语，今人读之颇觉此语或有冒犯。恐怕今天的诗人或陪游者处在同样的情境下，断然不敢讽劝在位者"使君自有妇，莫学野鸳鸯"。看来古人纯朴，不觉得"莫学野鸳鸯"有什么冲撞。

我们今天觉得不妥的地方，通常不会是诗人考虑不周。李杜早年，地位卑下，四处寻求出路，遇到尊贵者，拜访造谒，承颜应酬，都是事关生计的大事。呈诗献赋，皆当经过仔细斟酌，觉得稳妥方能送出。我们的怀疑多半是因为语言环境的变化而引起的歧义。

詹锳主编《李白全集校注汇释集评》中认为此诗是李白模仿东方朔"大言"的文风，说："干谒，在一般情况下宜谦恭，当遇倜傥不羁之士，却可能被视为平庸，李邕正为倜傥不羁之士，故青年李白学东方朔上书汉武帝故事，'文辞不逊，高自称誉'。此诗正乃学汉代奇才东方朔之'大言'，以冀李邕另眼相看，不可以常理视之，疑为伪作也。"此说很有道理。

东方朔的"大言"是什么样子的呢？汉武帝时，征召天下"方正贤良文学材力之士"，东方朔上书自荐，说自己年十三学读书，经过三年学习就有了丰厚的文史知识，十五学击剑。十六学《诗》《书》，能"诵二十二万言"，就是书上的内容能够背诵二十二万字。十九岁学孙、吴兵法，也能背诵二十二万言，合计四十四万言。这还没完，又说自己年轻，才二十二岁；长得高大，身长九尺三寸；又帅，"目若悬珠，齿若编贝"；德行又好，"勇若孟贲，捷若庆忌，廉若鲍叔，信若尾生"，最后说，像我这样，可以为"天子大臣"了。整个上书"文辞不逊，高自称誉"，终于把皇帝震惊到了，"上伟之"。不合理超过某一极限就变成了另一种合理。所以，李白的夸耀实有东方朔大言的传统，李邕当然知道。

李白的狂放不逊，在一篇文章中也有表现，这就是《上安州裴长史书》。这篇上书在框架上就是仿照东方朔上书，说自己"五岁诵六甲，十岁观百家"，比东方朔"年十三学书"，提前了八岁。说自己有四方之志，轻财好施，存交重义；又能高蹈淡泊，有"养高忘机不屈之迹"；又说自己文章为当世文豪称赞。

而长史裴大人"名飞天京",望能青睐有加,提携自己。

> 愿君侯(裴长史)惠以大遇,洞开心颜,终乎前恩,再辱英盼。白必能使精诚动天,长虹贯日,直度易水,不以为寒。若赫然作威,加以大怒,不许门下,逐之长途,白既膝行于前,再拜而去,西入秦海,一观国风,永辞君侯,黄鹄举矣。何王公大人之门,不可以弹长剑乎?

"弹长剑"用的是战国冯谖的故事。冯谖是孟尝君门下的食客,但看起来他没有什么本事,在食客中待遇最差。于是冯谖倚着柱子弹着自己的剑,唱道:"长铗归来乎!食无鱼。"孟尝君给了他最好的待遇,后来果然有了大用。李白的意思是说,你如果不想搭理我,王公大人这么多,哪个我不能寄食门下呢?这放在今天,也是气话。但诗人却照样说了,一则诗人喜欢夸张,二则李白确实张扬豪放,不愿隐忍委屈。

并没有其他材料证明,李邕看到《上李邕》一诗后,与诗人交恶或对诗人不满。李白当时只是二十岁的毛头小伙,而李邕当时四十六,是颇有历练的名人。四方文士均奔走其门下,求其延誉,李白也不例外。李白后来的诗篇均表示对李邕的敬意。

天宝初,李邕任北海太守,人称李北海。山东当时发生了一位女子为夫复仇的事件,李白于是写了《东海有勇妇》,赞扬女子疾恶如仇、手刃仇人的任侠情怀,其中提到李北海,诗中段曰:

> 东海有勇妇,何惭苏子卿。学剑越处子,超腾若流星。捐躯报夫仇,万死不顾生。白刃耀素雪,苍天感精诚。十步

两躞跃，三呼一交兵。斩首掉国门，蹴踏五藏行。豁此伉俪
愤，粲然大义明。北海李使君，飞章奏天庭。舍罪警风俗，
流芳播沧瀛。名在列女籍，竹帛已光荣。

地方长官李北海立刻向朝廷报告此事，豁免了她的罪责，弘扬大
义。李白特别赞扬了他主持公道、激励风俗的善举。李邕辗转州
县，多处任地方官，史称其能够"兴利除害"，颇有善政。在括
州（今浙江丽水）刺史任上，曾率民修筑"岭路"，也是兴利之
举。李白《送王屋山人魏万还王屋》曰："路创李北海，岩开谢
康乐。"对李邕赞誉有加。李邕遇害，李白在《答王十二寒夜独
酌有怀》诗中说：

君不见李北海，英风豪气今何在？

可以说，对李邕非常赞赏，对他的冤死表示了极大的同情。
　　李白从青少年时代，就游历各地，广泛结交，以自己的诗文
创作赢得人们的赞誉，赢得了自己的诗名。他对自己充满信心，
相信自己一定能够像鹏鸟一样，展翅高飞。

三、我乐名山

　　李白一生都喜爱名山大川、崇山峻岭，喜爱壮丽、崇高、宏
大、优美的一切事物。从越东到皖南，从匡山、庐山到终南、嵩
山，从黄河、长江到洞庭、三峡，无不留下他的足迹。许多地
方，越中、庐山、嵩山等都是他流连忘返的地方。他说："金陵
风景好。"又说越中："分明画相似。"他在《望庐山瀑布》诗

中说：

> 而我乐名山，对之心益闲。

《独坐敬亭山》曰：

> 众鸟高飞尽，孤云独去闲。相看两不厌，只有敬亭山。

诗人对自然山水有一种天然的亲近。传统认为，这种亲近值得称赞，这样的人物也值得推崇。它符合道家的理想。

中国古代有一些颇为独特的观念。古人认为，那些汲汲于功名的人，即那些急切想做官的人，不能将政治权力交给他；相反，那些淡泊名利、潜心修身的人，可以担当治国的大任。所以中国古代君主有时更看重那些远离朝廷的隐士。开元六年（718）隐于嵩山的处士卢鸿被召至京，拜为谏议大夫。唐中宗时，卢藏用往来于少室、终南二山，隐居不仕，颇有声誉。尽管他后来专事权贵，受到非议，但可以看出，那些隐于江湖山林之中的士人，往往可以获得恬退淡泊的名声。

当然，始终隐居在一个地方，阅历不广，交往有限，不利于扩大视野，也不利于传播自己的名声，因此，文人隐士经常云游四方，只要看看当时诗人的生平就不难发现这点。杜甫在他的《进三大礼赋表》中自称"浪迹于陛下丰草长林，实自弱冠之年矣"，他对自己早年的游历无疑是肯定和自赏的。他在《奉寄河南韦尹丈人》中说："有客传河尹，逢人问孔融：青囊仍隐逸，章甫尚西东？……"意思是说，河南尹韦济托人问候杜甫，问他现在是在隐逸学道，还是在东西漫游。可见，漫游隐逸在当时很受推崇。孟浩然一生游历甚广，足迹遍及湘楚、吴越、川蜀、中原等地。其他诗人王维、李颀、高适、岑参等人莫不如此，读万卷书，行万里路。诗人在漫游的过程中，可以开阔眼界，陶冶情性，写出更多优美的诗篇，还可以结识许多朋友。朋友相处，赏花饮酒，酬赠诗篇，自己的诗名也随之传播开去。李白也不例外，一生中的大部分时光都是在漫游中度过。出蜀之后，多次游历梁宋、湘楚、吴越、齐鲁等地。所以，李白在很年轻的时候就曾隐居。他在《上安州裴长史书》中说：

> 昔与逸人东严子隐于岷山之阳，白巢居数年，不迹城市。养奇禽千计，呼皆就掌取食，了无惊猜。广汉太守闻而异之，诣庐亲睹，因举二人以有道，并不起。此则白养高忘机不屈之迹也。

"岷山之阳"，就是大匡山。李白二十岁就曾与这位隐士东严子隐居于"岷山之阳"。李白"巢居数年，不迹城市"，当是修炼道术。又养了许多珍禽，数以千计。每次张开手掌，呼唤这些鸟儿名字的时候，它们便会飞到手掌中吃食，没有一丝防备。

这个故事与古代有关的神仙事迹有着某种关联。汉代有一部记载神仙的传记，叫作《列仙传》，里面说有一个叫祝鸡翁的仙人，养了一百多年的鸡，那些鸡有一千只，每只都有自己的名字，白天在地上放养，夜晚飞到树上去栖息。只要祝鸡翁呼唤名字，此名的鸡就能立刻来到他的面前。南朝梁萧子显撰写的《南齐书》中，记载了一位姓蔡的高士，在山中养了数十只老鼠，老鼠们都能听懂这位高士的话，召之即来，挥之即去，人们把高士看成"谪仙"，是一位生活在人间的神仙。这类传说的真实性是不重要的，重要的是古人通过这类故事想要反映神仙的神异性，就像安徒生童话中，如果你在关心很多层床垫下的一粒豌豆竟然被公主感觉到的真实性，只能说明你在童话之外，只有天然以豌豆情节的童话逻辑为逻辑时，你才处于童话之中，并且意识到豌豆是指认真正公主的真正标志。

有道之人能够亲近自然，古人常常形容为"入兽不乱群"，鸟兽丝毫没有受到他的惊扰。《庄子·山木》记载，孔子去旷野，"入兽不乱群，入鸟不乱行"，丝毫没有引起鸟兽的恐慌。这是在表明有道之人、有德之人与万物融为一体。

要标榜自己，就声称自己能够亲近自然万物，"觉鸟兽禽鱼，自来亲人"，有出世之想。《世说新语·言语》曰：

> 简文入华林园，顾谓左右曰："会心处不必在远。翳然林水，便自有濠濮间想也。觉鸟兽禽鱼，自来亲人。"

庄子与惠子曾于濠水的桥上，辩论"子非鱼，安知鱼之乐"。庄子又曾钓于濮水之上，对楚王的使者表示，"宁曳尾于涂中"，也不愿出仕。"濠濮间想"就是无心世事，超然物外。

奇禽"呼皆就掌取食，了无惊猜"的奇迹，吸引了当地很多人。地方官闻讯亲自来到隐所观看，他们都认为东严子与李白是亲近自然的高人，"举二人以有道"，即以"有道"科推荐两人出仕做官。诗人高适就是以有道科中第进入仕途的，官至剑南西川节度使。但东严子与李白当时都没有接受推荐。

四、访道山中

李白《感兴八首》其五中说："十五游神仙，仙游未曾歇。"

这是说，他在十五岁时就接触仙道文化了。

道教文化在李白的人生及创作生涯中有着特殊的意义，就人生而言，李白后来成为道士；从创作上来讲，道教信仰为李白的诗歌创作增添了特定的文化蕴含以及缤纷斑斓的色彩。

《旧唐书·李白传》中也称他"少有异才，志气宏放。飘然有超世之心"。他在二十岁前后，有很长的时间都是隐居大匡山、云游峨眉山，虽然无从探知他接触道教信仰的具体情况，但根据诗中的一些记载仍可了解一二。

隋唐之际，佛教、道教很活跃，根本不是我们如今想象的那种焚香打坐、清静无为的形象。天下形势动荡，群雄中原逐鹿，道士、佛僧都积极投身到时代的大潮当中。隋末雄主著名的有河北窦建德、河南李密。李密是北周名将李弼的曾孙，泰山道士徐洪容觉得李密能成大事，向李密献上争夺天下之策。魏征当时是道士，也向李密进献十道良策，李密"虽奇之而不能用"。王世充本身就是隋朝的高官、西域胡人，以军功而独揽军权，任相国，统管百官。东都道士桓法嗣认为王世充"当代隋为天子"，于是投奔王世充。李密与王世充决战，兵败后入关降唐。魏征也随李密一同归唐，成为唐太宗的名臣。

隋末不少道士都倾向李渊父子取得天下，纷纷投靠在他们的麾下，为建立新王朝效力。其中以楼观道士岐晖和茅山宗王知远最为得力。岐晖对弟子说："天道将改，当有老君的子孙治世，此后吾教大兴。"大业十三年（617）当李渊起兵，至浦津关时，岐晖兴奋地说："此真君来也，必平定四番矣。"还把自己的名字改成"平定"以应之。他派八十多个道士前往浦津关接应，又运送道观中的粮食给李渊军队。

王知远则向李渊密告道教符命，又声称李世民是"圣人"，说他"方做太平天子"。后来李世民与兄长李建成在争夺帝位时，以法琳为首的佛教徒拥护李建成，而以王知远为首的道教徒拥护李世民，李世民赢得了皇位。李世民继位以后，对王知远非常器重。王知远历经齐、隋、唐三次更迭而恩宠不衰，确实耐人寻味。茅山宗于是成为唐代道教的主流。

唐中宗李显朝，皇后韦氏干政，欲效武则天。景龙四年（710）韦氏毒死中宗李显，临朝称制。道士冯道力善于占兆，向李隆基密布"诚款"，李隆基乃率兵斩关而进，尽诛韦、武党羽，拥立李旦为帝，是为睿宗。睿宗在位不久即传位于李隆基，是为玄宗。道教参与政治成为传统。

李渊兵变、李隆基登上宝位的过程中，道教都给予了极大的支持。所以一旦李渊登基、玄宗在位，道教的发展畅行无阻，获得空前的繁荣，势头一时间超过佛教。初盛唐时期是道教发展史上第一次高潮阶段。李渊、太宗李世民以及高宗李治朝都大力推行崇道政策，尊封老子为"太上玄元皇帝"，以《老子》为上经，提高道士地位，大力兴建道观。高宗朝，乾封元年（666）诏令天下诸州皆置观一所。永淳二年（683）诏令"天下诸州置道士观，上州三所，中州二所，下州一所，每观各度七人"（《改元宏道大赦诏》）。玄宗登基之后，更是推行一系列崇道措施。授予老子各种称号，追尊老子为"大圣祖玄元皇帝""圣祖大道玄元皇帝"；提高道教以及道士地位；推行道教的节日、仪式和音乐；建立崇玄馆，在科举"明经"系列中纳入"道举"一科，道家经典学得好的，也可以科举成功；玄宗还亲自注释老子《道德经》。

在玄宗的推动下，社会上形成崇道热潮。当时的一些公主、妃嫔多有入道为女真者，杨贵妃也被度为太真宫女道士。朝中如宰相李林甫等都把自己的一些宅院捐出来作为道观。太子宾客贺知章、诗人李白都成了道教中人。仅在长安城中，道观就有几十所。

四川成都大邑的鹤鸣山，是东汉时的道教五斗米教的发源地。蜀中本来就很盛行黄老道术、图谶数术之学，当地少数民族的习俗就是崇尚鬼巫。道教发源早期，川蜀就流行着关于西王母的神仙传说。成都平原一带曾出土东汉时期的摇钱树，是一种青铜材质的陪葬品，做成树状，顶端有展翅飞翔的凤凰，枝叶部分由一串一串圆形方孔钱组成，枝叶上还有西王母和许多来自天界的奇珍异兽。民间崇拜十分发达，蜀中道风浓郁。

李白早年在四川，当地道教兴盛的背景对他影响很大。初盛唐时期的道士任真子李荣，就是绵州巴西（今四川绵阳）人，道士王玄览，也是广汉绵竹（今属四川）人，都出自四川。李白诗中说"十五游神仙，仙游未曾歇"，说明他在青少年时代就已经接触道教，但具体情况，实难了解。推测起来，李白当是从道观开始接触道教。

唐代的州县依据人口多少分为不同的等级。武德时规定 3 万户以上为上州；永徽时规定 2 万户以上为上州；开元十八年（730）规定 4 万户以上为上州，2.5 万户为中州，不满 2 万户为下州（《唐会要》卷七十）。李白家的青莲乡在绵州，绵州属于上州，贞观时有九个县，43904 户；天宝时九个县，65066 户，人口 263300，是颇为富庶的地方。按照永淳二年（683）的诏令，上州置道士观三所，那么绵州至少有道观三所。青年李白渴望学习，通过道观，接触道教文化知识有这样的条件。相对来说，古代的道观寺院具有一定的文化条件。在偏僻的山区更是如此。偏远的州县，稍微像样一点的民众教育场所就是寺院或道观。寺院或道观有长期修行或云游暂住的僧人或道士，他们大多接受过一些教育，不乏饱读诗书、满腹经纶、见多识广的高人。年轻人通过道观可以接触道教，增长见闻。

五、炼丹术

道教是中国本土兴起的一个宗教；道家则是中国思想史、哲学史上的一个派别，两者既有联系，又有区别。中国古代文献中的"道家"有时就是指道教，现今的英语 Taoism 既指道家，也指道教。道教吸收了道家思想，也吸收了儒墨、易学、阴阳五行等学说，神化老子，推崇神仙，主张神仙可学，又驱魔治病、扩大信徒则反映出它的宗教功能。道家主张清虚以自守，卑弱以自持，《汉书·艺文志》中说它是"君人南面之术"，即古代领导者的艺术。但其中有很多顺应自然、清静无为的思想体现了古人的智慧。

李白的一些诗歌表明了他对道教思想以及炼丹术知识的了解。

天宝三载（744）李白有一首《草创大还赠柳官迪》，可以看出他十分熟悉《周易参同契》的道教理论以及炼丹技术。

从晋代到唐代，道教发展出一种炼丹术，也称为黄白术。黄指黄金，白指白银。古代道士认为，用一些碱金属和盐类可以炼成一种药用金银，服用后可以长生不老，成为神仙。如用水银炼制成的长生不老的药物，唐太宗、高宗等皇帝都服食过，皆中过毒。这种炼丹术与西方点金术相类似，可视为化学探索的先驱。

炼制成用于服食的金丹是外丹，通过行气导引之术也可以达到长生不老，相当于服食丹药，则是内丹。《草创大还赠柳官迪》诗题中"大还"就是指金丹。诗曰：

> 天地为橐籥，周流行太易。造化合元符，交媾腾精魄。
> 自然成妙用，孰知其指的。罗络四季间，绵微无一隙。日月
> 更出没，双光岂云只？姹女乘河车，黄金充辕辄。执枢相管
> 辖，摧伏伤羽翮。朱鸟张炎威，白虎守本宅。相煎成苦老，
> 消铄凝津液……

道家认为，宇宙初创的"太易"阶段，万物尚未生成，只有阴阳之气周转流行，天地就像一种皮制的鼓风装置"橐籥"，一吸一呼的运动。阴阳造化彼此相合，二气交媾蒸腾产生"精魄"。精魄就是自然的精华。《周易参同契·姹女黄芽章》第十六曰："观夫雌雄，交媾之时，刚柔相结，而不可解。得其节符，非有工巧，以制御之。"古人并没有基因科学，但他们已经觉察到与基因类似生物机能。但自然造化究竟怎么发生作用，却是很难知晓，所谓"自然成妙用，孰知其指的"。道士认为他们已经窥探到造化精微之处，已知炼丹之法，一旦炼成，则神仙可得，所谓"得其道可以仙身"。

诗人接下来描写炼丹之事。"姹女乘河车，黄金充辕辄"，"姹女"即丹汞，"河车"即铅，黄金也是炼丹的重要原料。辕辄，古代车子驾马的装置，此处黄金水银都有祈求长生的意思。

炼制金丹以延年益寿的观念在汉代已经出现，《史记·封禅书》记载"黄金成以为饮食器则益寿"，饮食时用黄金做成的餐具来装盛食物，人体便可得到黄金一样耐久的特点，从而延年益寿。金丹的炼制就是为了这一目的。

晋唐时期，人们仍然延续着这种观念。葛洪《抱朴子》曰："丹砂可为黄金，河车可作银子，得其道可以仙身。"又说："凡

草木烧之即烬，而丹砂炼之成水银，积变又还成丹砂，其去草木亦远矣，故能令人长生。"当时人认为，人的生存依靠五谷，若想延年益寿，仅仅依靠五谷草药，是不行的。因为五谷草药皆是草木一类，时间一久即败朽，它们都自身难保，而人依赖于自身很快就败朽的草木而求长生，不是妄想吗？黄金则不腐不败，在化学上，黄金确实具有非常好的稳定性，很不容易起化学反应。所以古人认为食用黄金，自然能够像黄金一样不腐不败，用黄金等药物制成金丹神液，能够让人长生。"金液入口，则其身皆金色。"这种"吃啥补啥，吃什么补什么"的理论假设，显然不是科学的说法，但早在1700年前，这可能是人们对于长生所能想到的"最先进"的理论了。

李白《留别广陵诸公》中说："炼丹费火石，采药穷山川。"《金陵与诸贤送权十一昭夷序》中也说到自己采集道教秘方中所记载的矿物，同权昭夷一同炼丹的经历，有云：

> 吾稀风广成，荡漾浮世，素受宝诀，为三十六帝之外臣。即四明逸老贺知章呼余为谪仙人，盖实录耳。而尝采姹女于江华，收河车于清溪，与天水权昭夷，服勤炉火之业久矣。之子也，冲恬渊静，翰才峻发。白每一篇一札，皆昭夷之所操。吁！舍我而南，若折羽翼。时岁律寒色，天风枯声，云帆涉汉，同若绝电。举目四顾，霜天峥嵘，衔杯叙离，而群子赋诗以出饯。谪仙翁李白辞。

上文已经说到"姹女"和"河车"分别指水银和铅，皆炼丹所需之物。丹汞与河车相合始能成丹。"采姹女于江华，收河车于清溪"，江华，在江南西道之道州（今湖南道县），但有学者云，

"太白游踪似未尝至道州"。清溪，在宣州秋浦县。李白与道友权昭夷"服勤炉火（炼丹）之业久矣"，说明他接触炼丹已经有很长时间，很可能是青少年时期在四川就接触了。

炼丹是一系列化学过程，要完成其中化学反应的操作，在当时来讲，涉及非常复杂的知识与技能。

晋唐道士以为长生不老在于"神丹金液"，但是什么是神丹金液，依据什么样的原理才能制成，却无人知晓。晋代葛洪《抱朴子内篇·金丹》说："余问诸道士以神丹金液之事……了无一人知之者。"当时的知识发展水平极为有限，很多的环节在当时仍然处于摸索阶段，很多认识都是不确定的。

道教炼丹术大约在唐代以后传至西域，在西方演变为炼金术，即用炼金术来制造黄金，创造财富。所以英国科学史家李约瑟认为，西方化学的来源之一炼丹术是从中国传来的。炼丹术无论是制作药物以求长生不老，还是制造黄金，都被证明难以成功，但它却积累了化学知识。炼丹术无疑是当时最为复杂的知识。道教的知识与文化为李白打开了新世界的大门。

六、远大理想

李白始终自命不凡。

他想象着自己就是仙人，下到凡间的神仙。当贺知章称他为谪仙人时，李白非常高兴，很认同这一称呼。

我们对"仙人"已经没有多少概念，只认定那是古人的一种神话般的描述，但古代讲"仙人"，多少还伴随着无数超越现实、离奇古怪的神仙故事，这些故事，现代人一笑了之，无心了解。但古代的仙人被视为超凡离俗的人物，所以仙人也包含着卓越超群、出类拔萃的意思。如《后汉书·郭太传》中描绘郭太，就是如同仙人一般：

> 郭太（泰）字林宗，太原界休人也。家世贫贱。……就成皋屈伯彦学，三年业毕，博通坟籍。善谈论，美音制。乃游于洛阳。始见河南尹李膺，膺大奇之，遂相友善，于是名震京师。后归乡里，衣冠诸儒送至河上，车数千两。林宗唯与李膺同舟而济，众宾望之，以为神仙焉。

这是说，东汉的郭太家境贫寒，后来跟着大儒屈伯彦学习。三年学成，博通经典。有口才，善于言谈，讲话声音优美好听。河南郡最高地方长官李膺非常欣赏他，两人关系密切，郭太也由此在京城洛阳名声大震。郭太要回家乡，众宾客站在河岸上注目远望，李膺与郭太两人乘船过河，就像神仙一样。这里的仙人，不仅在于外表有仙风道骨，更在于内在有学养与才干，才能卓越。

仙人在李白那里，也有着同样的含义。仙人长生不老，但仙人更是卓尔不群、与众不同的人物。诗人渴望自己成为杰出的人物。

李白学仙固然有追求长寿、长生的意图，但他更强调仙人超凡的智慧与能力。李白心中的仙人是超越常人、超越世俗生活形态的人。这种仙人不同于现代精英。现代精英大多指通过事业的成功而赢得较高地位和普遍认可的杰出人物，而李白心目中的仙人，更强调其传奇性质，他不是循规蹈矩而获得成功的人。从某种意义上说，他与世俗领域中的成就没有太多直接的联系，他本来就是超越尘世的神人，不屑于世俗事务。但他有超凡的能力，能够获得世俗意义上的成功。然而，即使在世俗领域中获得巨大成就，他也会淡然一笑，退身江湖。

当然，要说李白心中的仙人完全不食人间烟火，又是不准确的。李白毕竟生活在这个世界上，他了解当时的社会，他说："茫茫南与北，道直事难谐。"（《春感》）不能说他不谙世事。他关心这个世界，关注现实中的矛盾、冲突。特别是安史之乱爆发后，他更是渴望能够参与国家政治，拯救苍生，却是以他自己的独特方式：他就是举国上下都盼望出现的超凡的奇才，突然降临人间，大手一挥，世界一下子就充满了光明、幸福和温暖。

他以仙人自许，就是想象着自己有一种奇迹般的人生。他并不想沿着一般读书人应试、入仕、晋升的道路参与政治，而是想象着从布衣一下子跃至公卿，并立刻在政坛上发挥巨大的作用。所以，唐代一般士子积极参加的科举，他从没有参加过；一般官员的推荐，他都谢绝了。刘全白《李君碣记》中称他"不求小官，以当世之务自负"，确实如此。李白早期作的《代寿山答孟少府移文书》中最能显示出这一点。文中说，他从峨眉山来，隐居于湖北寿山，像仙人一般：

童颜益春，真气愈茂，将欲倚剑天外，挂弓扶桑。浮四海，横八荒。出宇宙之寥廓，登云天之渺茫。

这不就是仙人吗？不过，就这样逍遥于云天之外，还不能让他感到满足。李白仰天长叹，对友人说：我不能就这样云游。"达则兼济天下，穷则独善一身。安能餐君紫霞，荫君青松，乘君鸾鹤，驾君虬龙，一朝飞腾，为方丈蓬莱之人耳！"人若穷困而不能做什么时，可以做一个好人；人若通达而富有社会影响力，则可以帮助社会、改善社会。自己一旦修炼成功，飞腾成仙，对社会没有益处，也不行。于是：

> 乃相与卷其丹书，匣其瑶瑟。申管晏之谈，谋帝王之术。奋其智能，愿为辅弼。使寰区大定，海县清一。事君之道成，荣亲之义毕。然后与陶朱、留侯，浮五湖，戏沧洲，不足为难矣。

他要把丹书、瑶琴收拾起来，开始讨论管仲、晏婴的学说，研究治理国家的办法，为君主提供帮助，实现国泰民安，繁荣昌盛。功成之后，他再隐遁江湖，悠然仙去。

这是李白一生中最宏大的理想。

不能说李白的这种想法没有丝毫依据，中国历史上确实曾出现过这样的人物。傅说，起先筑于傅岩之野，一旦成为殷王的辅佐，立刻帮助君主实现王朝的兴旺。姜太公屠牛朝歌，钓于磻溪，一朝为周文王的辅臣，迅速成就伟大功业。苏秦、张仪出身下层，一朝位至卿相，叱咤风云。诸葛亮、谢安起初皆隐居不仕，一旦出山，谈笑之间天下安定。

李白想象自己就是这样的人物，为自己设计的就是这样一条救世的路径，他经常自比谢安，相信自己就是筵席之上、谈笑风生而使四海安定的奇士。这一理想，在李白的心中不知道回味过多少遍，也不知道讲述过多少次，可是，周围大概没有一个人会当真。面对周围人怀疑的目光，李白《梁甫吟》中说："大贤虎变愚不测，当年颇似寻常人。"他说，那些成就不朽功业的人，起初与平常人没有两样，一般人根本识别不出来，根本无法预料。正因此，听到他人的讥讽，李白毫不介意，依然坚信自己就是那位能安邦定国的人物。

诗人相信自己非凡的政治才能。即使面对现实的挫败，常人往往心灰意冷，可是李白却从未失去自我肯定的力量；即使在最为落魄的时候，他也没有忘记自己是诗仙、酒仙、谪仙人，也没有忘记自己是与谢安、诸葛亮一样的人物，更没有失去对自己卓越才能的高度自信。

这一宏大的理想，在诗人李白心目中转化为一种具体的形象，这就是《庄子》书中的大鹏："鹏之背，不知其几千里也；怒而飞，其翼若垂天之云。"李白《上李邕》中自比大鹏："大鹏一日同风起，扶摇直上九万里。"中国诗歌自古强调含蓄温婉，很少自比大鹏。就在他连酒钱也付不起的日子里，他也宣称"千金散尽还复来"。他喜好大言，说话夸张，这让一般人难以相信他的话。李白自己也知道这一点："时人见我恒殊调，闻余大言皆冷笑。"可是，再多的讥笑讽刺，再多的不理解，诗人仍然我行我素。诗人心怀真诚，《远别离》中说："我纵言之将何补，皇穹窃恐不照余之忠诚。"他相信自己的理想与追求，相信自己是横空出世的奇才。

这是天才的品质！天真。

他实在太天真。他的天真，诗人般的天真，竟然能够拒绝现实对他的各种评断；现实在他的面前，竟然哑然失声，失去了所有的说服力。正是在这种拒斥之中，李白的理想才得以以一种执著而完整的形态呈现。

二十四岁，李白踏上了实现自己理想的道路。

第四章　辞亲远游

开元十二年（724）秋，二十四岁的李白，为了寻找施展才能的机会，实现远大的抱负，也为了自己未来的生活，离开了家乡，开始了一生的漫游。

李白《上安州裴长史书》中说：

> 士生则桑弧蓬矢，射乎四方，故知大丈夫必有四方之志。乃仗剑去国，辞亲远游。南穷苍梧，东涉溟海。

中国古代贵族男子出生后，就用桑木做成弓，用蓬草茎做成六支箭，请人代表他射向天地四方，表明男子汉大丈夫有志于天地四方的意思。

李白告别亲人，带着剑离开故乡，到外面的世界去闯荡一番。最好的地方，当然是京城，那是最有机会的地方，是天子所在的地方，可以去实现自己的抱负。但毫无准备，直接到京城并没有什么用处。他必须有所准备，先在各地云游，结交各地精英贤达，等积累了一定经验，有了名声，再进京不迟。

一、书剑许明时

经过匡山三年栖居读书，李白为自己的万里之行做足了准备。他决定离开生活了多年的地方，去见一见外面的世界，去天下文士汇聚的地方，去金陵、去扬州、去长安，结交文韬武略的才俊，赢得声名，实现宏大的理想与抱负。

在青莲乡，李白收拾行装，与父母家人告别，"仗剑去国，辞亲远游"。他熟读经史，又何尝不知"父母在，不远游，游必有方"的道理。想到这里，李白眼眶有些湿润，他不知道此次远游将会是多少年，什么时候才能回来再见自己的父母。看到父母头上的青丝、眼中的泪水，李白想，一定要有所作为。

古代行旅艰难，交通不如现代方便。偏远地区的士子离开家乡，难得重回故土，真是"少小离家老大回"。甚至，一别就是一辈子。偶尔有书信通报平安，又远不及现代通讯那么迅捷。李白遥望远处的山峦，写下了《别匡山》：

> 晓峰如画参差碧，藤影风摇拂槛垂。野径来多将犬伴，人间归晚带樵随。看云客倚啼猿树，洗钵僧临失鹤池。莫怪无心恋清境，已将书剑许明时。

清晨，打开窗户，眺望匡山。绵延的青山，深浅不一的绿树，参差相间，如铺展开的画卷。轻风吹拂，窗外藤影摇动，远处山间的小路上隐隐约约传来犬吠的声音。晚归的樵夫预示着天色已晚，夜幕降临。树上的猿猴啼叫，失鹤池边大明寺的僧人正在洗钵。秀丽的景色牵动着李白的心，但是他必须远走高飞。

李白告别亲人，离开川蜀，充满了不舍，也充满了希望。他沿着长江东下，出三峡，经湖北，再往江苏、浙江一带游历。

离开川蜀之前，是沿着岷江一路南下，船只经过绵州，到达成都。他没有直接出川，而是再游峨眉山。三年前峨眉山如同仙境的模样一直徘徊在李白脑中，他还记得第一次去峨眉山的情景，站在山脚下，他就被眼前的幽静与圣洁所震惊。蜀中仙山这两年他也领略了一二，但是峨眉那高耸天际的青苍始终令他流连。离开蜀地之前，他想再看一下，这里的山，这里的水。

船行江中，山月相照，千里相随。峨眉白昼云烟万态、晴光霞影，也美不过此时清冷的月色。挂在云海上的月亮，将影子潜入青衣江，与秋夜行船一起流向远方。李白《峨眉山月歌》曰：

峨眉山月半轮秋，影入平羌江水流。夜发清溪向三峡，思君不见下渝州。

秋高气爽的夜晚里，即使半轮山月，也依然皎洁。李白乘坐的小舟，从清溪驿沿着岷江，缓缓驶向三峡。平羌江即青衣江的古名。山月清朗，不带一丝阴晴圆缺的悲伤，映入青衣江，仿佛友人相送，一路追随。峨眉山一带原为羌人聚居之地，李白受羌人信仰的影响，称月为"君"。沈德潜《唐诗别裁》卷二十曰："月在清溪、三峡之间，半轮亦不复见矣。'君'字即指月。"此说可通。船到三峡，江狭山高，月不可见，故诗人称"思君不见"，而此时船正向渝州进发。

二、来从楚国游

船行一帆风顺，李白到达万州。

当地的民歌吸引了李白，使他感受到了一股生动活泼的力量。他在巴渝之地停留颇久，在听到"巴渝曲"后有感而发，仿照民歌的样式与风格写作《巴女词》，词曰：

巴水急如箭，巴船去若飞。十月三千里，郎行几岁归？

蜀地的江水缓缓穿过城镇向东流，巴地的长江水湍急奔流，快如飞箭，水上的船只顺水漂流，如飞鸟划过。小郎离家十个月，行船应该到了三千里外，这么远的路程，何时才能回家。李白借用了民间歌谣中常用的手法，用女子的口吻抒发对丈夫的思念之情，清新动人。

四川盆地，周边多山，即使开阔的成都平原，开窗也能看见四周绵延的山脉。母亲河岷江，窄窄的河面伴随着一道又一道江湾，两岸堆砌了一重又一重山峦，仿佛永远望不尽。三峡行船更是如在深谷，出三峡后，来到楚地，江面陡然开阔，新奇的景观与李白跃动的心情正相符合。一路上，他写下了很多杰出的诗篇，《渡荆门送别》曰：

渡远荆门外，来从楚国游。山随平野尽，江入大荒流。
月下飞天镜，云生结海楼。仍怜故乡水，万里送行舟。

荆门山在今湖北宜都。随着一望无际的原野出现，险峻的山峦逐渐在身后退去，越来越远，消失在天边。江水如同晾衣竿上舒展下来的丝绸，尾端越来越平坦，越来越广阔。夜晚，江月缓缓升起，月光映衬在江上，像天上飞来的明镜。层层云雾在清冷如水的月光中，仿佛渲染出海市蜃楼，如梦如幻。有论者疑问，说诗人没有什么人来送别，因此诗题中"送别"二字可删。但李白是充满奇异想象的诗人，"思君不见下渝州"，月作为君可思，何以不知故乡水，也可以来送诗人李白。故乡之水，不远万里送李白

82

东行的小舟走出巴蜀，此时此刻，正与李白告别。这是多么天真而深情的诗人。颔联"山随平野尽，江入大荒流"二句，气象开阔，震烁古今，凸显出李白豪迈开放的胸襟。结尾二句留恋故乡，悠然不尽，表现出了离家时的复杂心态。

此诗如画，画面能够从文字中间跳跃出来。诗人的内心并不只是喜悦和昂扬，而是真正有了漂泊感，带着一点落叶无法归根的告别。千百年来，人们解读他这句诗的时候，总偏向乐观的解读。从巴蜀陡峭奇险、重峦叠嶂中穿行之后突见壮阔之景，仿佛是一种豁然的、柳暗花明的开朗。但是，大概只有巴蜀人才能明白"仍怜故乡水，万里送行舟"和这句景色描写之间的呼应。这样辽阔的风景，四川没有，而四川奇险的山水，他处也不会有。

离开巴蜀，李白迎来外面世界的第一站——江陵（今湖北荆州）。这是开元十三年（725）。唐代颜真卿《谢节度使表》中描述江陵是："荆南巨镇，江汉上游，右控巴蜀，左联吴越，南通五岭，北走上郡。"赞叹江陵是南北陆路和东西水陆的交会之处、重要的交通枢纽。

少年时，李白已经熟读屈原《楚辞》。诗中瑰丽奇幻的场景、浪漫无比的传说，一直吸引着李白。此次来到江陵，他想要知道，到底是什么样的地方，可以孕育这样动人的文学，让那些山林中、风雨中的鬼神都演绎出令人难忘的故事。诗人耳边仿佛传来了清幽的歌声，一位清新动人的女子正在弹奏古琴，伴随琴声，她唱道：

若有人兮山之阿，被薜荔兮带女萝。既含睇兮又宜笑，子慕予兮善窈窕。

乐曲悠长，略带悲腔，如泣如诉，仿佛在召唤，鬼神精怪从歌女的歌声现身出来，在山间林中起舞。诗人感受到了楚地民风与韵调，不仅与《河伯》《山鬼》的精神遥遥相通，对哀叹恋人之间的相遇、相思、相别的楚风民歌，也十分动容，也依照当地民歌的风格进行创作，如《荆州歌》：

> 白帝城边足风波，瞿塘五月谁敢过？荆州麦熟茧成蛾，缫丝忆君头绪多，拨谷（即布谷鸟）飞鸣奈妾何？

这首诗非常有意思。《荆州歌》本来是乐府，有民歌的特色。李白到了荆州之后，就模仿民歌的风格写作这首诗。全篇五句，每句七言，即每句七个字，与一般的文人诗形式不同。白帝城边的江水掀起惊涛骇浪，五月狂风厉鬼般的叫声，横扫瞿塘峡。相传失落千万年的古城埋葬在江底，没有人敢在夜里行船。此时荆州麦子成熟，桑蚕结茧，家家户户都在准备缫丝。麦子熟黄正是桑蚕结茧之时，女子养蚕纺丝，其中一道工序是"缫丝"，即将蚕茧浸在热水中抽丝。找到茧丝的头绪，就可以顺利抽出来。可是蚕丝纤细，蚕茧很多，头绪很乱。李白的诗中以"丝"谐音"思念"的"思"，缫丝"头绪多"比喻女子思念时杂乱的心绪。布谷鸟鸣叫，古人以为它的叫声发音如同"行不得也哥哥"。"奈妾何"即妾奈何，不知道如何是好。"妾"在这里是女子自谦称谓。这虽然是南朝乐府中常见的抒情手法，不过，李白写来贴切自然，纯朴生动。明人杨慎说："此歌有汉谣之风，唐人诗可入汉魏乐府者，唯太白此首。"这是说唐人诗只有这一首可以归入汉魏乐府诗中，评价很高。

这一时期，李白还写过《江夏行》，同样具有浓郁的民歌风格，曰：

> 忆昔娇小姿，春心亦自持。为言嫁夫婿，得免长相思。谁知嫁商贾，令人却愁苦。自从为夫妻，何曾在乡土？去年下扬州，相送黄鹤楼。眼看帆去远，心逐江水流。只言期一载，谁谓历三秋。使妾肠欲断，恨君情悠悠。东家西舍同时发，北去南来不逾月。未知行李游何方，作个音书能断绝。适来往南浦，欲问西江船。正见当垆女，红妆二八年。一种为人妻，独自多悲凄。对镜便垂泪，逢人只欲啼。不如轻薄儿，旦暮长追随。悔作商人妇，青春长别离。如今正好同欢乐，君去容华谁得知？

还有《长干行二首》其一"郎骑竹马来，绕床弄青梅。同居长干里，两小无嫌猜"，皆为人们所熟悉。乐府民歌，对于李白的创作具有特殊的重要意义。

李白的《江夏行》和《长干行》都是歌咏的商人妻。吴地人多经商，荆、郢、樊、邓间商业也非常兴盛。丈夫外出经商，妻子独守空房，男旷女怨，诉诸歌咏，于是出现江南吴歌，荆楚西曲。西曲主要集中在长江中游和汉水两岸，江陵一带，多歌咏商人妇的相思离别和年轻人的爱情生活。学者谓，李白乐府大体都是从西曲而来。"凡太白乐府皆非泛然独造，必参观本曲之词，与所借用之曲之词，始知其源流之自，点化夺换之妙，要不独此二篇（《江夏行》和《长干行》）为然"。

在荆州，李白拜访了著名的道士司马承祯，他正好来到荆州。司马承祯，字子微，茅山上清派的第四代传人，身历高宗、武周、中宗、睿宗、玄宗五朝。武周、中宗时频征不起。师从嵩山道士潘师正，在上清经法、符箓、导引、服饵等道术方面颇有修养。十多年前，被召入宫，君臣对话，颇得唐睿宗的赏识。司马承祯无心做官，很快离开京城，前往南岳衡山，在九真观附近的白云庵中修炼。后在衡山祝融峰顶修建了一处清修之所。往后，司马承祯多次往返于长安和衡山之间，开元九年（721），玄宗派遣使者迎入宫，司马承祯亲传玄宗法箓。此时回衡山，在江陵短暂停留。司马承祯得到皇帝的召见，当地官员都趁此机会联络感情，拜访的官员络绎不绝。

李白终于见到了司马承祯。司马承祯称赞这位年轻人"有仙风道骨，可与神游八极之表"。古代没有摄影，没有视频，没有自媒体，两人相见总得有个"报道"，李白很快发了一个"朋友圈"，写了一篇《大鹏遇希有鸟赋》，抒发自己豪迈的激情，内心强烈的渴望：我要飞得更高。写这篇赋可以"自广"，即扩大自己的影响。而当时确实起到了作用，这篇赋开始流传，"往往人间见之"。到了中年，李白看到自己年轻时的作品已不甚满意，"悔其少作"。后来看到晋人阮修的《大鹏赞》，觉得自己的作品还有可取之处，将其修改成为《大鹏赋》。李白谦称，自己的作品岂敢传诸后世，只让子弟读读即可。《大鹏赋序》曰：

> 余昔于江陵，见天台司马子微（司马承祯），谓余有仙风道骨，可与神游八极之表。因著《大鹏遇希有鸟赋》以自广。此赋已传于世，往往人间见之。悔其少作，未穷宏达之旨，中年弃之。及读《晋书》，睹阮宣子《大鹏赞》，鄙心陋之。遂更记忆，多将旧本不同。今复存手集，岂敢传诸作者？庶可示之子弟而已。

在赋中，他一如既往地把自己比作大鹏：

> 尔乃蹶厚地，揭太清。亘层霄，突重溟。激三千以崛起，向九万而迅征。背嶪太山之崔嵬，翼举长云之纵横。左回右旋，倏阴忽明。历汗漫以夭矫，邪阆阖之峥嵘。簸鸿蒙，扇雷霆。斗转而天动，山摇而海倾。怒无所搏，雄无所争。固可想象其势，仿佛其形。

早几年见到李邕时，他称自己："大鹏一日同风起，扶摇直上九万里。假令风歇时下来，犹能簸却沧溟水。"横空出世的大鹏形象，成了李白自我形象的象征，也是他自我激励的力量。"大鹏一日同风起"数句非常形象，人们读此，完全能够想象鹏鸟展翅高飞九万里的景象。但《大鹏赋》中，诗人又进了一步，他把自己比作鲲鹏，又把司马承祯比作"希有鸟"。大鹏因为《庄子》而广为人知，"希有鸟"却很少有诗人提及。可见，李白读书之广，博闻强识。据《神异经》记载，"昆仑山有大鸟，名曰希有。南向张左翼覆东王公，右翼覆西王母。背上小处无羽，一万九千里。西王母岁登翼上会东王公也。"原来，希有鸟与大鹏一样，也是巨鸟。它的背上一块没有羽毛的地方就有一万九千里，其鸟之大更不知几万里。诗人想象两只巨鸟，比翼翱翔：

> 俄而希有鸟见谓之曰：伟哉鹏乎，此之乐也。吾右翼掩乎西极，左翼蔽乎东荒。跨蹑地络，周旋天纲。以恍惚为巢，以虚无为场。我呼尔游，尔同我翔。于是乎大鹏许之，欣然相随。此二禽已登于寥廓，而斥鷃之辈，空见笑于藩篱。

浩瀚的天地间，诗人如同无拘无束、自由自在、超凡脱俗的鹏鸟，在天空中翱翔，穿过九霄，扶摇直上九万里；跨过大海，激荡波涛三千里。而希有鸟，右边翅膀护着西极，左翼护着东荒，提携护卫着鹏鸟。那些囿于狭隘的眼界的斥鷃嘲笑自己，如今根本不必在意。两只巨鸟，"我呼尔游，尔同我翔"，飞翔于无垠之寥廓。

大约同时，诗人又写作了《古风》第三十三首，诗云：

　　　　北溟有巨鱼，身长数千里。仰喷三山雪，横吞百川水。
　　凭陵随海运，爀赫因风起。吾观摩天飞，九万方未已。

"身长数千里"的巨鱼，称之为鲲；"身长数千里"的巨鸟，称之为鹏，均出自《庄子·逍遥游》："北冥有鱼，其名为鲲。鲲之大，不知其几千里也。化而为鸟，其名为鹏。鹏之背，不知其几千里也。"诗人再次想象自己是巨大的鲲鹏。此外"海运""爀赫"都是出自《庄子》。可见诗人对《庄子》一书非常熟悉，受《庄子》的影响也非常大。

诗人《赠宣城宇文太守兼呈崔侍御》中说："过此无一事，静谈秋水篇。"他在《答长安崔少府叔封游终南翠微寺太宗皇帝金沙泉见寄》一诗中也提到"秋水"说："河伯见海若，傲然夸秋水。小物昧远图，宁知通方士？"

庄子中有很多思想，逍遥，齐物，崇尚自然，这些正与李白一生追求的飘然独立、洒脱不群、不事王侯、不受羁绊的精神相一致。《庄子》对李白产生了极大的影响。

三、友人吴指南

在荆州，李白遇到了好友吴指南。

吴指南是老乡，两人都是四川人。当年两人在家乡曾一起游历，寻朋访友。吴指南淡泊功名，热衷于学道求仙。多年未曾相见，再见已是他乡。

开元十二年（724）秋天，李白与吴指南顺流而下，前往岳州。离开荆门时，李白有《秋下荆门》诗云：

> 霜落荆门江树空，布帆无恙挂秋风。此行不为鲈鱼脍，自爱名山入剡中。

此诗另一个标题作《初下荆门》，可知是初出川时所作。李白初次离开蜀地，进入中原，就想到剡中云游，可见浙东地区对他的吸引力很大。"霜落荆门江树空，布帆无恙挂秋风"。寒霜降落，秋风吹动船帆，吸引他们前往吴越的并非味道鲜美的莼羹、鲈鱼脍，而是剡中的名山大川。

唐人出行，如有水道可通者，每乘舟前行，所以这次"南穷苍梧"之旅，李白与吴指南也是沿湘江南下，次年夏天到达岳州。他们准备登上著名的岳阳楼，眺望洞庭湖美景。

可惜世事难料，等他们到达浩瀚的洞庭湖，吴指南感染了风寒。李白守在客栈中，请大夫前来医治，日夜悉心照顾。李白指望吴指南能快些好起来，可以继续结伴而行。然而，不几日，吴指南却病逝了。吴指南拜托李白，暂时将自己埋在这里，待李白日后衣锦还乡时，再按四川家乡剔骨葬的习俗，将自己的骨头带回去，魂归故乡。

李白悲痛欲绝，伏尸痛哭，泪如泉涌，路人都感到伤心。野狗猛虎前来，李白坚守不动。人们以为他是吴指南的家人，当得知他们只是好友时，都为李白重情谊所感动。李白感慨："人生贵相知，何必金与钱。"

他为吴指南置办了一口棺椁，选了一处洞庭湖边的位置下葬。在后来所写的《上安州裴长史书》中李白讲述了整个事情的经过：

> 昔与蜀中友人吴指南同游于楚，指南死于洞庭之上。白禅服恸哭，若丧天伦，炎月伏尸，泣尽而继之以血。行路闻者，悉皆伤心。猛虎前临，坚守不动。遂权殡于湖侧，便之金陵。数年来观，筋骨尚在。白雪泣持刃，躬身洗削，裹骨徒步，负之而趋，寝兴携持，无辍身手，遂丐贷营葬于鄂城之东。故乡路遥，魂魄无主，礼以迁窆，式昭朋情。

葬友湖边后，李白到了金陵。过了好几年后回来，朋友遗体筋骨尚在。李白于是忍泪持刀，亲自洗削，然后包裹尸骨，随身携带，昼夜不离身，徒步赶路。最后借在鄂城之东埋葬朋友的遗骨。这种做法，现代人完全不了解。

这是一种剔骨葬，少数民族的安葬方式，民俗学上称为二次捡骨葬。先秦《墨子》书中已有记载。《墨子·节葬下》："楚之南，有炎人国者，其亲戚死，朽其肉而弃之，然后埋其骨，乃成为孝子。"可见这种制度非常古老，流行于南方蛮族地区，至少春秋战国时有些地方已经了解这种葬法，《列子·汤问》《博物志》均提及这种丧葬习俗。《梁书·顾宪之传》记载衡阳土俗：

"山民有病，辄云先人为祸，皆开冢剖棺，水洗枯骨，名为除祟。"《隋书·地理志下》叙古荆州蛮族风俗："死丧之纪，虽无被发袒踊，亦知号叫哭泣。始死，即出尸于中庭，不留室内。敛毕，送至山中，以十三年为限。先择吉日，改入小棺，谓之拾骨。拾骨必须女婿，蛮重女婿，故以委之。拾骨者，除肉取骨，弃小取大。"宋代朱辅《溪蛮丛笑》中《葬堂》一节也有类似记载，曰："死者，诸子照水，内一人背尸，以箭射地，箭落处定穴，穴中藉以木。贫则已。富者不问岁月，酿酒屠牛，呼团洞，发骨而出，易以小函。或柳崖屋，或挂大木，风霜剥落，皆置不问，名葬堂。"

学者周勋初先生告诉我们，这是壮族的丧葬习俗。唐祈、彭维金主编《中华民族风俗辞典》中"捡骨葬"条曰：

> 壮族丧葬习俗，又叫"二次葬"。人死洗礼入殓后，埋入土中，叫做"寄土"。寄土时，有的找风水龙脉之地，有的在传统规定的地方，有的则就近找个地方埋葬。坟坑大都很浅，以棺盖与地面相平为宜，然后用土堆成略为长方形的圆顶坟墓。第三日去"圆坟"，即带上祭品上供、化纸，修整坟墓，还用一木棍吊一串纸条，插在墓顶上，叫扎幡旗。此后每年三月三，或清明上坟扫墓。三年或五年（只能是单数）后，开坟捡骨，盛于特制的陶瓷"金坛"里。捡骨要择吉日良辰，由死者亲属和亲戚并村中一两位有经验的长者一同前去。到了坟前，要烧香祭拜。刨开坟土，用雨伞遮住天空后才开棺捡骨。尸骸已腐朽则可捡骨，若未完全腐朽则将棺盖虚掩，复培土待来年再捡骨。捡骨时，首先由女子说明请死者起身，并捧出颅骨，然后其余的人就把骸骨一一捡

出，并用稻草、草纸、碎布、刀片等把骨头擦刮干净，剩下的腐肉、破寿衣及废棺木等物随便埋掉即可，以后不复照管。金坛里撒上一把朱砂，坛盖内侧用毛笔写上死者姓名和生卒年月日等，盖上坛口，埋在家族坟地中，培土筑成坟堆。这称之为"埋骨"。

李白家居绵州昌隆县，南边即是南蛮地区。云南洱海地区的南诏国的白蛮（白族先民）实行土葬，也实行二次捡骨葬。当时南诏的影响曾深入到四川很多地区。

唐代吴保安的故事也涉及这种剔骨葬。开元年间，边境传来土蛮作乱的消息，朝廷委派李蒙为姚州（治在云南姚安）都督前往平叛，郭元振趁机向他推荐自己的侄子郭仲翔。郭仲翔就做了行军判官。当大军行至剑南时，郭仲翔收到了一封来自同乡吴保安的书信，称自己是遂州（今四川遂宁）的一位小尉官，也想为国报效，希望能通过郭仲翔的推荐参军，在他麾下听命。

郭仲翔读了信非常感动，虽与吴保安素昧平生，但"大丈夫相遇知己而不能为他出力，岂不惭愧？"于是大力推荐，召吴保安来军中。唐军李蒙将军初战告捷，一路追出五十余里才扎住大营。郭仲翔怕李将军贪功冒进中了蛮兵的埋伏，劝说李将军回姚州城，待休整后再做对策。但第二天唐军还是轻敌冒进，进入乌蛮疆界。由于不熟悉地形，中了敌军的埋伏，唐军大败，李将军率兵奋勇冲杀，但不敌乌蛮众兵，最后阵前自刎。郭仲翔等人被俘。乌蛮洞主见郭仲翔气度不凡，细审之下得知他是宰相的侄子，便将他交给头目乌罗。乌蛮侵扰主要目的是劫掠财物，掳来的汉人都充为奴役，有官阶的都让他们寄信回中原，让亲属拿财物来赎人。郭仲翔是军官，在乌罗看来是一次难得的发财机会，就让他写信回家，赎金为一千匹好绢。

此去长安路途遥远，谁能将信顺利捎给长安的伯父呢？郭仲翔想到了吴保安，他将自己的遭遇详细记录在信中，让吴保安前往长安。

当时，吴保安收到军中文件，告别妻儿，正赶往姚州。当他赶到之时，前方传来唐军大败的消息。他再三打听也没有得到郭仲翔的生死下落，就在他手足无措之时，郭仲翔的信送到了他的手中。吴保安准备行李，带着信，就踏上了前往长安的行程。可是，当他赶到长安时，宰相郭元振已经去世一个月，郭家人都扶灵柩回了老家。

吴保安回家后，变卖了自己部分家财，撇下妻儿，前往姚州经商。经过十年的苦心经营，吴保安仅凑了七百匹绢。吴保安妻子张氏在家苦等十年，带着儿子前往姚州寻夫。母子二人在前往姚州路上遇见新任姚州都督杨安居，杨安居得知情况后，非常佩服吴保安的所作所为，于是安排张氏母子到姚州驿站暂住，同时派人前去寻找吴保安。杨安居找到吴保安后，帮助他又凑了四百匹绢，让他前往乌蛮赎回郭仲翔。吴保安拿出一千匹绢让当地一位熟蛮帮他赎回郭仲翔，乌罗在收到一千匹绢后如约释放了他。

吴保安与郭仲翔，两位从未谋面的朋友，终于见面。在这十年中，郭仲翔多次逃跑都被抓回，受尽折磨，而吴保安为营救一个几乎素不相识的朋友，历尽辛苦。两人激动万分，相拥而泣。

回到姚州后不久，经杨安居都督推荐，吴保安补为彭山县丞。任满后，吴保安全家就定居于彭山。一场瘟疫，夫妇二人双双亡故，其子吴天佑无力扶柩归葬，只能暂时将吴保安夫妇葬于黄龙寺后的空地。

郭仲翔的父亲过世后，他想去探望吴保安。到了彭山后才知道，吴保安夫妇已经亡故，家贫无法安葬于家乡。郭仲翔祭拜恩人，又与吴天佑结为兄弟。兄弟二人商量决定将吴保安夫妇归葬故里。开棺后，与李白葬吴指南一样，进行剔骨葬。郭仲翔将吴保安夫妇遗骨经过清理，装进两个布囊里，放在竹笼中，背负步行数千里，回到故乡进行安葬。

郭仲翔与吴天佑一起，在墓前守孝三年，又给吴天佑安排婚事，并将自己的家产分了一半给吴天佑。他又上疏朝廷，要将自己新任的官职岚州长史让给吴天佑。朝廷商议，任命吴天佑为岚州附近的岚谷县县尉，郭仲翔仍任岚州长史。

《新唐书·吴保安传》以及《太平广记》都记载了吴保安与郭仲翔的故事。

此事发生的时候，李白大约十几岁。李白以剔骨葬的方式葬友并非绝无仅有的例子，吴保安与郭仲翔的故事，让我们对当地风俗有了更多的了解。

四、登黄鹤楼

开元十三年（725），李白继续前行，到达鄂州（今湖北武汉），登上黄鹤楼。

黄鹤楼地处黄鹄矶头，有如仙阙。正对长江，是著名的游览胜地。站在阁楼上面可以眺望万里长江，江面云雾缭绕，鹦鹉洲的绿草朦胧可见，滔滔东去的江水宛如巨龙，气势磅礴。

李白很快看到楼阁墙上崔颢的题诗：

昔人已乘黄鹤去，此地空余黄鹤楼。黄鹤一去不复返，白云千载空悠悠。晴川历历汉阳树，芳草萋萋鹦鹉洲。日暮乡关何处是？烟波江上使人愁。

　　相传有仙人子安到此。为抵多日的酒钱，拿出橘子皮在墙上画了一只黄色的鹤，众人在一旁唱歌打节拍，墙上的黄鹤竟然随着音乐翩翩起舞。人们纷纷前来观看，酒店生意由此兴隆。多年以后，老人再次出现，一朵朵白云自空而下，画鹤也随着飘浮的白云破壁飞到了老人面前，乘云而去。

　　看到崔颢的题诗，李白肯定要作诗一首，与之争出个高下，就像习武之人，遇到对手，即使不出拳，心里也不知较量了多少回。然《黄鹤楼》诗，境界阔大，意象丰富灵动，是不可多得的好诗。况且，此诗形制独特，前半写得像古诗，前四句根本谈不上合乎七律平仄；第三、四句全不对仗，也谈不上是律诗的颔联；更出格的是，格律诗通行的规则是避免重复用字，如一句当中用到一次"黄鹤"，就不能再使用"黄鹤"，而崔诗三句连用三次"黄鹤"（另有版本首句作"昔人已乘白云去"）。崔颢诗前半是古风的格调，后半是律诗的形式，亦古（古诗体）亦今（今体即格律诗），杂糅并用，虽然变创体式，但全诗意脉贯通，语气流畅，毫无滞碍。正如沈德潜《唐诗别裁》卷十三评此诗"意得象先，神行语外，纵笔写去，遂擅千古之奇"。

　　崔颢出身于博陵的崔氏，属于名门望族，十九岁进士及第，写作此诗时才二十一岁，比李白还小三岁。李白一眼就看出崔诗的天才之处，据说他读了崔诗就搁笔，发出了"眼前有景道不得，崔颢题诗在上头"的感慨。

　　李白后来到金陵，登上凤凰台，终于有了合适的题材可写，能与崔颢比试。李白《登金陵凤凰台》曰：

凤凰台上凤凰游，凤去台空江自流。吴宫花草埋幽径，晋代衣冠成古丘。三山半落青天外，二水中分白鹭洲。总为浮云能蔽日，长安不见使人愁。

李白这首诗《登金陵凤凰台》显然是针对崔颢《黄鹤楼》而作，当然不是沿袭，更不是模仿，而是一场全面的较量。前两句三个"凤"字使人联想起崔颢开首三句三个"黄鹤"。重复用字而能保证诗意流畅，在他看来完全不是问题。他的《宣城见杜鹃花》曾云："一叫一回肠一断，三春三月忆三巴。"令人叫绝。崔颢诗的颔联并不对仗，而李白此诗中间两联的对仗极其工整，但看起来自然天成，毫不用力，阅读起来与崔颢诗"晴川历历汉阳树，芳草萋萋鹦鹉洲"一样，非常顺畅。

李白此诗甚至用了同样的韵部，后四句，甚至步韵崔颢诗的后半，既是对天才诗人的致敬，也是有意的角力。李白现存诗作中律诗相对数量较少，人多以为不擅长律诗，但仅此诗就可以看出他在格律诗方面的功力。明高棅《唐诗品汇》卷八三引范德机（椁）评此诗曰："登临诗首尾好，结更悲壮，七言律之可法者也。"此格律可以作为楷模，其成就之高，论诗者有目共睹。范椁说结语"悲壮"，确实，高步瀛《唐宋诗举要》谓李白此诗"终不及崔诗之超妙，惟结句用意似胜"；《归田诗话》亦称李白的结尾两句"爱君忧国之意远过乡关之念，善占地步"，都认为李白诗结语的蕴意更胜一筹。

李白还有一首诗《鹦鹉洲》，与崔颢《黄鹤楼》诗关系更为直接，也许是在登黄鹤楼时就写成了，诗曰：

鹦鹉来过吴江水，江上洲传鹦鹉名。鹦鹉西飞陇山去，芳洲之树何青青。烟开兰叶香风暖，岸夹桃花锦浪生。迁客此时徒极目，长洲孤月向谁明！

此诗显然也是受到《黄鹤楼》的启发，更准确地说，也是按照《黄鹤楼》形式进行创作，按照《黄鹤楼》的套路"出牌"：崔颢有三"黄鹤"、二"人"、二"去"，亦古亦今；李白此诗可古可今，连用三"鹦鹉"、三"洲"、二"江"，可谓有过之而无不及。又"烟开兰叶香风暖，岸夹桃花锦浪生"，写眼前之景，如在目前，生动至极。全诗天锦灿然，色彩斑斓，明媚而有淡淡忧伤。

唐代诗人相互之间多有交往，或同僚部属，或门生故吏，或亲友老乡，彼此经常因为升迁、到官、聚会、远行等交往而形成诗歌唱和的互动关系。如一人远行，朋友聚会并以诗相送，远行者再以诗酬答，这就是诗歌唱和或酬唱。如果意犹未尽，朋友再次回赠诗歌，由此形成复杂的诗歌创作上的互动关系，这是可见的互动关系。而崔颢与李白，我们在文献上并没有看到他们此时相互之间的交往，但《黄鹤楼》和《登金陵凤凰台》《鹦鹉洲》却形成了某种不可见的互动关系。

五、谢安墩

出了鄂州，李白沿大江一路东下，经过江西九江，登上庐山。

李白喜爱名山大川，向往六朝文化。六朝时期，庐山以佛学、神仙、隐逸闻名。自净土宗高僧在庐山东林寺领众修道以来，各地高僧名士望风而来，庐山遍布名观古刹。晋宋之际，多位以文才知名的士人，聚集于此，借山水诗阐发自己对佛理的感悟。大诗人谢灵运，在庐山留下了与东林寺慧远法师结为忘年交的一段佳话。谢灵运可谓是山水诗的鼻祖，有《登庐山绝顶望诸峤》诗：

山行非有期，弥远不能辍。但欲淹昏旦，遂复经圆缺。积峡忽复启，平途俄已绝。峦垅有合沓，往来无踪辙。昼夜蔽日月，冬夏共霜雪。

好山泽之游的李白希望登上谢灵运所说的"绝顶"，观看"积峡忽复启""峦垅有合沓"的壮丽景色。

庐山人杰地灵，处于江湖的交汇之处。雄奇险峻的山川与烟波浩瀚的鄱阳湖，一阴一阳、一静一动，形成了雄、奇、险、秀的景致。进入庐山，云雾缭绕，幽谷流泉从石头缝隙潺潺流下，在悬崖形成飞瀑，山光水色交相辉映。

李白登庐山赏玩，留下了好几首歌咏庐山的名篇。在香炉峰，他写下了《望庐山瀑布》：

日照香炉生紫烟，遥看瀑布挂前川。飞流直下三千尺，疑是银河落九天。

阳光穿过层层云雾，照射在庐山的香炉峰上。在山中徐徐升起紫色的烟霞。透过薄雾，远远望去，高悬的庐山瀑布喷涌而出，飞流直下，就像是夜晚依稀可见的银河一样，把星星与自己分隔在了天与地两个世界。人世间只是短暂的寄居之所，而瀑布自由倾泻，才是灵魂徜徉的样子。诗人形容瀑布大多如山前挂着的白练，而李白却说"疑是银河落九天"，想象奇特，气势宏大，他人难以比拟。再如五言诗《望庐山瀑布》："海风吹不断，江月照还空。"皆反映出李白诗歌想落天外的特色，他的个人风格基本形成。

李白一路畅游，抵达金陵（今江苏南京），此时已是开元十三年（725）秋天。

金陵是六朝古都，三国吴、东晋、南朝（宋、齐、梁、陈）都建都于此，称作"建康"。东晋以来，这里聚集了许多闻名于世的文人与道士。李白以前总是想象这是一座怎样的城市，才能孕育出集道学大成的陶弘景、开创山水诗派的谢灵运、撰写记录魏晋名士言行的《世说新语》的刘义庆、编撰百余卷《宋书》的沈约、精研文章体裁并写作《文心雕龙》的刘勰、品评两汉至南朝梁一百二十余位诗人并写成《诗品》的钟嵘、编纂文学总集《文选》的昭明太子萧统，还有那些曾经诵读过无数遍的诗文作者鲍照、谢朓、庾信、江总等。李家恪守南北朝时期的家风，李白从小诵六甲、观百家，读六朝文学家的作品，他倾慕魏晋名士风度，对《世说新语》爱不释手。

到达金陵后，李白凭吊前朝遗迹，游览各处名胜。金陵背负钟山，面临长江，素有"虎踞龙蟠"之称。他前去瓦官寺，那里有东晋时期画圣顾恺之绘制的维摩诘壁画。阳光穿过殿门，衬映着斑驳的壁画，还能看见维摩诘"清羸示病之容，隐几忘言之状"。他又往玄武湖，此处已经没有六朝帝王游乐之地的繁华之貌，略显凋敝。他游栖霞寺，山门处有高宗时期御制的明徵君碑。进入寺中，大殿后面，南齐以来开凿的石窟还保存着，一旁是隋高祖时期所造木制舍利塔。顺着石窟所在的山坡上行，登顶后看见了山下蜿蜒如龙的长江。

金陵有谢安墩。谢安是李白特别仰慕的名士，出身陈郡谢氏，风采卓越、清秀明达，少年时以清谈知名，朝廷征召，屡次以病推辞。隐居于会稽郡山阴县之东山，与王羲之、孙绰等人游赏。在家国危难之际，出山辅佐帝王，先挫败权臣篡位意图，后在淝水之战中，以八万兵力打败前秦军队，使晋室得以存续。李白想象当年的谢安，写下了《登金陵冶城西北谢安墩》，诗曰：

晋室昔横溃，永嘉遂南奔。沙尘何茫茫，龙虎斗朝昏。胡马风汉草，天骄蹙中原。哲匠感颓运，云鹏忽飞翻。组练照楚国，旌旗连海门。西秦百万众，戈甲如云屯。投鞭可填江，一扫不足论。皇运有返正，丑虏无遗魂。谈笑遏横流，苍生望斯存。冶城访古迹，犹有谢安墩。凭览周地险，高标绝人喧。想像东山姿，缅怀右军言。梧桐识嘉树，蕙草留芳根。白鹭映春洲，青龙见朝暾。地古云物在，台倾禾黍繁。我来酌清波，于此树名园。功成拂衣去，归入武陵源。

谢安墩，墩即小土山，一说在金陵冶城附近，一说在城东北蒋山边。蒋山又称钟山、紫金山、神烈山。李白此诗题云"登金陵冶城西北谢安墩"，冶城在今南京朝天宫一带，据诗题，则谢安墩在冶城西北不远处。诗中说："冶城访古迹，犹有谢安墩。"自注："此墩即晋太傅谢安与右军王羲之同登，超然有高世之志，余将营园其上，故作是诗。"李白说谢安墩只是谢安与王羲之登高望远之处。他甚至想在谢安墩上营建小园安居，可见谢安在他心中的地位。宋代宰相王安石退居金陵，喜游钟山，择址在金陵城与钟山相距一半的地方居住，称为半山，故晚年自号半山。今南京中山门附近有王安石旧居，有谢安墩。《金陵图经》曰："谢安石（谢安字安石）住半山，有墩，曰'谢公墩'。"据此则谢安墩在南京中山门附近的半山。

永嘉年间（307—313），随着西晋王朝政权的崩溃，中原的士人纷纷南渡，移居建康。此时局势纷乱，北方进入"五胡十六国"，日夜战乱不休。前秦的苻坚率领军队侵扰中原。晋太元八年（383），前秦苻坚亲率九十万大军，向东晋的都城建康发动攻击，扬言以百万之众投鞭断流。苻坚的军队如乌云压城，声势浩大，扑向东晋王朝。面临国破家亡，谢安率领八万精锐兵马，抵御苻坚的军队，以少胜多，大败苻坚于淝水。

李白登上谢安墩，原本并不算高的小丘，却因为谢安，在世人的心里有着高耸入云的气势。李白眺望四周形势，险峻之感扑面而来，周围没有一丝人群的喧哗声。几百年前两军交战的刀光剑影，如在目前。他想象着谢安当年的风姿，想象着谢安与王羲之的对话。当年王羲之劝谢安以国事为重的建议，仿佛回响在天地之间。

谢安早已是李白心目中崇敬的对象，李白《梁园吟》中说："东山高卧时起来，欲济苍生未应晚。"谢安风流儒雅，富有政治才能，但屡征不起，高卧东山。时人都说："安石不肯出，将如苍生何？"谢安四十多岁，才出任桓温司马，这是一个很低的职位。但淝水之战，他却能扭转乾坤，克敌有功。李白自比谢安，渴望着能像当年的谢安那样，实现"济苍生"的梦想。等功成名就时，像谢安那样拂袖而去，隐居山林，届时即可营园于墩上。

六、开琼筵以坐花

作为诗人，李白具有卓越的美感。

具有出色审美感受力的人，主要表现在他比一般人更能发现美，更能强烈地感受到美的震撼。所有的美，即使再小，在他的神经系统中都是无与伦比的炸裂。他比一般人更能保持对美的热情与惊奇，完全抑制不住对美的赞叹、颂扬并且尝试着再现、保持并创造这种美。一般人不理解，以为是假装或矫情，然而他们完全没有意识到那几乎是两种不同的心灵。他们对美的追求通常会与某些规范、规则冲突。面对冲突，他们往往会坚持自己审美上的主张，听从内心、美感的召唤。美的世界实际上是杰出诗人艺术家发现并创造的结果。

李白有着强烈的美感。他豪放的诗风，强烈的激情，夸张的措辞，想落天外的想象，无疑都是对所面对的美的热情回应，山川明月、瀑布高岩、鲜花美酒、深情厚谊，无不纳入他的笔下。他文才出众，能够把自己真切的感受诉诸吟咏。李白《春夜宴从弟桃花园序》曰：

> 夫天地者，万物之逆旅也；光阴者，百代之过客也。而浮生若梦，为欢几何？古人秉烛夜游，良有以也。况阳春召我以烟景，大块假我以文章。会桃花之芳园，序天伦之乐事。群季俊秀，皆为惠连；吾人咏歌，独惭康乐。幽赏未已，高谈转清。开琼筵以坐花，飞羽觞而醉月。不有佳咏，何伸雅怀？如诗不成，罚依金谷酒数。

难得的良辰美景，不可求的天伦乐事，皆值得珍惜，更需要歌咏，使之印象永固。

开元十三年（725）秋，李白到达金陵，顿时感受到一个美的世界。金陵是六朝都城，虽经战乱，但还残留着昔日的奢华繁荣。南北朝谢朓《入朝曲》曰："江南佳丽地，金陵帝王州。"可以想见当时花红酒绿、美女如云的情景。诗人热切向往这种激情豪华的生活。魏颢《李翰林集序》曰："间携昭阳、金陵之妓，迹类谢康乐，世号为李东山。骏马美妾，所适二千石郊迎，饮数斗醉，则丹砂抚《青海波》，满堂不乐，白宰酒则乐。"谢康乐，即南朝谢灵运，袭封康乐县公，生性奢侈豪华，车马靓丽，衣着光鲜。于会稽修营别业，傍山带江，尽幽居之美。喜好游山陟岭、纵情山水，所到之处，不畏险阻，必探寻幽美险峻之处而后快。每一游赏，往往兴师动众，伐木开道，以至地方官临海太守以为是山贼来袭，煞是惊恐。"东山"本指东晋名臣谢安。谢安隐居东山时，常携妓游赏。李白倾慕谢安，仿效谢安，也时时携妓出游，故世人称李白为李东山，

李白有不少诗篇描写动人的美女。这包含对女性优美、闪光点的发现、欣赏，还包含用天才的艺术手法将这种动人与美丽完美地表现出来。学者称李白《对酒》《陌上赠美人》《赠段七娘》等为其初游金陵时作。我们来看《对酒》：

蒲萄酒，金叵罗，吴姬十五细马驮。青黛画眉红锦靴，道字不正娇唱歌。玳瑁筵中怀里醉，芙蓉帐里奈君何。

叵罗，一作颇罗，胡语酒杯。细马，即小马。此诗不仅言辞传情，而且末句"道字不正"，即唱歌时故意带上某种口音，或某种特殊的发音，把女孩子唱歌时调皮天真的样子非常逼真地刻画出来了。《陌上赠美人》曰：

骏马骄行踏落花，垂鞭直拂五云车。美人一笑褰珠箔，

遥指红楼是妾家 。

五云车，仙人所乘者，此指装饰豪华的车子。珠箔，车窗上的珠帘。二十八个字即描绘出爽直热情的女子形象。《赠段七娘》曰：

罗袜凌波生网尘，那能得计访情亲。千杯绿酒何辞醉，
一面红妆恼杀人。

诗中抒情主角不知能有什么办法（得计）亲近美人。爱极"一面红妆"却说是"恼杀人"，杀即煞，烦恼至极。由爱慕者的痴情写出七娘的貌美，曲折而令人遐想。爱情当中，由爱而至烦恼、焦虑，在李白的诗中得到清晰的展示。首句挪用曹植《洛神赋》"凌波微步，罗袜生尘"的描写。于此可见，感性的描写实际上一个复杂的文化积累的过程。我们在社会生活中会经历各种内在的心理过程、情感体验，也会遇到各种生动的感性呈现——一个表情，笑容，尴尬，举手投足，微妙的个性化动作等。诗人艺术家努力地尝试捕捉这些感性现象，通过生动形象的描写，使之再次呈现在人们眼前。不同的作家，有不同的视角与观察，有不同的捕捉，有不同的描写。有一些描写，可能很快就消失了；有些描写，可能就流行起来、流传下来，它们进入了族群文化的感性资源宝库当中。这是一个不断过滤、淘汰、竞争、吸收、积累的文化过程。这些富含感性内容的文学艺术作品，构成了族群文化的重要组成部分，也成为人类生活的一面镜子。这也是诗歌在今天仍然重要的原因。

李白还有其他类似的作品，《白纻辞三首》写了女性可爱的举止、动人的美貌、高超的才艺、高洁的品性。他还擅长捕捉最

104

为传神的瞬间与细节，以此表现少女的天真清纯。如《越女词五首》：

> 吴儿多白皙，好为荡舟剧。卖眼掷春心，折花调行客。
> 耶溪采莲女，见客棹歌回。笑入荷花去，佯羞不出来。

剧，即游戏，嬉戏；耶溪，即越中若耶溪。诗中写出了吴越女子多情可爱的风貌。她们身手敏捷、活泼洒脱、情窦初开、貌美肤白、笑闹顽皮的少女形象跃然纸上。

江南地区多水，民间女子常赤脚行走，临流濯足，诗人看得很新鲜，于是仿照当地民歌作《浣纱石上女》：

> 玉面耶溪女，青蛾红粉妆。一双金齿屐，两足白如霜。

年轻姑娘如花似玉，淡淡的妆面，光着脚穿着凉鞋走向溪水边，描写如画一般。诗歌就是用语言塑造形象、用语言表达感性的艺术。但是感性内容非常难以表达，特别是内在的情感、爱慕、羞涩、调皮、撒娇等感性状态，用语言、特定的艺术媒介形象地表达出来更是困难，这需要很长时间的观察，艺术表现手法长期的探索与积累。李白正是在民歌当中看到宝贵的感性表达资源，他用自己的观察、高超的诗歌表现手法再次丰富了这一资源。

还有《杨叛儿》一首：

> 君歌《杨叛儿》，妾劝新丰酒。何许最关人，乌啼白门柳。乌啼隐杨花，君醉留妾家。博山炉中沉香火，双烟一气凌紫霞。

此诗模仿民歌风格，描写男女欢爱之情。其中民歌比喻、象征的手法，颇为生动。此处新丰，又名曲阿、云阳，在今临潼。白门，古建康城西门，西方色白，故名白门。

唐人写诗如绝句等都是能唱的，乐府民歌更是朗朗上口。《杨叛儿》是乐府民歌，李白的拟作自然也是能唱的，这样，"君歌《杨叛儿》，妾劝新丰酒"，可能完全就是实景描绘：诗人唱上一曲《杨叛儿》，女子殷勤劝酒。黄昏时分最打动人心、最让人动情的是西门柳树上的乌啼。啼叫的乌鸦隐藏在杨花当中，君醉就留在姜家。博山炉中燃起两股香烟，追逐缠绕，两股融为一气，直凌云霄。诗中虽然多用民歌的修辞手法，但男女情爱的描写仍比通常士大夫的诗歌强烈直白得多。

秦汉之际，文人或文人化的作品都缺乏浪漫的气息。直到魏晋南北朝，诗人才开始重视对女性、女性之美的描写。诗人曹植就有《美女篇》《洛神赋》，东晋陶渊明也有《闲情赋》"愿在衣而为领，承华首之余芳"这样的作品。南北朝时期更是出现了《玉台新咏》这样的作品集，作品大多描写女性生活形态、情感世界，传统诗论文论多称之为"艳诗""宫体诗"，并且几乎从没有正面肯定这些作品。清纪容舒校定《玉台新咏》后说，《玉台新咏》是"六朝总集之存于今者"，然而"《文选》盛行，《玉台新咏》则在若隐若显间，其不亡者幸也"。他"参校诸书……丹黄矻矻，盖四阅月乃粗定。耗日力于绮罗脂粉之词，殊为可惜。然郑卫之风，圣人不废，苟心知其意，温柔敦厚之旨亦未尝不见于斯焉"。既然校定此书，应当以为这一项文献整理工作有意义才会去做，然而却又说"耗日力于绮罗脂粉之词，殊为可惜"，措辞暧昧，态度殊为含混。到1983年《玉台新咏》的"点校说明"中仍说："本书……都是典型的宫体诗，反映了当时统治阶级荒淫的生活。他们的诗以华美雕琢的形式掩盖淫靡放荡的内容，实在是诗歌的堕落。《隋书·文学传序》斥为亡国之音，不是没有道理的。这种诗风延续到陈、隋，以至初唐，影响是恶劣的。"不论诗歌写作艺术如何，有关性感、情爱的内容传统观念至少在言论上都给予强烈的排斥。从某种意义上来说，情爱主题很难进入高雅文学、严肃文学的范畴。

在这种背景下，李白有关女性形象、感性描写的诗歌，在文学史上就有了极为重要的意义。但传统文学史、文学评论几乎完全忽略了这一点，相反，过多的女性形象的诗歌，还影响了李白诗歌的崇高地位。宋释惠洪《冷斋夜话》曰：

> 舒王（王安石）以李太白、杜少陵、韩退之、欧阳永叔诗，编为《四家诗集》，而以欧公居太白之上，世莫晓其意。舒王尝曰："太白词语迅快，无疏脱处；然其识污下，诗词十句九句言妇人酒耳。"

评论李白诗"十句九句言妇人酒"的话是否出自王安石，可另当别论，但引来了一部分人的强烈不满，确是事实。

李白民歌风格的诗歌或拟作都以情感强烈率真为其特点，《寄远》曰：

> 妾在舂陵东，君居汉江岛。百里望花光，往来成白道。一为云雨别，此地生秋草。秋草秋蛾飞，相思愁落晖。何由一相见，灭烛解罗衣。

李白这类诗歌不仅引用民歌的风格，更关键的，也接受了民歌对男女情爱坦诚率真的态度。只有接受了民歌所具有的价值观，才可能接受其风格。李白显然比批评其诗的人更率真，更有识见。明代朱谏不满此诗，在其《李诗辨疑》中斥曰："辞太媚而意太荒，末句尤为亵谩之甚。"但此句只是借用民歌句子。《子夜四时歌》曰："开窗秋月光，灭烛解罗裳。"显然，李白是用了欣赏的眼光来看待这样直率的男女情爱，诗人充分肯定这种美好的情感。到了今天，我们不难接受李白的理念，而无法同意朱谏的看法，可见李白观念上的超前。至少在对待女性的问题上，李白没有接受流俗的观念，而是坚持自己的看法，坚持以一种朴素的平等态度对待女性。

尽管唐代男女交往相对比较自由，但是女性由于没有普遍的接受教育的机会，无法正常地进入社会生活领域，更不用谈进入职业领域。如果官场是一种职业领域的话，那么这个领域完全是被男性所垄断。一般男性很少在正常社交领域中接触家族成员之外的女性，更不用说接触受过教育、有一定文化、有一定身份的女性，也更不用说把接触女性的经历写进诗里。曹魏时期，山涛的妻子韩氏也没有办法按照正常的礼节见到阮籍、嵇康，只能捅破窗户纸，偷偷观察。

唐代男性在正常的社交领域里，很难遇到具有文化、受过教育的女性。当时的歌妓、艺妓也许是当时士大夫唯一能够公开接触到的女性群体。在很大程度上，李白没有轻视这些女性，而是把她们当作士人、朋友一样地交往。李白在金陵曾结交了一位歌妓金陵子，诗人写了《示金陵子》一诗赠她。"示"一般针对平等但辈分低的人，如韦应物《示从子河南尉班》，诗给从子；《善福精舍示诸生》，诗给学生；宋代陆游《示儿》，诗给自己的儿子。李白《示金陵子》用"示"字，《赠段七娘》用"赠"，都显示诗人与女性之间一定的平等、尊重的交往关系。绝大多数诗人除了"赠内""悼亡"之类的诗，很少有与女性交往的诗作。李白不仅与女性有坦诚的交往，还有如朋友般的赠诗。《示金陵子》：

> 金陵城东谁家子，窃听琴声碧窗里。落花一片天上来，随人直渡西江水。楚歌吴语娇不成，似能未能最有情。谢公正要东山妓，携手林泉处处行。

不知道那是金陵城东哪家的女子，正偷听碧窗里传来的琴声。仿佛花朵一样的仙女从天而降，乘船从西江水顺流来到金陵。能歌善舞，学着吴语方言，唱着楚风歌曲，似会非会，似能非能，最是可爱，撩拨人的心弦。他还自比当年的谢安，邀请金陵女，携手畅游林泉。

在与女性交往方面，李白的观念具有现代特征。他能够从容、坦诚甚至平等地对待女性，不是轻蔑、歧视，而是善于发现女性美丽善良的特征，并且在诗歌当中加以表现。他一方面继承南北朝时期艳诗的传统，另一方面又利用民歌乐府的形式，再现女性美丽动人善良活泼的形象。这类作品在李白集子中数量并不多，但意义重大，它提高人们对女性意识、女性美的关注。

七、千金散尽

我们说李白诗风豪放，并非他只有这一种风格，实际上他的诗歌题材广泛，风格多样。或热情奔放，慷慨激昂，或风姿绰约，沉郁感伤，或华美流荡，清新疏朗，几乎各种风格都有。如他写金陵的一些诗，古朴疏淡，意味隽永，淡淡透露出对人生起伏、历史兴衰的伤感。如《金陵白杨十字巷》：

> 白杨十字巷，北夹湖沟道。不见吴时人，空生唐年草。天地有反覆，宫城尽倾倒。六帝余古丘，樵苏泣遗老。

白杨路是当时金陵的街巷名，十字巷也应该是。"湖沟"字误，当是"潮沟"，吴大帝所开河道，以引江潮。六帝谓六朝君主。砍柴叫樵，打草叫苏，樵苏泛指百姓。末句谓六朝君主都不见，只是空余古陵墓，而樵苏者正是前朝遗民。"不见吴时人，空生唐年草"，句意新鲜，修辞上却是与"秦时明月汉时关"相同手法。又《金陵新亭》亦有特色，诗曰：

> 金陵风景好，豪士集新亭。举目山河异，偏伤周颢情。四坐楚囚悲，不忧社稷倾。王公何慷慨，千载仰雄名。

新亭在金陵城南劳劳山，是当地著名景点。西晋灭亡，司马睿逃到建康（今南京）建立东晋王朝，是为晋元帝，中原皇室、豪门士族也纷纷渡江。《世说新语·言语》记载：

> 过江诸人，每至美日，辄相邀新亭，藉卉饮宴。周侯（周颢）中坐而叹曰："风景不殊，正自有山河之异。"皆相视流泪。唯王丞相（王导）愀然变色曰："当共戮力王室，克复神州，何至作楚囚相对。"

这几位名士藉花饮酒，欣赏美景。忽然感慨"山河之异"，那不正是西晋灭亡，山河已经改变。丞相王导见诸位垂头丧气，相对流泪，顿时严肃地说："当共戮力王室，克复神州，何至作楚囚相对!"李白说，豪士饮酒，就只有周颢一人伤感，感到"举目山河异"；众人此时都如楚囚一般相对而泣，而在西晋朝中，面临社稷倾覆的危机，却没有人担忧。正如常言所说，雪崩之中，没有一朵雪花是无辜的。只有丞相王导慷慨激昂，有志克复神州，引来了千百年来人们的景仰。李白对历史的思考是非常深刻的。

李白在金陵，也并非全是慷慨豪放的日子，也有沉思凝想的时刻。夜晚，李白独自登上西楼。前程渺茫，此时只有借酒消愁。在酒香里，在微醺中，他的愁化作文字，诗意如泉水一般涌现出来。《金陵城西楼月下吟》曰：

> 金陵夜寂凉风发，独上高楼望吴越。白云映水摇空城，白露垂珠滴秋月。月下沉吟久不归，古来相接眼中稀。解道澄江净如练，令人长忆谢玄晖。

凉风四起，寂静的金陵城像一座孤岛。独自登上楼阁，远望吴越之地。白云倒映在水面上，随波荡漾，水上的整个城市仿佛也在摇荡。无人能看懂诗人内心的苦闷，也无人在意他的苦闷，这座孤岛上，只剩下珍珠一般晶莹的露珠在月光下滴落。诗人突然明白谢朓写《晚登三山还望京邑》"余霞散成绮，澄江净如练"时的心境。今夜的夜色就像才华横溢的谢朓被排挤出京的那一晚。"古来相接"，即过往的人物可引为知音的，真是非常稀少，想来倒是谢朓值得欣赏，令人长忆。

李白第一次来金陵、扬州时，生活大约比较豪奢。在《上安州裴长史书》中，李白说："曩昔东游维扬，不逾一年，散金三十余万，有落魄公子，悉皆济之。此则是白之轻财好施也。"可见诗人离开家乡时，带了一大笔钱。但此时，三十万金已经散尽。他任侠仗义，轻财好施。看见有公子落魄，就解囊相助，正如他在《赠友人》中所说："人生贵相知，何必金与钱。"慷慨施舍，这需要花费。喜饮好客，风格豪纵，这也增加了花费。

李白何以有大笔钱财，引起了研究者很多的推测，推测最多的是李家经商。李客来自西域，既不放牧，又不耕种，最有可能就是商人。丝绸之路沿线有很多商人，甚至富商，也是事实。李白家里是富商，才有可能资助他出蜀云游，而他出手阔绰，奢侈豪华，很像是自小富裕惯了的子弟。但李白在文章当中曾经提到他的父亲说"家大人令诵《子虚赋》，私心慕之"。范传正在《李公新墓碑》中介绍李白的父亲是"高卧云林，不求禄仕"，可见他父亲是一位不汲汲于功名利禄而颇有文学修养的高士。

有学者猜测，他的兄弟经商。李白在他的诗歌当中几乎没有提到他的父母兄弟。唯有《万愤辞投魏郎中》中有一句"兄九江兮弟三峡"，提到他的兄弟。学者以为他们都是经商的，因为兄与弟都处在长江沿岸，有经商便利的条件。这与他父亲经商的猜想一样，缺乏有力的证据。

诗人自赐金放还后，在东鲁买了耕地。天宝八载（749），他在《寄东鲁二稚子》中说："我家寄东鲁，谁种龟阴田？"龟阴田指山东泰安东南龟山北面的土地，这些土地大约是李白留给孩子的。

李白不仅是诗人，也是著名的文章家。他的文集中现存颂、赞、铭、记等若干篇，其散佚未收入文集者当有更多。按照当时的惯例，他写作祭文、碑铭等文章会有一定的收入。

李白的生计来源，可能主要是依赖于州县官员的接济。现存的李白诗集中，赠答之作超过了半数，其赠答的对象大多是地方官吏，有刺史、太守、别驾、长史、司马、判官、明府、少府等。在给这些官员的赠诗当中，李白态度谦卑。经常称赞对方的政绩，赞扬他们是招贤纳士的战国公子，而自比寄食门下的门客，经济上明显需要依仗对方的帮助。

李白第一次游历长安之后，自称"归来无产业，生事如转蓬"，讲的也确实是自己的实情。晚年长流夜郎遇赦归来，似乎更是居无定所，老无所依，漂泊一生。《赠从兄襄阳少府皓》诗曰：

> 结发未识事，所交尽豪雄。却秦不受赏，击晋宁为功。托身白刃里，杀人红尘中。当朝揖高义，举世钦英风。小节岂足言，退耕春陵东。归来无产业，生事如转蓬。一朝乌裘敝，百镒黄金空。弹剑徒激昂，出门悲路穷。吾兄青云士，然诺闻诸公。所以陈片言，片言贵情通。棣华倘不接，甘与秋草同。

襄阳县丞李皓，大约是李白少年游侠时结识的朋友，所以诗人回顾自己游侠"却秦"（鲁仲连事）"击晋"（朱亥事）的功业，并称自己这些"小节"不足言，故退耕春陵（今湖北枣阳），此指安陆。自己无有产业，生计飘蓬，裘敝金尽，故弹剑悲歌，求得李皓少府援引。"棣华"指称兄弟，即李皓。末句谓兄弟如果不帮我，我就要像秋草一样凋零了。言辞悲切，可见诗人当时急需接济。

开元、天宝年间，大唐社会经济比较繁荣。当时寺院的经济以及王公贵族的庄园规模可观，为云游寄食的士人提供了一定的条件。当时的地方官员俸禄还比较丰裕，除了一般的俸禄，通常还有职田，职田的收获也是他们的收入。另外还有公廨田，收益作为办公支出。一般来说，如果地方官员有意愿，他们有一定的能力资助李白这样的诗人。李白的朋友元演就是一个比较典型的例子。

开元二十年（732）李白在洛阳，结识了元参军元演。两人一见如故，李白在天宝十二载（753）前所写的《忆旧游寄谯郡元参军》诗中自叙与元参军四会四别的经历。开元二十三年（735），李白收到元演的来信，邀请他一同北游，领略太原的风光。两人一起翻越太行山来到山西。元演之父时任太原府尹，李白住在元家，受到主人热情的接待。"琼杯绮食青玉案，使我醉饱无归心"。还有什么比让他饱餐一顿更让他满足的？酒足饭饱，简直是乐不思蜀。李白在山西逗留约有一年的时间。后来他在《忆旧游寄谯郡元参军》诗中追忆这一段经历：

> 君家严君勇貔虎，作尹并州过戎虏。五月相呼渡太行，摧轮不道羊肠苦。行来北京岁月深，感君贵义轻黄金。琼杯绮食青玉案，使我醉饱无归心。时时出向城西曲，晋祠流水如碧玉。浮舟弄水箫鼓鸣，微波龙鳞莎草绿。兴来携妓恣经过，其若杨花似雪何。红妆欲醉宜斜日，百尺清潭写翠娥。翠娥婵娟初月辉，美人更唱舞罗衣。清风吹歌入空去，歌曲自绕行云飞。

诗中"琼杯绮食青玉案，使我醉饱无归心"提到宴饮。按照常理推断，李白离开安陆，就基本没有生活来源，他没有官职，不谋生计，不可能有固定的收入来源。与杜甫一样，漂泊京华，现在看起来简直就是一场生存冒险。他到处奔走，席不暇暖，如同牧民"逐水草"一样，寻找生存下去的机会。在安州时，李白《上安州李长史书》中说："白孤剑谁托，悲歌自怜。迫于凄惶，席不暇暖。寄绝国而何仰，若浮云而无依。南徙莫从，北游失路。"可见其时生活上的落魄，但游历两京期间，他的生活状况并没有多大改善。所以，当时能够得到邠州新平长史李粲、坊州司马王嵩、朋友元演的饮食照顾就非常不容易了。李白总是心存感激，作诗表示感谢，并记录其事。

李白有《与从侄杭州刺史良游天竺寺》一诗，从侄即杭州刺史李良。同时所作《送杨山人归天台》，诗中曰："我家小阮贤，剖竹赤城边。诗人多见重，官烛未曾然。"诗家以为，此小阮即指杭州刺史李良，阮籍之侄是阮咸，李白故称从侄李良为小阮。剖竹即剖符，指授官。赤城山在天台山南，"剖竹赤城边"谓李良在赤城山边即杭州做官。"诗人"两句谓李良待客甚厚，而自奉甚薄。后汉扬州刺史巴祇，帽子坏了仍然使用，在官不迎妻子，夜与士对坐，不燃官烛。这是说杭州刺史李良对来访的诗人很敬重，招待优厚，而自己为官非常节俭。可见，地方官可以招待来往的诗人。

开元十四年（726）秋，李白要告别金陵的朋友，前往吴越。告别的酒席上，欲行与送行的人尽情痛饮。《金陵酒肆留别》曰：

风吹柳花满店香，吴姬压酒唤客尝。金陵子弟来相送，欲行不行各尽觞。请君试问东流水，别意与之谁短长？

诗写得情真意切。诗人最后说，我们的依依惜别之情与长江流水，到底哪个长，哪个短呢？李白十分珍惜朋友情谊，许多告别诗、送别诗写得都十分精彩。如《赠汪伦》：

　　　李白乘舟将欲行，忽闻岸上踏歌声。桃花潭水深千尺，不及汪伦送我情。

诗人王昌龄被贬谪到龙标（今湖南黔阳），靠近夜郎，李白《闻王昌龄左迁龙标遥有此寄》中末两句说："我寄愁心与明月，随君直到夜郎西。"真可谓情深意长。

八、别有天地非人间

　　开元十四年（726），李白经过扬州，再游越中。吴越风景秀丽，文化发达，山山水水留下了众多六朝名士的足迹。诗人游历山水，写了许多诗篇，赞美吴越山水与风土人情。

　　晚秋，返回扬州。但不久，诗人就病了。他想起赵蕤对自己寄予的厚望。此时的他，仿佛回到几年前初次干谒失败的时候，感到彷徨，觉得自己就像漂浮在吴会之地的一片浮云，飘然无依。随着光阴飞逝、功业未就，自己重病缠身，抱负如梦幻泡影，壮志难酬和思乡之情每日都萦绕在脑中。此时资财散尽，生活趋于窘迫，情绪显得尤为低落，李白写下了《淮南卧病书怀寄蜀中赵征君蕤》：

　　　吴会一浮云，飘如远行客。功业莫从就，岁光屡奔迫。良图俄弃捐，衰疾乃绵剧。古琴藏虚匣，长剑挂空壁。楚冠

116

怀钟仪，越吟比庄舄。国门遥天外，乡路远山隔。朝忆相如台，夜梦子云宅。旅情初结绋，秋气方寂历。风入松下清，露出草间白。故人不可见，幽梦谁与适。寄书西飞鸿，赠尔慰离析。

李白想起汉人诗歌"人生天地间，忽如远行客"。生死之间，陪伴自己走过漫长旅途的古琴和长剑，都显得如此落寞，无心弹奏，更无力挥剑。欲往京师，长安远在天外；渴望回家，隔着崇山峻岭，只能靠着回忆司马相如的琴台、扬雄的故宅勉强缓解思乡之情。此时此刻，诗人深深地感觉到，对未来的热情已经随着落叶凋敝，随着秋风而去。当梦想破灭之时，他备感孤独。能一起欢笑、听自己诉说的故人已经不在，就连梦中神游也难遇知音。

此时，诗人离开川蜀已有两三年的时间，他想念起家乡。《静夜思》曰：

床前明月光，疑是地上霜。举头望明月，低头思故乡。

短短二十个字，写出了游子思乡的真情，感人至深，脍炙人口，流传极广。中国现代几乎所有儿童都会背诵这首诗。

开元十五年（727），李白漫游吴越、维扬后就到了湖北安陆。起初，他隐居在湖北安陆与应山之间的一座小山上——寿山。李白作《山中问答》描写了寿山隐居的生活，曰：

问余何意栖碧山，笑而不答心自闲。桃花流水窅然去，别有天地非人间。

大约是在扬州时，李白认识了一位姓孟的安陆县尉。因为李白《代寿山答孟少府移文书》中称孟县尉是"维扬孟公"，推测孟县尉当籍贯扬州。也可能是李白认识了孟县尉的家人或朋友，经介绍就来到安陆寻访孟县尉。

　　李白来到寿山，看到此地可以"清风扫门，明月侍坐"，就准备建一处隐所，在此隐居。可是孟少府不赞同。唐人习惯上称县尉为少府，孟县尉就是孟少府。这位孟少府非常有趣，听李白说要在寿山隐居，就模仿南朝齐孔稚圭的《北山移文》，写了一篇诙谐调侃的"移文"。古代官府部门之间级别平等，不用表示尊敬，彼此文书往来，就称作移文、移书。孟少府的移文，责怪李白何以隐居在寿山这座"无名无德而称焉"的小山之中，要隐起码得寻找三山五岳这样的地方。一看移书，李白顿时表现出幽默的一面，写作《代寿山答孟少府移文书》，标题意思是说，我代替寿山来回应孟少府的责难。

　　这个"淮南小寿山"是怎么来传递文书的呢？是让"东峰金衣双鹤，衔飞云锦书"送到孟少府的手上。小寿山又说了：

　　　　仆包大块之气，生洪荒之间，连翼轸之分野，控荆衡之远势。盘薄万古，邈然星河，凭天霓以结峰，倚斗极而横嶂。颇能攒吸霞雨，隐居灵仙，产隋侯之明珠，蓄卞氏之光宝，罄宇宙之美，殚造化之奇。方与昆仑抗行，阆风接境，何人间巫、庐、台、霍之足陈耶？

李白以西汉大赋的笔法来抒写一座小小寿山的地理位置与山川形势，极尽夸张之能事。很小很平常的事物用了极为庄重严肃、宏大张扬的笔墨描写时，顿时产生了一种诙谐的效果。

寿山不同意自己是"无名无德"的小山："观乎斯言，何太谬之甚也！"因为，在庄子看来，"尺鷃不羡于鹏鸟，秋毫可并于太山"。就是说，小鸟尺鷃与巨大的鹏鸟没有大小的区别，很细的毫毛与高高的泰山正可以同日而语，因此寿山虽小而无名，但并不亚于三山五岳之美。

孟少府的移文中又责怪山林"藏国宝，隐国贤"，使君主"榜道烧山，披访不获"，这是山林有罪责。

寿山又说："天不秘宝，地不藏珍，风威百蛮，春养万物。王道无外，何英贤珍玉而能伏匿于岩穴耶？"山林只是养贤之域，并非藏宝之地。至于君主榜道烧山，实在是王道未行。德化所至，"英贤珍玉"皆渴望为世所用，怎么会"伏匿于岩穴"呢？李白即使大谈隐逸之时，仍有强烈济世之心。

古人称"榜道求贤，焚林招士"。春秋时介子推跟随晋公子重耳逃亡在外十九年，公子归国即位为晋文公。追随者皆有赏，介子推不言，君亦未赏。介子推愤而隐居绵山，成了不食君禄的隐士。晋文公得知，前往绵山寻访，谷深林密，无从寻找。于是下令三面烧山，大火烧了三天，介子推也没有出来。三国时曹操得知阮瑀有名，于是辟为属官，阮瑀听说，逃入山中。曹操令人焚山，找到阮瑀，召入。这都是烧山的例子。榜道，就是在道路边上公布通知。晋代孙惠有才干，冒名写信给东海王司马越，越非常欣赏，于是"榜道以求之"，孙惠乃出来，被任命为司马越的记室参军。

寿山又称："总而论之，山亦何罪？乃知岩穴为养贤之域，林泉非秘宝之区，则仆之诸山，亦何负于国家矣？"田园山林只是客观，它们提供各种生存资源，并"非秘宝之区"，只"为养贤之域"，诗人有济世之志，才在此盘桓：

> 逸人李白自峨眉而来，尔其天为容，道为貌，不屈己，不干人，巢由以来，一人而已。乃虬蟠龟息，遁乎此山。仆尝弄之以绿绮，卧之以碧云，嗽之以琼液，饵之以金砂。既而童颜益春，真气愈茂，将欲倚剑天外，挂弓扶桑。浮四海，横八荒。出宇宙之寥廓，登云天之渺茫。俄而李公仰天长吁，谓其友人曰："吾未可去也。吾与尔，达则兼济天下，穷则独善一身，安能飡君紫霞，荫君青松，乘君鸾鹤，驾君虬龙？一朝飞腾，为方丈、蓬莱之人耳，此则未可也。"乃相与卷其丹书，匣其瑶瑟。申管晏之谈，谋帝王之术。奋其智能，愿为辅弼。使寰区大定，海县清一。事君之道成，荣亲之义毕。然后与陶朱、留侯，浮五湖，戏沧洲，不足为难矣。

文中再次重申诗人的志向和理想。目前的隐居都是暂时的，等到理想实现，那时"浮五湖、戏沧洲"，就不会再有任何纠结了。

李白在寿山隐居一段时间之后，北游襄阳，拜访孟浩然。

孟浩然（689—740）大李白十二岁，此时隐居在鹿门山，已有四十岁。孟浩然年轻时一直为功名奔波，在二十五到三十五岁间辞亲远行，漫游长江流域，广交朋友，干谒公卿名流，以求进身，但始终没能如愿。其后三年在洛阳寻求机会，也是一无所获。一生中大部分时光都是在隐居与漫游中度过。

但孟浩然于开元年间，即为王维所知。此时在诗坛上已有名声，其诗平淡高远，王维非常赞赏孟浩然"微云淡河汉，疏雨滴梧桐"之句。孟浩然《望洞庭湖赠张丞相》就是游历期间所作，其中"气蒸云梦泽，波撼岳阳城"成为他的名句。而"欲济无舟楫，端居耻圣明。坐观垂钓者，徒有羡鱼情"的那种欲渡无舟的感叹和临渊羡鱼的感受，岂不就是李白当下心有戚戚焉的心情吗？

孟浩然可能是李白登上诗坛的初期结交的第一位杰出诗人。两人诗风截然不同。孟诗淡远疏朗，李白的诗则一气直下，犹如奔腾的波涛。个性和作品风格虽有不同，但两人有着共同的地方，就是皆有济世之志，但又能甘于淡泊，崇尚自然朴素的隐居生活。李白对孟浩然怀有敬意，两人结下了深厚的友谊。李白《赠孟浩然》诗中说："吾爱孟夫子，风流天下闻。红颜弃轩冕，白首卧松云。"

开元十六年（728）的春天，孟浩然说要去江南，两人相约在江夏（今湖北武汉）见面。在江夏，两位诗人再次相逢，一同游赏黄鹤楼。两人站在黄鹤楼上，看着滚滚东去的长江，心潮激荡，而孟浩然即将东下扬州，李白写诗《黄鹤楼送孟浩然之广陵》送别，成为传诵千古的绝句：

故人西辞黄鹤楼，烟花三月下扬州。孤帆远影碧空尽，唯见长江天际流。

阳春三月，山岗上开满繁花，花香缭绕，如雾如烟。孟浩然与李白辞别，扬帆起航，去扬州远游，追求未尽的梦想。李白站在江边，目送孟浩然乘坐的小船消失在天际，只剩下江天一色。陆游曾说这首诗的后两句"非江行久不能知"，意思是说，不常在长江上旅行的人是难以想象的。

九、酒隐安陆

李白来到安陆（今属湖北），是因为要结婚了。

安陆地势平缓，交通便利，是一座古老的城市。从城北望，隐约能见到连绵的低矮山丘，郁郁葱葱。安陆的南边就是古之云梦泽，范围很大，富有神奇色彩，楚辞与汉赋中经常提到。司马相如在《子虚赋》中盛称云梦泽："其山则盘纡茀郁，隆崇嵂崒。岑崟参差，日月蔽亏。交错纠纷，上干青云。罢池陂陀，下属江河。"李白说："见乡人相如大夸云梦之事，云'楚有七泽'，遂来观焉。"可见他受了司马相如的影响，前来观赏云梦。

开元十五年（727），二十七岁的李白与许圉师的孙女结婚，并在安陆定居下来。

李白《上安州裴长史书》中说："许相公家见招，妻以孙女，便憩迹于此，至移三霜焉。"意思是说，许家招婿，李白于是与许家孙女结婚，居于安陆有三年。许家虽不是两京地区的高门望族，但也是世代簪缨，过去三代有过许多高官。许家小姐的曾祖父许绍是唐初高官，被封谯国公。祖父相国许圉师少有才干，博涉艺文，政存宽惠，后因隐瞒其子失手杀人而被贬，不论怎样，许家在安陆也是一方大族。许圉师做过宰相，但仪凤四年（679）就去世了，此时距离李白开元十五年（727）结婚，已过去近五十年，许家显然已不再显赫。

许小姐出身相门，地位较高，又从小念书识字，知书达理，颇有文才，与才子李白非常般配。只是李白，家在四川，在安陆又无力置办田产地产，只身漂泊，无法娶许家小姐过门，只能到许府中去结婚，自称"就婚"相府。这种状况，中国传统称之为

"赘婿"，即俗语"倒插门"的女婿。

商、周以后，我国就形成了父权社会，逐步确立宗法制度以及以父权为中心的伦理观念。最关键的一点，即男性拥有财产继承权，而女性没有。男子顶立门户，维持一姓相承的血统，继承家财，接续宗祀；而妇女结婚，嫁到丈夫家，生儿育女，操劳家务，男女角色的这种区别被视为理所当然。

一般情况下，只有家境贫穷、地位低下的男子才会选择入赘。男子入赘到妻子家里，社会地位会受到影响。但李白具有文化，富有才华，深得许家之心。许家虽然为一方望族，但是此时距离许圉师当宰相已经过去很多年。家中为官的子弟减少，许家就没有什么声望，只享有受人尊敬的世家之名。要想恢复以往许家的声誉，需要招有才华的学子为婿。眼前的李白虽然不是世家子弟，但能读书有才华，也是难得之人。许家对李白寄予了厚望，期盼他将来能在仕途上有所作为。李白深受西域文化的影响，传统观念比较淡薄，似乎并不在意到许府去做上门女婿。按常理，许小姐出身相门，这重身份可以帮助李白在仕途上更顺遂一些。让李白欣喜的是，许家小姐确实是一位外貌姣好、举止文雅、知书达理的大家闺秀。她自小熟读经书，对诗文也颇为了解，她读了一些李白的诗，虽然并不能如李白一般写出传世的诗歌作品，却可与之交流，堪称知音。

婚后，李白随妻子住在许府。平日，李白在府上读书。许员外对女婿的读书上进，颇为满意，对他寄予厚望，有时候应酬也邀请李白一道参加，当地官员都知道许家招了一位有才华的女婿。闲暇之时，李白夫妻外出游赏，两人感情十分融洽。李白游历金陵、扬州，散金三十万，一时颇为窘迫，与许氏结婚，生活上稍能安定。李白《秋于敬亭送从侄耑游庐山序》中说："酒隐安陆，蹉跎十年。"言下之意，定居安陆后的十年并没有什么成就，但至少可以喝上酒，日子还算安稳。

李白饮酒是出了名的。他酷爱饮酒，酒量过人，饮酒的风格特别豪爽。他在《襄阳歌》中说："百年三万六千日，一日须倾三百杯。"又说"会须一饮三百杯""愁来饮酒二千石"。三百杯、二千石，当然是夸张，不过正说出他对酒的嗜好。

李白有《赠内》曰："三百六十日，日日醉如泥。虽为李白妇，何异太常妻？"这里有一个典故：东汉太常卿周泽，主管礼乐祭祀，有次病卧于斋宫中，妻子念其老病，前去探望，周泽却认为妻子冒犯了斋禁，一怒之下将她投入监狱。李白喜好饮酒，常常沉醉不省，诗人担心冷落妻子，故以玩笑的口吻写诗相赠。这说明夫妻之间感情非常融洽。

李白好饮、能饮，与他的诗歌一样出名，他自称"酒仙翁"。他有许多诗歌都谈及自己的饮酒，因为这些诗，他的酒名更盛。中国古代诗与酒是联系在一起的。鲁迅说到魏晋文人喝酒时说："嵇康、阮籍的纵酒，是也能做文章的，后来到东晋，空谈和纵酒的遗风尚存，而万言的大文如嵇阮之作，却没有了。"能够纵饮，满大街到处可寻；诗中写到饮酒，作品也很多。但如李白这样纵饮之后而能写诗，酣醉之际妙句滚滚而来，如有神助，杜甫所谓"李白斗酒诗百篇"，盖亦古今难得。

孟棨《本事诗》记载李白喝酒之后，扶醉填词，"拜舞颓然"，"取笔抒思，略不停辍，十篇立就，文不加点"。醉酒之人，或酣睡，或舞蹈，或颓然，或大笑，却很少听说大醉之后还能从事诗歌创作的，这相当于解微分方程之前，先来两瓶白酒，并且不喝酒，还解不了题。酒对李白真不是妨碍，而是助兴。诗能"兴、观、群、怨"，朗诵好的诗歌就能够起兴发兴，让人感到兴奋。就像唱歌，一旦唱起来，人就振奋起来。而作诗也需要一个"兴"的状态，激动、振奋、活跃，这时才可能作好诗。酒能起兴，与诗正有相通之处。所以李白《江夏别宋之悌》也说："人分千里外，兴在一杯中。"

饮酒之时，处在半醉半醒之间，常有腾云驾雾的感觉，飘飘而欲仙。这种异常兴奋、陶醉的体验是其他东西难以给予的。或许正因此，古往今来，才会有那么多文人墨客热衷于饮酒。当然，诗人豪饮与一般嗜酒者不同。常人喝酒，一旦烂醉如泥，或哭或笑，或睡或闹，连正常的话往往都说不清，更何况赋诗作文，甚至狂乱的言行还会使周围人不快。但李白这样的诗人则不同，沉醉的状态往往更能激发他们的创作天才。李白酒酣，或不至于一醉不起的地步，此时吟诗，文思如泉涌，下笔如有神，所以杜甫称他"斗酒诗百篇"。酒饮得越酣畅，诗写得越好。《月下独酌》可谓最好的例证，其一曰：

花间一壶酒，独酌无相亲。举杯邀明月，对影成三人。月既不解饮，影徒随我身。暂伴月将影，行乐须及春。我歌月徘徊，我舞影凌乱。醒时同交欢，醉后各分散。永结无情游，相期邈云汉。

这首诗想象之奇妙，恐怕正是借着酒兴而作。当然不是任何人喝了酒都能写出好诗，好诗需要如李白那样的天才，但酒力似乎正好发挥了它激发的作用。孙洙《唐诗三百首》中评曰"月下独酌，诗偏幻出三人"，确实是刘辰翁所说"古无此奇"，奇想旷思，纯赖想象。而这种想象力，我们更容易想到是酒的激发。诗思与酒兴在李白那里好像能够发生奇妙的碰撞、融合、化合反应，创造出无与伦比的诗句。清人沈德潜《唐诗别裁》曰："脱口而出，纯乎天籁，此种诗，人不易学。"其四曰：

> 穷愁千万端，美酒三百杯。愁多酒虽少，酒倾愁不来。所以知酒圣，酒酣心自开。辞粟卧首阳，屡空饥颜回。当代不乐饮，虚名安用哉。蟹螯即金液，糟丘是蓬莱。且须饮美酒，乘月醉高台。

诗人实际上谈了自己饮酒的心得体会："愁多酒虽少，酒倾愁不来。"只要饮少量的酒，忧愁就不来了。酒酣之时，心胸完全敞开。伯夷、叔齐不食周粟，即所谓"辞粟"，宁愿采薇而食最终饿死首阳山；孔子的得意门生颜回坚守贫困，不改自己的志向。为了自己的清名，不免拘束，当时不畅饮解忧，虽有声名流传后世，那有什么用呢！喝着美酒，就是仙家琼浆金液；吃着蟹螯，就是人生蓬莱仙境。且须饮美酒，当趁着月光大醉于高台之上。明人朱谏说："'独酌'四诗，极其情趣，而文辞清丽，音节铿锵，出于天成，盖自白胸中流出，故言之亲切而有味也。脱然物表，起于万古。"诚如所言。

陶渊明性嗜酒，来访者无论贵贱，辄设酒共饮。陶渊明若先醉，便语客："我醉欲眠，卿可去。"其真率如此。李白《山中与幽人对酌》亦云：

> 两人对酌山花开，一杯一杯复一杯。我醉欲眠卿且去，明朝有意抱琴来。

"卿且去"，真率有之；"明朝有意抱琴来"，则是发出了新的邀请，两句合之，可谓率真而有深情。李白与陶渊明，性情不同。陶天性淡然，李本性慷慨。虽然两人同有隐逸之志，但陶归田园，其心已经寂然，李白时有隐居，真心却在鸿鹄之志，归田只在功业之后。李白《九日登巴陵置酒望洞庭水军》说："酣歌激壮士，可以摧妖氛。醉酕东篱下，渊明不足群。"大敌当前，群情激愤之时当然不能谈"采菊东篱下"。实际上，李白对陶渊明的为人与诗都很欣赏，如《赠崔秋浦》其一曰："吾爱崔秋浦，宛然陶令风。门前五杨柳，井上二梧桐。"其二曰：

> 崔令学陶令，北窗常昼眠。抱琴时弄月，取意任无弦。
> 见客但倾酒，为官不爱钱。东皋多种黍，劝尔早耕田。

说的都是陶渊明的故事及其诗文中的意象。李白曾作《春日醉起言志》五古一首，曰：

> 处世若大梦，胡为劳其生？所以终日醉，颓然卧前楹。
> 觉来盼庭前，一鸟花间鸣。借问此何时？春风语流莺。感之
> 欲叹息，对酒还自倾。浩歌待明月，曲尽已忘情。

此诗与陶诗风调相似。《分类补注李太白诗》中萧士赟称此诗曰："太白此诗，拟陶之作也。"严羽则评曰："甚适，甚达，似陶，却不得言学陶。"徐增《而庵识唐诗》曰："此诗极摹陶靖节。陶却自然，李一味摆脱，笔有逸气，往往见才，是不及陶处。"李诗隽迈超逸，自有其独特的个性与风格，与陶相似，却不是字句、格调摹拟的结果："觉来盼庭前，一鸟花间鸣。借问此何时？春风语流莺。"何其风华，何其浏亮！至少色调光泽上与陶诗之

素朴异趣。

现代诗人何其芳《诗歌欣赏》中评李白这首诗说:"你看他第一句就说人生如梦,首尾都鼓吹喝酒,这不是提倡消极颓废吗?但是,这首诗里最吸引人的形象是春天的景色,是生命的活动,是作者对于春天的景色和生命的活动的赞美。喝酒也好,唱歌也好,都不过是表现作者对于生活的爱好而已。所以这首诗的主要的客观意义并不是厌弃生活,而是对于生活充满了兴趣。"分析得非常准确。

酒与文学关系密切,与其他门类艺术之间也是相辅相成的。唐代大书法家张旭,一饮酒就写草书,挥毫大叫,甚至用头发蘸着墨书写(可以称得上中国早期的行为艺术),人称"张颠"。酒醒之后,端详自己的作品,以为"神异",不可复得。另一位大书法家怀素,同样也是"饮酒以养性,草书以畅志"。酒酣兴发,逮到什么,就在上面书写。墙壁、衣服、器物,凡是能够写字的,就草书一番。对艺术家而言,酒是催化剂,使他们的创作激情升华,达到出神入化的地步。

对于李白而言,不饮酒,恐怕就不再是诗人李白了。历代稗史、小说、戏曲、图画中描写李白,几乎没有不提到李白饮酒的,诗酒并称,实有道理。诗人当中,圣于诗,豪于酒,能以诗酒流芳百世者,李白恐怕是第一人。

十、两封书信

李白成为许家女婿后,许家似乎便将希望寄托在这位富有才华的诗人身上。李白表现得非常积极,四处应酬,广泛结交当地官员,前有安州都督马正会,后有安州裴长史。在安陆期间,他拜访过安州都督马正会。

唐代景云二年（711）全国设有二十四个都督府。开元十七年（729），以潞州、益州、并州、荆州、扬州五地为大都督府，另设十五个中都督府。安州就是十五个中都督府中的一个。中都督，正三品官。马都督很欣赏李白的文章，称赞说："诸人之文，犹山无烟霞，春无草树。李白之文，清雄奔放，名章俊语，络绎间起，光明洞彻，句句动人。"裴长史的名字，史无明文。安州属于中都督府，长史职位，设有一人，正五品上。李白在《上安州裴长史书》中说："白窃慕高义，已经十年，云山间之，造谒无路。今也运会，得趋末尘，承颜接辞，八九度矣。"意思是说，听闻裴长史大名，已有十年，只是没有机会专门造访。最近非常幸运，能够跟随长史，见面应酬有八九次。可见，李白与当地地方官有不少的接触。

但裴长史的前任是李京之长史，李白与他的交往并不愉快。一天，李白喝醉了酒，骑马走在路上。遇到李长史的乘驾，李白以为是熟悉的朋友魏洽，辨认之际有点迟疑，没有及时回避，结果挡了李长史车马的道，冒犯了官威，当即受到训斥。古代道路比较狭窄，通常容不下两队车马同时相对而行，总得有一队车马避让另一队车马。谁主动避让呢，官职低的车马避让官职高的。李白就是一布衣，竟然挡了长史的道，这还了得！

李白赶紧写信向李长史道歉，这就是《上安州李长史书》，实际上是一封道歉信，解释误撞乘驾的缘由，解除误会，并且深表歉意。最后还献上三首诗歌，希望长史能够欣赏。按说，李白的文章不及他的诗，所以我们只需关注他的诗歌，而不用过分讨论他的文章。但这篇上书以及《上安州裴长史书》，却不能不引起我们的注意，因为它们不是一般的抒发一下感情，发一点言论，请求官人赏识自己的那种文章，这是非常"实用"的文章，是需要向李长史道歉的文章。

诗人首先贬损自己，责怪自己，称"白，嵚崎历落可笑人也""白，妄人也"，描述自己事后惊慌："御者趋召，明其是非，入门鞠躬，精魄飞散。"诚惶诚恐："铭刻心骨，退思狂愆，五情冰炭，罔知所措。昼愧于影，夜惭于魄，启处不遑，战跼无地。"深感愧疚，愿以死谢罪："何图叔夜潦倒，不切于事情；正平狷狂，自贻于耻辱！一忤容色，终身厚颜，敢昧负荆，请罪门下。傥免以训责，恤其愚蒙，如能伏剑结缨，谢君侯之德。"贬低自己的同时，抬高对方，特别是赞扬李长史的文才："君侯明夺秋月，和均韶风，扫尘辞场，振发文雅。陆机作太康之杰士，未可比肩；曹植为建安之雄才，惟堪捧驾。天下豪俊，翕然趋风。""君侯"，本来是诸侯、丞相的尊称，后来泛称达官贵人。这里诗人恭维李长史的文才超过了陆机、曹植，受到天下豪俊的推崇。

李长史不久就离任了，接替他的是裴长史。裴长史对他的印象似乎还不错。不料，周围的人却恶意诽谤李白，他不得不写了长长的一篇书信《上安州裴长史书》，讲述自己的生平与为人，期望长史"终乎前恩，再辱英盼"，不要将自己拒之门外。辩解之际，不忘推崇裴长史的豪爽慷慨、重诺好贤、德行文才：

　　伏惟君侯，贵而且贤，鹰扬虎视，齿若编贝，肤如凝脂，昭昭乎若玉山上行，朗然映人也。而高义重诺，名飞天京，四方诸侯，闻风暗许。倚剑慷慨，气干虹霓。月费千金，日宴群客。出跃骏马，入罗红颜。所在之处，宾朋成市。故时人歌曰："宾朋何喧喧，日夜裴公门。愿得裴公之一言，不须驱马将华轩。"白不知君侯何以得此声于天壤之间，岂不由重诺好贤，谦以得也？而晚节改操，栖情翰林，天才超然，度越作者。屈佐郧国（即安州），时惟清哉。稜威雄雄，下慴群物。

此处关键不在于恭维，而在于以李白之天才，且如此夸耀裴长史，称他"栖情翰林，天才超然""名飞天京"，又"四方诸侯，闻风暗许"，甚至称赞他牙齿长得齐，皮肤长得白，"齿若编贝，肤如凝脂"。李白内心之郁闷、隐忍、憋屈，于此可见。

洪迈《容斋四笔》卷三曰："裴君不知何如人，至誉其'贵而且贤，名飞天京''天才超然，度越作者''稜威雄雄，下慴群物'。余谓白以白衣入翰林，其盖世英姿，能使高力士脱靴于殿上，岂拘拘然怖一州佐者邪？盖时有屈伸，正自不得不尔。大贤不偶，神龙困于蝼蚁，可胜叹哉！"李白天性豪放，对于一州之佐官尚且如此卑微，正意味着诗人生存环境之艰难。诗人小心翼翼，自称"少颇周慎，忝闻义方，入暗室而无欺，属昏行而不变"，但在安陆，还是遭到小人诋毁。《上安州裴长史书》中说：

何图谤詈忽生，众口攒毁，将欲投杼下客，震于严威。然自明无辜，何忧悔吝！孔子曰："畏天命，畏大人，畏圣人之言。"过此三者，鬼神不害。若使事得其实，罪当其身，则将浴兰沐芳，自屏于烹鲜之地，惟君侯死生。不然，投山窜海，转死沟壑。岂能明目张胆，托书自陈耶！

具体事情经过，信中没有交代，但诽谤确实会带来损害。曾参有高尚德行，人告其母"曾参杀人"，曾母始终不信。但当第三个人说"曾参杀人"，曾母也没办法继续织布，投杼逾墙而走。诗人说如果确有其事，"罪当其身"，则甘愿受罚。幸亏谤言者"震于严威"，诗人能够自证无辜。

但安陆的日子确实令诗人沮丧。李白在信中说，如果长史"赫然作威，加以大怒"，李白也会"永辞君侯，黄鹄举矣"。诗人最后说："何王公大人之门，不可以弹长剑乎?"意思是说，朝野王公大人多着呢，哪里不可以做一个门客? 李白高傲，结尾忍不住要说出心里的话，裴长史看到这里，心里还很高兴，就比较难了。但李白恐怕已经顾不了那么多了，他决心要上京城去。

第五章　初入长安

"国门遥天外，乡路远山隔。"长安，魂牵梦绕的长安，或许是时候闯荡了。即使是遗憾和失败，也总要选择一项。

开元十八年（730）夏天，李白决定到都城长安去谋求出路，实现自己辅佐明君的愿望。

李白离开安陆，经过南阳，到达长安。在接下来的两年里，他的行踪主要是来往长安、洛阳以及附近的地区。他的活动主要是寻求达官贵人的帮助，干谒请托。如果成功进入仕途，那就解决了长期衣食问题。有时遇到个别官员的帮助，能够暂时性、短期解决诗人的衣食困难。但是，诗人接触的大部分官员都无力或不愿为他提供什么帮助。没有人资助，生活困难，就入山隐居，等待机会，山中寺庙道观可以提供粗茶淡饭。

当然，诗人最大的收获是诗歌。这一时期他的创作非常丰富。

一、玉真公主

前几年在江陵、金陵、扬州、安陆等长江流域徘徊，并没有得到多少机会。是时候前往京城长安，在王朝的中心闯出自己的一片天地。许家在京城还有一些亲戚可以助诗人一臂之力。开元十八年（730）夏天，李白离开了安陆。从安陆到长安，途经襄阳、南阳等地，行程将近一千五百多里。一路上，他结交地方官员，广交诗友，随后主要在长安、洛阳以及附近的地区游访。

李白到达长安，找到岳父许家的亲戚。许圉师的兄长许善一脉，子弟还有在京任官者，许辅乾官至右金吾光禄卿，前些年去世了。许辅乾的堂弟许诚惑任鸿胪少卿，其子许论任监察御史。

许诚惑任鸿胪少卿掌管朝会仪节，交好的官员中，能为朝廷举荐贤才的并不多。现今朝中擅长文学的高官有尚书右丞相、集贤院学士张说，这位宰相掌文坛三十多年。去年因修撰《谒陵仪注》有功，加封开府仪同三司。正因修撰《谒陵仪注》，许诚惑与张说有了联系。张说原是举荐李白的最佳人选，但张说近日身体抱恙，许诚惑便托请宰相的次子张垍，即玄宗的女婿，宁亲公主的驸马。

张垍将李白的诗歌给了齐国公主。齐国公主有些犹豫，说倘若李白真得司马承祯的夸赞，或许可以将这位青年引荐给自己的姑姑——皇帝的妹妹玉真公主。玉真公主虔心修道，十多年前便出家为道士，李白若能得姑姑的喜欢，再向皇帝举荐就容易了。

李白住进了玉真公主在终南山的一座别墅中。玉真公主是唐玄宗的胞妹，兄妹感情非常融洽。玉真公主好道，后出家为道士，并在长安附近的终南山建造了玉真公主别馆。公主喜欢结交文人雅士，著名诗人王维、高适等均拜访过公主并赠诗。

令人失望的是李白在馆中住了些时日，始终没能见到玉真公主。李白内心非常郁闷，于是写了《玉真公主别馆苦雨赠卫尉张卿》二首诗。李白诗中称为"张卿"的人，他的名字无法知道。学者大多认为是张垍，皇室宁亲公主的丈夫、著名文士张说的儿子，很有可能是他安排李白暂住在玉真公主的别馆。诗其一曰：

秋坐金张馆，繁阴昼不开。空烟迷雨色，萧飒望中来。翳翳昏垫苦，沉沉忧恨催。清秋何以慰，白酒盈吾杯。吟咏思管乐，此人已成灰。独酌聊自勉，谁贵经纶才。弹剑谢公子，无鱼良可哀。

一晃眼就秋天了，诗人到玉真公主的别馆已经好些日子了。天气还有些阴冷，原本就不太好的心情，随着天气变得更加阴郁。接连几日，都是绵绵的小雨，丝毫没有停歇的意思，树上的叶子已经所剩无几，一片萧瑟。诗人变得昏昏沉沉，接连几日看不到可以聊上两句的人，只能独自一人喝着闷酒，排解忧愁。他想起管仲，想起乐毅，他们早俱往矣，如今还有谁真正重视治国的人才。滞留于此，心中激起无限悲哀。应该拿起剑，像冯谖那样，弹剑而歌："长剑呀，回家吧，在这里吃饭没有鱼呀！"其二曰：

　　苦雨思白日，浮云何由卷。稷契和天人，阴阳乃骄蹇。秋霖剧倒井，昏雾横绝巘。欲往咫尺途，遂成山川限。潈潈奔溜闻，浩浩惊波转。泥沙塞中途，牛马不可辨。饥从漂母食，闲缀羽陵简。园家逢秋蔬，藜藿不满眼。蟏蛸结思幽，蟋蟀伤褊浅。厨灶无青烟，刀机生绿藓。投箸解鹔鹴，换酒醉北堂。丹徒布衣者，慷慨未可量。何时黄金盘，一斛荐槟榔。功成拂衣去，摇曳沧洲傍。

过了几日，天气还是没有转晴。闷了好几日，李白的心情更加沉重。他的埋怨越来越大："这恼人的秋天，阴雨绵绵，如何才能将这片黑压压的乌云一扫而空，回到晴天呢？调和天人，原本是唐虞时代的贤臣稷、契的责任，可是偏偏背道而驰。秋雨竟然比倒出来的井水还要多，终南山的悬崖峭壁间，都是黑压压的乌云，一不小心就会将人的心境压倒。平日里几尺宽的路，如今都像是大川一样，难以跨越。这种诡异的天气里，路上的水流发出了江水一般的声响，像有浪花拍打着江岸。即便找到了一两处没有被水淹没的地方，都被那淤泥堵得严严实实。山中的禽兽黄泥满身，连是牛是马都分辨不出来！我竟然在这种地方，被封了一天又一天，山中的物资越来越少，饿得我只能向附近的人讨一些余粮。闲暇之际，整理别馆里的残简。等待的时间，真是漫长而苦涩。等我回过头来，菜地里只有稀稀拉拉的几株野菜，蜘蛛网布满了屋顶，蟋蟀也受不了这该死的天气，日日在窗外啼叫。隔壁的厨房，已经好些日子没有开过火，阴冷潮湿的天气里，案板都开始长绿色的苔藓。不知道怎么才能挨过这漫长的等待，无计可施的我，只能拿着我的裘衣去换了两杯酒，让我能够苦苦地撑下去。当年的布衣刘穆之估计也是这样的艰难困苦，要是我能像他一样，等到有美好的前程，定不会忘记您对我的恩情，为您盛上满满的槟榔。"

孔子说"诗可以怨"，就是有些抱怨的话，在直接交谈中很难或不宜说出口，在诗中却可以委婉别致或者略显唐突——也就是相当艺术地说出来，听者比较容易接受。对于听者，可听的听着，不可听的不听，权且当诗读；对于说者，可说的说了，不可说的亦可说，权且是作诗。诗有诗的作用。秋风凄雨，一片阴沉。这两首诗里，李白不说"我一直在苦等你"，而是说，我在"望"中等来了阵阵萧飒，说得很含蓄。漫长等待，他只有借酒浇愁："独酌聊自勉，谁贵经纶才？"说得又很直接，意思是说像我这样满腹经纶的人才，你为什么不重视呢？战国时期孟尝君的一个门客叫冯谖，颇受冷遇，于是弹着自己的剑唱着："长铗归来乎，食无鱼!"孟尝君于是对他重视起来。李白最后说："弹剑谢公子，无鱼良可哀。"那是在说，再这样轻视我，我就离开了。

李白又想象玉真公主的样子，给玉真公主赠诗《玉真仙人词》:

> 玉真之仙人，时往太华峰。清晨鸣天鼓，飙欻腾双龙。
> 弄电不辍手，行云本无踪。几时入少室，王母应相逢。

诗中热情称颂公主，说玉真公主时往华山太华峰修道，真是仙人。清晨早起修炼内丹，叩齿吞津，推拿玉枕穴，练气时，真气在体内沿着经脉运行一周，如双龙腾起，聚集的元气像电流一般从身上穿过；西上华山，腾云驾雾，转瞬间就不见踪影，修炼的功夫很深。玉真公主若是去少室山，一定能和王母娘娘在那里相逢。

一直到秋末，李白都没有看到任何希望，悻悻离去。李白向其他王公大臣请求，也没有结果。

二、初到长安

李白在夏季时候抵达长安。夏末时节，郁郁葱葱的柳枝低垂在街道两旁，形成了一条条天然遮阳的林荫大道。街市上叫卖声不断，大月氏玻璃器、波斯地毯、西域葡萄酒、中原糕点，汇集了世界各地的精美物什，街道两旁还有许多走街卖艺、卜命算卦的民间艺人。繁华的长安城，在世界各地人的往来中，显得梦幻无比。

长安城是当时世界上规模最大、建筑最宏伟的都城，宫殿华美，园林秀丽，商业发达，不仅是全国的政治经济中心，也是文学艺术的中心。街衢宽阔、坊里齐整，外郭城、皇城、宫城、禁院、坊市的位置布局仿照天象星辰，面积近百平方公里。

李白去过不少繁华的城市，可当他抵达长安城时，仍然被眼前的景象所震惊。走入城中，迎来的是一条宽阔的大道，笔直地通向北方，将外郭城分成了东西两部分。这是远近闻名的朱雀大街。围绕着东西两个市集，纵横交错的道路分隔出一百零八个里坊。

东市附近都是达官显贵的豪宅，西市边有许多便宜的邸店，专门供客商堆货、交易、寓居的行栈。街上来来往往的都是来自丝绸之路的胡商、定居在此的胡客。沿街开设有颇具异域风情的胡姬酒肆和赌坊，吸引了众多长安城的贵公子前来消遣，斗鸡赌博，喝酒听曲。众多诗人都到过长安，在那里逗留，并写下了许多歌咏长安的诗篇。李白来到京城，感叹当地的繁盛奢华。《少年行三首》之二曰：

> 五陵年少金市东，银鞍白马度春风。落花踏尽游何处，笑入胡姬酒肆中。

长安有五个汉代皇帝的陵墓，即长陵、安陵、阳陵、茂陵、平陵，当时的富家豪族和外戚都居住在五陵附近，后世诗文常以五陵为长安富豪聚居之地。五陵公子游走长安东市，骑着银鞍白马，春风得意。游赏看花，接着到胡姬的酒肆中豪饮。诗人通过典型的细节描写，刻画了长安权贵子弟豪奢的形象。

李白擅长写豪奢繁华。古诗爱写繁华，唐诗更爱写繁华，骆宾王《帝京篇》、卢照邻《长安古意》都是极写奢华的典型。杜甫描写穷愁悲苦，结束了古典风尚，也结束了盛唐精神，而开宋人风气之先。

《少年行三首》之一曰：

> 击筑饮美酒，剑歌易水湄。经过燕太子，结托并州儿。少年负壮气，奋烈自有时。因声鲁勾践，争博勿相欺。

诗中的少年如高渐离击筑饮酒，荆轲易水相别弹剑悲歌，并州侠士，一身壮气，奋不顾身。李白一系列颂歌"少年"、游侠的诗作，都不是描写具体哪个少年，哪个侠士，而是一个抒情形象。我们可以说，它甚至都不是一个诗歌的抒情形象，而是诗人人格的写照。"少年"在诗人这里代表了豪气、英勇、放纵、奢华，完全忽略了环境因素，完全摆脱了社会历史现实，特别是社会环境因素对肆意行为的约束阻碍力量，完全在诗歌想象当中消解了，挥发了。这是理想化情境中的人格。这一少年、侠士的形象只是诗人内在人格的投射。《少年行三首》之三仍然是类似的少年、游侠形象，曰：

> 君不见，淮南少年游侠客，白日毬猎夜拥掷。呼卢百万终不惜，报仇千里如咫尺。少年游侠好经过，浑身装束皆绮罗。兰蕙相随喧妓女，风光去处满笙歌。骄矜自言不可有，侠士堂中养来久。好鞍好马乞与人，十千五千旋沽酒。赤心用尽为知己，黄金不惜栽桃李。桃李栽来几度春，一回花落一回新。府县尽为门下客，王侯皆是平交人。男儿百年且乐命，何须徇书受贫病。男儿百年且荣身，何须徇节甘风尘。衣冠半是征战士，穷儒浪作林泉民。遮莫枝根长百丈，不如

当代多还往。遮莫亲姻连帝城，不如当身自簪缨。看取富贵眼前者，何用悠悠身后名。

有学者对这首诗表示怀疑，以为它不太可能是李白所作。宋严羽《沧浪诗话·考证》曰："太白集中《少年行》只有数句类太白，其他皆浅近浮俗，绝非太白所作，必误入也。"朱谏《李诗辨疑》、胡震亨《李诗通》等均以为伪作。但是李集的宋蜀本"乐府"类内有《少年行》第三首，《文苑英华》也有著录，这首诗是李白原作应该可以确定。

关键的，此诗中表现出来的观念与李白一贯的想法非常一致：如"呼卢百万终不惜"，从金钱方面来说，是"千金散尽还复来"；从事情来说，就是豪侠仗义，乐善好施；从义气上来说，就是纵饮豪赌，一掷千金，及时行乐；从排场上来说，就是银鞍白马，衣着光鲜，夜夜笙歌。这些都是李白模仿民歌乐府一类诗歌中经常表现的形象，也是李白诗歌中从来没想掩饰的东西。还有一种独特的思想，就是"平交王侯"。这一观念李白在《冬夜于随州紫阳先生餐霞楼送烟子元演隐仙城山序》中也提到："吾不凝滞于物，与时推移。出则以平交王侯，遁则以俯视巢、许。"这种"平交王侯"的思想，在唐代并不流行，它既不可能成为现实，也很难为王侯所接受。而《少年行》之三说"王侯皆是平交人"，正可证明此诗是李白原作。

李白《白马篇》同样写"五陵豪"的侠士，曰：

龙马花雪毛，金鞍五陵豪。秋霜切玉剑，落日明珠袍。斗鸡事万乘，轩盖一何高！弓摧南山虎，手接太行猱。酒后竞风采，三杯弄宝刀。杀人如剪草，剧孟同游遨。发愤去函谷，从军向临洮。叱咤经百战，匈奴尽奔逃。归来使酒气。未肯拜萧曹。羞入原宪室，荒径隐蓬蒿。

这些五陵豪侠，骑着矫健如飞龙的白马，配着金灿灿的马鞍；腰中的长剑闪亮如同秋夜的寒霜，锋利可切开坚硬的玉石。身上的长袍，缝上璀璨的明珠，就像落日一样鲜红。出行的马车极其奢华，斗鸡玩耍的正是天子的红人。这样的豪侠张弓可射杀南山的猛虎，肉身可搏击飞猱，酒过三巡也能舞剑如流，成为杀人如剪草的剧孟，誉满诸侯。一旦发愤从军，随着大军，浴血战场，身经百战，叱咤风云，让匈奴闻风丧胆。凯旋之后，傲视大臣，功成身退，但不愿守着穷贱。

传统儒家主张以行道为目的，不刻意追求利禄，也不拒绝贫穷，孔子就说"君子固穷"，"不义而富且贵，于我如浮云"，强调君子能够忍耐"饭疏食，饮水，曲肱而枕之"的日常生活，但李白并不宣扬忍受贫贱，"羞入原宪室，荒径隐蓬蒿"，贫贱而默默无闻的隐逸生活使人感到羞辱。他在《嘲鲁儒》等诗中每有轻侮之词："鲁叟谈《五经》，白发死章句。问以经济策，茫如坠烟雾。"前引《少年行三首》之三中也说到"男儿百年且乐命，何须徇书受贫病。男儿百年且荣身，何须徇节甘风尘"。"徇"，现在写作"殉"，就是奉献自己以追求某种目标。"殉节"就是甘愿受苦而追求名节；"殉书"就是甘受贫病而读书。古代男儿都是出生入死、征战疆场以望立功封侯，不会谨小慎微，守护自己清高的名节，更不愿枯守林泉甘做贫寒的儒生，故"衣冠半是征战士，穷儒浪作林泉民"。"男儿百年"乐命、荣身，看重眼前，看重自身："遮莫枝根长百丈，不如当代多还往。遮莫亲姻连帝城，不如当身自簪缨。""遮莫"大约是当时口语，宋人解释"盖今俗语所谓'尽教'是也"，当与"尽管""即使"的意思相近。"男儿百年"应当追求自身"簪缨"、享有荣华富贵，而不应把家族姻亲、他人的荣耀当作自己的虚荣，沾沾自喜。

李白《少年子》曰：

> 青云少年子，挟弹章台左。鞍马四边开，突如流星过。
> 金丸落飞鸟，夜入琼楼卧。夷齐是何人，独守西山饿。

伯夷、叔齐坚持其操守，宁愿过着清贫的生活也不愿屈服，古人均视其为高节之士而予以推崇，但李白却鄙薄这种殉节，他的观念与当时流行的观念很不一致。

这些观念并非诗人的现实主张，它们主要作为诗歌中的一种表达，而且常常是古代诗歌流传下来的模式化的表达。古代乐府民歌以及文人的仿作都有类似的意象，诸如驰猎遨游、挟弹飞鹰、玉辇金鞭、宝盖流苏、娇鸟啼花、赵舞燕歌的描写以及一掷千金、及时行乐、崇拜富贵、嫌贫爱富等强烈渴望，这些构成了诗歌中的情感形象。人们喜欢这种纵情尽兴，喜欢这种干脆豪爽，喜欢这种冲动狂放，这些情感形象的意义在于情感上的价值，而不在于观念上的对错。这就像如今的消费时代，人们总会有冲动的消费。尽管人们知道这种消费常常并不是必需的，人们知道"理性消费"的那些"大道理"，但冲动消费的意义根本就不在于展现一种有序的理智生活，而在于满足人们的冲动与情感，冲动购买物品的心理抚慰意义远远大于那个物品本身的价值。诗歌中豪侈的描写，激发了人们内在的某种情感。

李白的民歌、乐府风格的诗歌以及一些严肃题材的诗歌中，都有许多豪侈、张扬、夸张、纵情的形象、意象、情节的描写，根本上来讲，他并不是在意这些夸张本身，他以一种赞赏的口吻写到豪饮、赌博、任侠、挥金如土、纵情声色的情节，更多地在于它们就是可以感觉得到的形象化的豪情，就是豪情本身。大声歌唱、朗诵这些诗歌，它能够让一个萎靡不振、低落消沉的人顿时变得慷慨激昂、豪情万丈。这就是孔子所说的"诗可以兴"。

三、空谈霸王略

李白在长安投奔无路，他在《门有车马客行》中说："叹我万里游，飘飘三十春。空谈霸王略，紫绶不挂身。"偶有机会认识邠州长史李粲，邠州距离长安不算太远，李白便投邠州而来。

一路上，越往西北走，风景便越开阔，到邠州时，山势低矮平缓了很多，深秋时节，天空是深邃的蓝色，漫山遍野的枯草，黄色沙土暴露在外，十分荒凉。如此空旷的景象是长江流域没有的，这二十多年李白从未见过，却又有一丝熟悉之感。他想起历史上在边塞浴血奋战、保家卫国的将士们，又想到自己报效国家、建功立业的愿望还未完成，便停下步履，一抒胸臆，《从军行二首》其一曰：

> 从军玉门道，逐虏金微山。笛奏梅花曲，刀开明月环。
> 鼓声鸣海上，兵气拥云间。愿斩单于首，长驱静铁关。

塞北的将士们，从玉门关出击，击破匈奴，驱逐胡虏。首联用东汉窦宪派遣耿夔等击破北匈奴的故事，金微山即今阿尔泰山。中间两联描写我军将士的士气。颔联写未战之时，或听曲，或练刀。颈联写已战之景，战鼓响彻大漠之上，士气虹贯云头之间。

梅花曲即古乐府曲《梅花落》，乃胡笳曲也。"明月环"指大刀刀柄头饰以回环，形似圆月，故称。"鸣海上"，海指大漠。"铁关"即铁门关，故址在新疆焉耆西库尔勒附近。将士们的心愿就是取了单于的首级，直驱铁关，平定边疆。其二曰：

> 百战沙场碎铁衣，城南已合数重围。突营射杀呼延将，独领残兵千骑归。

呼延，匈奴四姓贵族之一，此指敌军悍将。前首泛写将士形象，此篇着重描写将军。将军出入沙场，身经百战，铁甲都已破损，被敌人重重包围在城南。将军出奇计，以攻为守，突袭敌军营垒，射杀呼延大将，赢得胜利，将军独自率领残兵千骑而归。

到了邠州，好客的李粲热情地接待了李白，并亲切地称呼李白为"堂弟"。李白在邠州锦衣玉食、饮酒赋诗、载歌载舞，度过了非常愉快的时光。赠李粲的《豳歌行上新平长史兄粲》中曰：

> 豳谷稍稍振庭柯，泾水浩浩扬湍波。哀鸿酸嘶暮声急，愁云苍惨寒气多。忆昨去家此为客，荷花初红柳条碧。中宵出饮三百杯，明朝归揖二千石。宁知流寓变光辉，胡霜萧飒绕客衣。寒灰寂寞凭谁暖，落叶飘扬何处归。吾兄行乐穷曛旭，满堂有美颜如玉。赵女长歌入彩云，燕姬醉舞娇红烛。狐裘兽炭酌流霞，壮士悲吟宁见嗟。前荣后枯相翻覆，何惜余光及棣华。

物质生活条件的好坏，对诗人来说，并不重要。无论是饱腹困难且被夜雨浸湿了的玉真别馆，还是锦衣玉食的门客生活，诗人都不会太在意。他在意的还是自己能够在这个时代有用武之地。求情之诗，主要以情动人。诗人借秋至幽谷时的萧条冷落，暗示自己悲凉的心情。他的心情，就像是地上的落叶，悲鸣的哀鸿，惨淡的愁云。"忆昨"八句为第二段，写自己旅居之初，也是"中宵出饮三百杯"的豪爽生活，只是"流寓"生活变了，而今寒冷难耐，请李粲兄伸出援手。"吾兄"八句为第三段，示意长史李粲帮助他解决御寒问题。前六句写粲兄生活奢华，赵女长歌、燕姬醉舞，意谓有能力帮助诗人。末二句以"棣华"喻兄弟，请求帮助。

离开邠州，李白又去往坊州。

坊州在长安北面二百里处，此时已是冬季，一路上白雪皑皑。李白和阎正字大部分时间是陪同坊州司马王嵩酒宴，赋诗助兴。一日，王嵩邀请二人一同登高赏雪，李白再次表达了自己的心愿，对着雪景赋诗言志，《酬坊州王司马与阎正字对雪见赠》曰：

游子东南来，自宛适京国。飘然无心云，倏忽复西北。访戴昔未偶，寻嵇此相得。愁颜发新欢，终宴叙前识。阎公汉庭旧，沉郁富才力。价重铜龙楼，声高重门侧。宁期此相遇，华馆陪游息。积雪明远峰，寒城锁春色。主人苍生望，假我青云翼。风水如见资，投竿佐皇极。

诗人说自己千里迢迢来到京城，因机缘巧合来到西北，就像随风飘浮的云。三人出行，就像《世说新语》记载的王子猷雪夜乘小船访戴安道一样，兴致勃勃。诗人再次表达了自己一直坚持的

"佐皇极"的理想。

游历邠州、坊州的几个月，好不容易解决了几个月的衣食问题，其他方面并没有什么进展，知音难遇、进身无门。回长安前，李白再次说明自己"愿一佐明主"的政治理想和人生态度，《留别王司马嵩》说：

> 鲁连卖谈笑，岂是顾千金。陶朱虽相越，本有五湖心。余亦南阳子，时为梁甫吟。苍山容偃蹇，白日惜颓侵。愿一佐明主，功成还旧林。西来何所为，孤剑托知音。鸟爱碧山远，鱼游沧海深。呼鹰过上蔡，卖畚向嵩岑。他日闲相访，丘中有素琴。

当年齐国的鲁仲连以超群的口才，谈笑退秦兵，并不是为了荣华富贵。范蠡做到相国，也没有忘记功成身退、退隐江湖。李白希望自己能够成为鲁仲连、范蠡这样的人物，期待自己像南阳诸葛亮，吟唱《梁甫吟》，得到君主的欣赏，走出茅庐，施展才华。东晋十六国时期的王猛是前秦丞相、大将军，与苻坚一见如故，论废兴大事，异常契合，辅佐苻坚扫平群雄，统一北方，被称作"功盖诸葛第一人"。可是李斯少年时，带着黄犬苍鹰在上蔡东门行猎，一如常人。王猛早年卖畚箕，只是平民。诗人想象自己成就宏伟事业后，寻访故地，还会看到自己山中隐居时的古琴。

四、浪迹市井

唐代长安，就是一座梦幻城市。

在诗人眼里，它是一座分不清尧与跖、令人又爱又恨的城

146

市：豪奢、享乐、尊贵、荒诞。他在《古风》等作中颇有描写，《古风》其四十六曰：

> 一百四十年，国容何赫然！隐隐五凤楼，峨峨横三川。王侯象星月，宾客如云烟。斗鸡金宫里，蹴鞠瑶台边。举动摇白日，指挥回青天。

大唐建立，至此已经有一百四十年，何其宏伟！但各种繁华的背后又隐藏着各种不平。其二十四曰：

> 大车扬飞尘，亭午暗阡陌。中贵多黄金，连云开甲宅。路逢斗鸡者，冠盖何辉赫。鼻息干虹蜺，行人皆怵惕。世无洗耳翁，谁知尧与跖？

《感寓》其二曰：

> 咸阳二三月，宫柳黄金枝。绿帻谁家子？卖珠轻薄儿。日暮醉酒归，白马骄且驰。意气人所仰，冶游方及时。

明皇喜游乐，善击毬，故有一批斗鸡者与优伶辈颇受宠幸。陈鸿祖《东城老父传》记"鸡神童"贾昌事甚详，有云"玄宗在藩邸时，乐民间清明节斗鸡戏。及即位，治鸡坊于两宫间。索长安雄鸡，金毫铁距、高冠昂尾千数，养于鸡坊。选六军小儿五百人，使驯扰教饲之。上之好之，民风尤甚。诸王世家、外戚家、贵主家、侯家倾帑破产市鸡，以偿鸡直（值）。都中男女以弄鸡为事。贫者弄假鸡。"《新唐书·王鉷传》曰："鉷子准为卫尉少卿，以斗鸡供奉禁中。"当时朝野游乐、斗鸡、豪纵、奢侈之风弥漫朝野。

李白个性豪放任性，在京城苦闷无聊，也时常饮酒游乐消遣。

唐代有所谓"北门军"，是皇家禁卫军。他们在宫城北面设置屯营，守卫长安北门即玄武门。最初他们是跟随李渊太原起兵过来的，在渭北白渠之下给予田宅，并移家口，又是父兄子弟递代的世袭军。唐太宗玄武门事变成功，与北门军有很大关系。玄宗为皇太子监国时，改组左右万骑左右营为龙武军，与左右羽林为北门四军，驻守长安北门。羽林军卫士，皆是六品以下官员的子孙及普通百姓没有其他职役的人担任。这些卫士"居常则皆习射，唱大角歌"，是要参加射箭军事训练，也有征戍镇防的任务。长安家境好的一些人家，都不愿子弟成守边疆，于是纳钱在羽林军中当兵，以至羽林军人数大增，每军增至数千人。这些人没事经常聚在城中游乐、喝酒、斗鸡。诗人混迹于长安，常能见到这些士兵。

不料一天，双方发生口角，李白任性倔强，据理力争，丝毫不想妥协。这些北门军的人仗着人多势众，非常豪横。他们知道李白是个落魄文人，就这样一个身无分文的人，却敢与他们对着干，抢他们的风头，那还了得！他们围住李白，恶语相向，拳脚相加，李白十五学剑术，哪肯服输，与他们打作一团。李白看不清，眼前只有无数张喷着唾沫的嘴和飞舞的拳脚，他也听不清，耳朵里只剩一片嘈杂。在场的人都围着看这场热闹。

诗人寡不敌众，被这帮人带回了北门军营。幸亏这消息传到了李白的好友陆调那里。陆调字牧臣，出身名门，是江东大族陆逊的后代，所谓"陆氏世英髦"，此时任江阳县令一职，听说这事后，"君开万丛人，鞍马皆辟易"，立刻想办法"捞人"。他四处奔波，终于请出御史台的人前来协调，北门军最终放了人。

多年以后，李白对朋友陆调一直心怀感激，在《叙旧赠江阳宰陆调》中回忆起这段往事：

> 太伯让天下，仲雍扬波涛。清风荡万古，迹与星辰高。开吴食东溟，陆氏世英髦。多君秉古节，岳立冠人曹。风流少年时，京洛事游遨。腰间延陵剑，玉带明珠袍。我昔斗鸡徒，连延五陵豪。邀遮相组织，呵吓来煎熬。君开万丛人，鞍马皆辟易。告急清宪台，脱余北门厄。间宰江阳邑，翦棘树兰芳。城门何肃穆，五月飞秋霜。好鸟集珍木，高才列华堂。时从府中归，丝管俨成行。但苦隔远道，无由共衔觞。江北荷花开，江南杨梅鲜。挂席拾海月，乘风下长川。多沽新丰醁，满载剡溪船。中途不遇人，直到尔门前。大笑同一醉，取乐平生年。

首叙周代太伯开创吴国，陆氏为吴郡世族，而陆调秉持古人高尚之节，品行在诸辈之中如山岳特立。其时年少，风流蕴藉，游历京洛之间。正当诗人身陷围困之中，"邀遮相组织，呵吓来煎熬"。"邀遮"谓阻截，"组织"谓构陷。幸亏陆调相救，"君开万丛人，鞍马皆辟易。告急清宪台，脱余北门厄"。陆调回到江阳做县令，治理井然有序。但君在江北扬州，李白在江南，"无由共衔觞"。新丰，丹阳县有新丰镇，长安也有"新丰美酒斗十千"。剡溪在浙江，好在终于相逢，"大笑同一醉，取乐平生年"。

五、落羽辞金殿

诗人跌入人生最低谷。

李白在开元十八年（730）春夏之间，也就是他三十岁的时候，从安陆前往长安，谋求出路。随之奔波于两京之间，又在长安南面的终南山和洛阳附近的嵩山隐居，又游历附近的邠州、坊州等地。在京活动一年时间，都无甚结果。这一时期，他写下的诗篇，有很多以不遇知音、深感失意为主题。在《赠新平少年》中说：

> 韩信在淮阴，少年相欺凌。屈体若无骨，壮心有所凭。一遭龙颜君，啸咤从此兴。千金答漂母，万古共嗟称。而我竟何为，寒苦坐相仍？长风入短袂，内手如怀冰。故友不相恤，新交宁见矜？摧残槛中虎，羁绁鞲上鹰。何时腾风云，搏击申所能？

诗中他想到汉代名将韩信的故事，韩信早年甘愿受胯下之辱，忍受各种欺凌，"屈体若无骨"，这样委曲求全，因为他"壮心有所凭"。韩信的"壮心"是什么，他坚信"一遭龙颜君，啸咤从此兴"，相信自己能够获得成功，事实上，他确实成就了自己的宏伟大业。这个"一遭龙颜君"的时刻，就是"韩信的时刻"，就是他命运的转折点、个人奋斗史上的转折点。韩信自己坚信自己的那个时刻一定会到来。韩信饿坏了，河边漂洗丝棉的大妈看见他，就给他饭吃。大妈漂洗数十天，韩信蹭饭数十天。韩信不好意思，谓漂母曰："吾必有以重报母。"母怒曰："大丈夫不能

150

自食，吾哀王孙而进食，岂望报乎！"韩信后封侯，召漂母，赐千金。李白借韩信讲自己，他相信自己一定会有"一遭龙颜君"的时刻，而事实上这是十年之后的事情，但这个"李白的时刻"还没有到来之前，得有多么坚定的信念，多么大的壮心！

但毕竟，这个时刻还没有到来，而且没来之前，谁知道究竟有没有这样的时刻，李白究竟有没有翻身的机会。李白自叹："而我竟何为，寒苦坐相仍？长风入短袂，内手如怀冰。"只能在苦寒之中煎熬，入冬而衣服短小，双手放在怀里就像捂着冰。他的境况很差，穷困潦倒。

跌跌撞撞，李白已经过了而立之年。走出川蜀以来，他摔倒，又爬了起来，爬起来，又摔倒。他和他的梦想，好像永远都隔着一座跨不了山、一片越不过去的海。他坚定地往前走着，勇闯过，努力过，也迷茫过、退缩过。一段路有一段路的深渊，在这一天天过去的时光中，最动人的，不是他坚定地往前走，而是满身泥泞、不安至极，退缩的心就算已经压到嗓子眼，他依然在前行。

开元十九年（731）春，李白离开长安。

深秋时节，李白到达洛阳，依旧是报国无门，前景黯淡。李白有名作《梁甫吟》作于此时。三国诸葛亮曾登上邓州（南阳）独乐山，作《梁父吟》，李白借此乐府古题以抒情。诗曰：

长啸梁甫吟，何时见阳春！

君不见，朝歌屠叟辞棘津，八十西来钓渭滨。宁羞白发照渌水，逢时壮气思经纶。广张三千六百钓，风期暗与文王亲。大贤虎变愚不测，当年颇似寻常人。

这一段讲西周初太公望遇周文王事，朝歌屠叟，指吕尚（即姜太公吕望）。他行年五十，卖食于棘津，年七十在商朝首都朝歌做屠夫，后而钓于渭阳之滨，文王举而用之，为天子师，最后封于齐。第二段讲汉代"高阳酒徒"郦食其遇高祖刘邦事：

> 君不见，高阳酒徒起草中，长揖山东隆准公。入门开说骋雄辩，两女辍洗来趋风。东下齐城七十二，指挥楚汉如旋蓬。狂客落拓尚如此，何况壮士当群雄！

郦食其，陈留高阳人。好读书，家贫落魄，无以为生计，为小吏。然县中贤豪不敢役使他，县中皆谓之狂生。沛公刘邦到了高阳传舍，使人召郦生。郦生进来，沛公正在让两女子为他洗足，郦食其则长揖不拜。后来楚汉相持，郦生建议刘邦联齐孤立项羽。郦食其到齐国游说，齐王田广以所辖七十余城归汉。隆准即高鼻，此指刘邦。狂客尚能得到知遇，更何况壮士。诗人接着感叹自己因谗人诋毁而不遇，曰：

> 我欲攀龙见明主，雷公砰訇震天鼓，帝旁投壶多玉女。三时大笑开电光，倏烁晦冥起风雨。阊阖九门不可通，以额扣关阍者怒。

七十屠夫能遇文王，高阳小吏能遇刘邦，独"我欲攀龙见明主"，却是"阊阖九门不可通，以额扣关阍者怒"。"阍者"指守门人。"攀龙"本指依附君主。《后汉书·光武帝纪》记载耿纯对光武帝刘秀说："天下士大夫捐亲戚，弃土地，从大王于矢石之间者，其计固望其攀龙鳞，附凤翼，以成其所志耳。"攀龙附凤本是比

152

喻依附君主建立功业，后泛言一般性的依附。又曰：

> 白日不照我精诚，杞国无事忧天倾。獫狁磨牙竞人肉，
> 驺虞不折生草茎。手接飞猱搏彫虎，侧足焦原未言苦。智者
> 可卷愚者豪，世人见我轻鸿毛。力排南山三壮士，齐相杀之
> 费二桃。吴楚弄兵无剧孟，亚夫哈尔为徒劳。
>
> 梁甫吟，声正悲。张公两龙剑，神物合有时。风云感会
> 起屠钓，大人岘屼当安之。

君主不理解我之精诚，以为我是杞人忧天，那我何苦身履艰险，
忍受痛苦，受到鄙视而不隐退呢！獫狁，古代神话中一种吃人的
野兽。驺虞，神话中的仁兽，白质黑纹，不伤人畜，不践踏生
草。诗人自比驺虞，竟然遇吃人的怪兽。搏打飞猱，抗击彫虎，
侧足焦原，都未曾退缩。虽有权臣排斥人才，但西汉周亚夫平吴
楚之乱仍是需要如剧孟这样的人才。

《晏子春秋·内篇谏下第三》记载：齐景公手下有公孙接、
田开疆、古冶子三勇士，皆力能搏虎，却不知礼义，冒犯了相国
晏婴。晏婴建议齐景公不用他们，请景公赠送两只桃子给三勇
士，计功而食桃，功劳最大的两人可分桃。公孙接、田开疆都拿
了桃子，但他们很快意识到自己勇不如古冶子、功不如古冶子，
而取桃不让，是贪婪，贪而不死，是无勇。于是皆自刎而死。古
冶子以为，两人已死，我独活着，不仁。痛恨自己的行为而不
死，无勇。亦自刎而死。所以诗人称三壮士，"齐相杀之费二
桃"，用了两个桃子就把三壮士杀了。

"张公两龙剑"说的是西晋张华的故事。初，吴国未灭，斗
牛星宿之间常有紫气，有道术的人都以为这是吴国强盛的标志，

不可攻打。唯独张华不以为然。等平定吴国之后，紫气愈明。张华听说豫章人雷焕妙达星象，乃邀请雷焕一同住宿，屏人曰："可共寻天文，知将来吉凶。"因登楼仰观，焕曰："我观察很久，惟斗牛之间颇有异气。"张华曰："是什么征象？"焕曰："地上的宝剑之精，上彻于天。"张华因问："宝剑在何郡？"焕曰："在豫章丰城。"张华曰："那就委屈你到那里做县官，秘密寻找宝剑，可乎？"焕许之。张华大喜，任命雷焕为丰城令。焕到县，掘屋基，入地四丈多，得一石函，光气非常，中有双剑，并有刻题，一曰龙泉，一曰太阿。当天晚上，斗牛之间的紫气就不见了。雷焕以南昌西山北岩下的泥土来擦拭剑身，顿时，光芒艳发。大盆盛水，置剑其上，视之者精芒炫目。雷焕派遣使者将其中一把剑和泥土赠送给张华，留了一柄自佩。有人对雷焕说："得两送一，张公岂可欺乎？"焕曰："本朝将乱，张公当受其祸。此剑会像延陵季子的剑一样，系在徐君的墓树上。灵异之物，终当化去，不会永远佩戴在人身上。"张华得剑，非常珍爱，常置座侧。他以为南昌土不如华阴赤土，给雷焕写信说："详观剑文，乃干将剑也，莫邪剑何复不至？虽然，天生神物，终当合耳。"寄送华阴土一斤给焕。焕更换此土拭剑，倍益精明。张华被诛，失剑所在。雷焕去世，他的儿子雷华为州从事，持剑经过延平津，宝剑忽于腰间跃出坠水，使人潜水取之，不见剑，但见两龙各长数丈，缠绕有花纹，潜水者恐惧而返。须臾光彩照水，波浪惊沸，于是失剑。雷华叹曰："先君化去之言，张公终合之论，此其验乎！"张华两神剑，终当会合；姜太公终究会遇上文王。诗最后表明应安守困境，机遇终会来临，悲凉之中不失豪迈之气。

清人方东树《昭昧詹言》曰："此是大诗，意脉明白而段落迷离莫辨。"吴闿生称此诗"雄奇峻伟，韩公（韩愈）所谓光焰

154

万丈者也。通体设喻，所以错落而雄深。"正概括了此诗的特点。

洛阳附近有一名胜叫龙门，传说是大禹疏导洪水时开凿龙门山留下的遗迹。李白在龙门一带逗留到冬天。一日饮酒大醉，宿于客栈，但半夜时分，诗人忽然惊醒，于是起身开窗，寒风阵阵，晓雪河冰。李白无限感慨，作《冬夜醉宿龙门觉起言志》诗：

> 醉来脱宝剑，旅憩高堂眠。中夜忽惊觉，起立明灯前。开轩聊直望，晓雪河冰壮。哀哀歌苦寒，郁郁独惆怅。傅说板筑臣，李斯鹰犬人。欻起匡社稷，宁复长艰辛。而我胡为者？叹息龙门下。富贵未可期，殷忧向谁写？去去泪满襟，举声梁甫吟。青云当自致，何必求知音？

杜甫诗歌沉郁顿挫，多写愁苦生活；李白诗歌清雄豪放，好叙奢华场面。然而李白自有与杜甫一样失意落魄的日子，这首诗颇能见出李白生活真实的一面。杜甫《奉赠韦左丞二十二韵》中说："朝扣富儿门，暮随肥马尘。残杯与冷炙，到处潜悲辛。"李白诗中很少这样说。应时《李诗纬》卷一曰："太白纵作失意之声，亦必气概轩昂，若杜子则不然。"杜甫揭开创伤让别人看；李白走投无路，只是说："大道如青天，我独不得出。"诗人寸步难行，只是说："欲渡黄河冰塞川，将登太行雪满山。"紧接着，又唱出充满信心与期待的歌声："长风破浪会有时，直挂云帆济沧海！"他相信，总有一天能够乘长风破万里浪，挂上云帆，横渡沧海，到达理想的彼岸。诗人含泪的笑容多么让人感动！不能不把他的《行路难》其一读一遍：

金樽清酒斗十千，玉盘珍羞直万钱。停杯投箸不能食，拔剑四顾心茫然。欲渡黄河冰塞川，将登太行雪满山。闲来垂钓碧溪上，忽复乘舟梦日边。行路难，行路难。多歧路，今安在？长风破浪会有时，直挂云帆济沧海！

《行路难》其二曰：

大道如青天，我独不得出。羞逐长安社中儿，赤鸡白狗赌梨栗。弹剑作歌奏苦声，曳裾王门不称情。淮阴市井笑韩信，汉朝公卿忌贾生。君不见昔时燕家重郭隗，拥篲折节无嫌猜。剧辛乐毅感恩分，输肝剖胆效英才。昭王白骨萦蔓草，谁人更扫黄金台？行路难，归去来！

大道如青天一样，那还有什么走不通的呢？还有什么走不出去的呢？但诗人就像被困住了，哪里也出不了。他用青天来形容大道的宽阔，照说这样的道路可以畅行无碍，事实却是"我独不得出"，可见诗人深重的苦闷。乡里小儿飞黄腾达，无用之人春风得意。唐代上层社会喜欢斗鸡，以此进行游戏或赌博。唐玄宗曾在宫内造鸡坊，斗鸡的小儿因而得宠。当时有"生儿不用识文字，斗鸡走狗胜读书"的民谣。如果要去学斗鸡，是可以交接一些纨绔子弟，在仕途上打开一点门路的。但李白对此嗤之以鼻，真正有雄才大略的不受重视，"弹剑作歌""曳裾王门"，毫无结果。汉代有勇有谋的韩信当年也受到嘲笑，天才贾谊也受到公卿的排挤。但古代贤士还是有机会受到礼遇，得到重用。

燕国被攻破之后，燕昭王即位，想招揽天下贤才来共事，以雪先王之耻。郭隗曰："王必欲致士，先从隗始。况贤于隗者，岂远千里哉！"必欲礼贤下士，先从我郭隗开始。比我更有本事的人，就会不远千里而来。燕昭王为郭隗专门建造豪宅，拜他为师。消息传开，乐毅从魏国而来，邹衍从齐国而来，剧辛从赵国而来，人才争先恐后来到燕国。燕昭王又筑燕台（旧址今河北易县南），置千金于台上，延引天下贤士。李白《古风·燕昭延郭隗》曰：

> 燕昭延郭隗，遂筑黄金台。剧辛方赵至，邹衍复齐来。
> 奈何青云士，弃我如尘埃。珠玉买歌笑，糟糠养贤才。方知
> 黄鹄举，千里独徘徊。

在李白心中，盛世大唐，有为的青年人进取之道应该宽广如青天，可是等他到了京城，才发现无论怎么努力都难以找到出路。"奈何青云士，弃我如尘埃"，有能力的青云之士，仿佛都抛弃了我。他们宁愿花费重金用于歌笑享乐，也不愿招纳贤才。

中国古代，进入社会上层的通道只有依附于权力，成为官僚阶层中的人物，才有可能。虽然当时也有工商行业，但行业领域内的成功仍然无法获得较高的社会地位。如李白这样的读书人，不通过科举步入仕途，则只有通过结交达官贵人以期获得进身。社会贤达就是所谓的"青云士"，即在顶端的人物。司马迁《史记·伯夷列传》曰："闾巷之人欲砥行立名者，非附青云之士，恶能施于后世哉！"旧注说："砥行修德在乡闾者，若不托贵大之士，何得封侯爵赏而名留后代也。"司马迁说的主要是青史留名，必须依托青云之士的称赞，而现实当中步入仕途，也必须借助青云士。燕昭王就是郭隗、乐毅、邹衍、剧辛的青云士，但是"昭王白骨萦蔓草，谁人更扫黄金台"！李白感慨，在自己的这个时

代，已经没了燕昭王，黄金台也废弃了，青云士"弃我如尘埃"。诗人无奈，千里徘徊，只能发出"行路难，归去来"的感叹。

《行路难》其三曰：

> 有耳莫洗颖川水，有口莫食首阳蕨。含光混世贵无名，何用孤高比云月？吾观自古贤达人，功成不退皆殒身。子胥既弃吴江上，屈原终投湘水滨。陆机雄才岂自保？李斯税驾苦不早。华亭鹤唳讵可闻？上蔡苍鹰何足道？君不见，吴中张翰称达生，秋风忽忆江东行。且乐生前一杯酒，何须身后千载名！

行路太难，诗人遂生隐退的念头。全诗仿佛是在用各种历史故事劝说自己。尧让天下于许由，又召他为九州长，许由不想听到这消息，用颖川水洗耳。诗人说，不要学许由用颖川水洗耳，也无须效仿伯夷、叔齐隐居首阳、采薇而食。生活只能韬光养晦，和光同尘，无须清高自比云与月。贤达之士，皆是功成身退，否则难以保身。

伍子胥不能自行隐退而死于非命。他是春秋吴国大夫，吴王闻子胥怨恨，赐剑，子胥伏剑而死。吴王乃取子胥尸，盛以鸱夷之器，投之于江中。屈原抱石自沉汨罗江中。晋代陆机富有才略，也无法自保，临终叹曰："华亭鹤唳，岂可复闻乎！"秦代李斯临刑自叹，乃上蔡（今属河南）布衣，位极人臣，虽知物极则衰、物禁大盛，而未能税驾。税驾，即脱驾，马匹解驾休息。谓其中子曰："吾欲与若（你）复牵黄犬俱出上蔡东门逐狡兔，岂可得乎！"只有吴中张翰能够明哲保身，见形势不好，借故见秋风起，乃思吴中菰菜、莼羹、鲈鱼脍，曰："人生贵得适志，何能羁官数千里，以邀名爵乎！"遂命驾而归。人们说他不为自己的声名着想，张翰曰："使我有身后名，不如即时一杯酒。"诗人响应张翰的说法："且乐生前一杯酒，何须身后千载名！"杜甫《梦李白二首》其二就说："千秋万岁名，寂寞身后事。"诗人们都有类似的看法。

人多以为《蜀道难》或是这一时期的作品，借蜀道之艰险喻世路之坎坷。诗曰：

噫吁嚱，危乎高哉！蜀道之难，难于上青天！蚕丛及鱼凫，开国何茫然！尔来四万八千岁，不与秦塞通人烟。西当太白有鸟道，可以横绝峨眉巅。地崩山摧壮士死，然后天梯石栈相钩连。上有六龙回日之高标，下有冲波逆折之回川。黄鹤之飞尚不得过，猿猱欲度愁攀援。青泥何盘盘，百步九折萦岩峦。扪参历井仰胁息，以手抚膺坐长叹。

问君西游何时还？畏途巉岩不可攀。但见悲鸟号古木，雄飞雌从绕林间。又闻子规啼夜月，愁空山。蜀道之难，难于上青天，使人听此凋朱颜！连峰去天不盈尺，枯松倒挂倚绝壁。飞湍瀑流争喧豗，砯崖转石万壑雷。其险也若此，嗟尔远道之人胡为乎来哉！

剑阁峥嵘而崔嵬，一夫当关，万夫莫开。所守或匪亲，化为狼与豺。朝避猛虎，夕避长蛇。磨牙吮血，杀人如麻。锦城虽云乐，不如早还家。蜀道之难，难于上青天，侧身西望长咨嗟！

陆时雍说这首诗"近赋体，魁梧奇谲，知是伟人"。放眼诗歌史，差不多找不到同类，它太独特了。殷璠《河岳英灵集》说李白诗文"率皆纵逸，至如《蜀道难》等篇，可谓奇之又奇。然自骚人以还，鲜有此体调也"。传说李白初见贺知章，呈上自己的《蜀道难》一篇，贺知章还没读完，就赞叹不已，称"公非人世之人，可不是太白星精耶"。有学者认为此诗有深刻的寓意，或说讽刺严武、讽刺章仇兼琼，还有说讽刺玄宗入蜀，但多数学者认为此诗即事成篇，别无寓意。诗好，有时并不需要带上什么历史寓意，它本身就好。沈德潜说"'锦城虽云乐，不如早还家'，是其主意"。也许是的。

六、哀怨起骚人

失意造就诗人，大失意造就大诗人。

李白离开长安，乘舟自黄河东下。他在《上安州裴长史书》结尾中声称"何王公大人之门，不可以弹长剑乎"，但现实却给了他当头一棒，世上就没有什么青云士。他体会到了那些来到京城寻求出路人的苦闷，有一种陷入一摊浑水中的感觉，四周一片浑浊，没有一丝光亮，想逃，却挣脱不了。他不知道应该去往何处：既不能留在长安，也不能回到安陆。

这一时期的经历在李白的人生中，似乎显得尤为暗淡。李白失意后的漫游，像是重新找寻自己。人生失意之时，才能看清一个人精神的归处。

李白的归宿，不是远在西南的生长地，不是妻儿所在的安陆，而是山林。李白从小在山中长大，戴天山伴随他度过了二十年。唐代的山林，早已形成了一套完整的生存体系，这套体系不同于庙堂的行事法则。他们以道术、佛理精神为基础，在共同的精神世界中沟通交流。山林之中强调灵魂的契合，忽略了现世的身份、权力、财富。山林不同于庙堂，但二者又不是截然割裂，士人可以从庙堂退隐山林，高士也因道术的高超从山林前往庙堂。

重回山林，李白如同回到了江海的鱼，自由自在。十年的干谒，诗人仿佛像鱼一样搁浅岸边，艰难地喘气。长安一行，促使他回到山水之中，修复破碎的精神世界。

离开京城，他乘舟自黄河东下，经过开封，到达宋城（今河南商丘），游览梁园遗迹古平台（故址在今河南商丘）。游赏之际，他写下了《梁园吟》：

> 我浮黄河去京阙，挂席欲进波连山。天长水阔厌远涉，访古始及平台间。平台为客忧思多，对酒遂作梁园歌。却忆蓬池阮公咏，因吟"渌水扬洪波"。洪波浩荡迷旧国，路远西归安可得！人生达命岂暇愁，且饮美酒登高楼。平头奴子摇大扇，五月不热疑清秋。玉盘杨梅为君设，吴盐如花皎白雪。持盐把酒但饮之，莫学夷齐事高洁。昔人豪贵信陵君，今人耕种信陵坟。荒城虚照碧山月，古木尽入苍梧云。梁王宫阙今安在？枚马先归不相待。舞影歌声散渌池，空余汴水东流海。沉吟此事泪满衣，黄金买醉未能归。连呼五白行六博，分曹赌酒酣驰晖。歌且谣，意方远。东山高卧时起来，欲济苍生未应晚。

这首诗是他的当时心情的真实写照。诗人想到自己前途未卜，离妻别子，身在异乡，自问"路远西归安可得"？不禁愁云满布。他想起阮籍《咏怀诗》："徘徊蓬池上，还顾望大梁。渌水扬洪波，旷野莽茫茫。……羁旅无俦匹，俯仰怀哀伤。"今人古人，先后相望，遭遇相似，共怀哀伤！诗人不禁愁云满布，如今自己前途未卜、离妻别子、身在异乡，长安和自己，又好像隔着难以翻越的千山万水，比终南山还高，比黄河还难渡。

但诗人笔锋一转，提出"人生达命"来抚慰内心的忧伤。"达命"就是知命，理解命运，就是能够透过人生表面的现象，从根本上看到贵贱、穷通、荣辱、贫富等现象对于生命的无差别性："昔人豪贵信陵君，今人耕种信陵坟"；"梁王宫阙今安在？枚马先归不相待。"

战国时期魏国的信陵君当年名闻天下，如今人们却在他的墓地上种庄稼。他当时是何等风光，身旁摇着扇子的平头奴子，送来了微风，将炎热的五月变成了凉爽的清秋，侍女用玉盘端着新鲜的杨梅和吴盐来到殿里，信陵君吃水果饮美酒，无比痛快。如今也改变不了他的墓地成为百姓的耕地。梁园宫殿早已灰飞烟灭，枚乘、司马相如当时都是梁王的宾客，备受宠幸，如今也早已不在人间。达命就是透过这些表面现象，看到生命的本质。能够人生达命，那么所有的忧愁、哀伤就能够得到缓解。所以诗人说："人生达命岂暇愁！且饮美酒登高楼。"

诗的结尾处，李白还是念念不忘他的终身志向："东山高卧时起来，欲济苍生未应晚。"东晋谢安富有政治才能，但屡征不起，高卧东山。时人都说："安石不肯出，将如苍生何？"四十多岁，始任桓温的司马。淝水之战，他扭转乾坤，建功立业，青史留名。李白以谢安自许，渴望能像谢安那样，实现"济苍生"的梦想。

从宋城，经荥泽，秋到嵩山。洛阳附近的嵩山是道教的圣地，李白的好友元丹丘就住在嵩山。元丹丘是著名的道士，本出身官宦之家，科考落第之后，潜心老庄清净无为之学，钻研神仙方术，过着隐居的生活。元丹丘新置别业颍阳山居，周围群山连绵，云岩掩映，环境颇佳。

李白来到元丹丘的别业颍阳山居，作有《题元丹丘颍阳山居》诗并序，序云："丹丘家于颍阳，新卜别业。其地北倚马岭，连峰嵩丘，南瞻鹿台，极目汝海，云岩映郁，有佳致焉。白从之游，故有此作。"此处群山连绵，云岩掩映，环境极佳。李白诗云："仙游渡颍水，访隐同元君。忽遗苍生望，独与洪崖群。"可见元丹丘本有用世之志，与李白志趣相仿，两人交游甚契。

在嵩山，李白、元丹丘以及元丹丘的好友岑勋终于聚在一起。三人志趣相投，相谈甚欢。李白《将进酒》一诗，透露出他们三人共同的志趣以及诗人对人生的深切感悟，更关键的是，《将进酒》以及这一时期的《梁甫吟》《行路难》《蜀道难》等作品的问世，说明李白的风格成熟了。《将进酒》诗曰：

> 君不见，黄河之水天上来，奔流到海不复回。君不见，高堂明镜悲白发，朝如青丝暮成雪。人生得意须尽欢，莫使金樽空对月。天生我材必有用，千金散尽还复来。烹羊宰牛且为乐，会须一饮三百杯。岑夫子，丹丘生。将进酒，杯莫停。与君歌一曲，请君为我倾耳听。钟鼓馔玉不足贵，但愿长醉不复醒。古来圣贤皆寂寞，惟有饮者留其名。陈王昔时宴平乐，斗酒十千恣欢谑。主人何为言少钱，径须沽取对君酌。五花马，千金裘，呼儿将出换美酒，与尔同销万古愁。

诗句文字本身并没有温度，如果你愿意，可以读出声音字符；但诗却可以引出本来没有呈现出来的文字，透过这些文字或声音，我们能够感受到诗人的感受与热望，他的激情与想象，这是诗人的创造。我们能够感受到，但不知道诗人是如何通过语言，如何仅仅通过寂静无声的诗句，向我们传达出他当时的境遇，当时真切的感受。

通读下来，你会发现诗歌开首两个长句，如天风海雨，扑面而来："君不见，黄河之水天上来，奔流到海不复回。"你眼前顿时出现黄河之水以巨大的落差，从天而降，一泻千里，东走大海的情景。巨浪滔天，波澜壮阔，一波未平，一波紧接："君不见，高堂明镜悲白发，朝如青丝暮成雪。"人生苦短，这个道理我们不知道吗？我们知道呀，但我们已经被诗歌开篇的气势推动，鼓动起来，

"人生得意须尽欢"，我们不知道吗？我们知道呀！"天生我材必有用。"我们不知道吗？这是我们多少次想说而没有说出口的自信。"千金散尽还复来。"我们不知道吗？我们知道呀，这是我们多少次的梦想，诗人帮我们说出来了。"烹羊宰牛且为乐，会须一饮三百杯。岑夫子，丹丘生。将进酒，杯莫停。"我们不知道吗？这不正是我们在酒席上经常说的话吗？

整个诗里面都是我们已经知道的东西，都是我们梦想的东西，都是我们想说而说不出来的东西。所以李白的诗歌并不是要告诉我们某个我们不知道的道理，而是让我们直接感受到他的感慨，不是想象他的慷慨激昂，而是用诗推动我们进入慷慨状态之中。

此时所有的文句分析，典故解释，音韵标注，修辞阐释，都显得那么苍白，因为它们不属于慷慨的范畴。只有处于慷慨激昂当中，处于感性支配的范畴，才进入这首诗，才属于这首诗，才在深层的意义上到达这首诗，才在深刻的意义上直接面对诗人，理解诗人。这首诗就是慷慨本身，就是诗人的人格呈现。所以阅读了这首诗，你能够感受到慷慨，你就进入李白的诗境，仿佛你

喝了酒就进入到一种醉酒的状态。

李白的诗不是写出来的，不是咬文嚼字、字斟句酌苦吟出来的，而是活泼泼的感性直接显现出来，激情借着歌声喷涌而出。

人总是处在一定的感知感性水平上，不同的感性姿态下我们运用理智的水平也不一样。平静的时候，我们能够比较冷静地说话；慌张的时候，我们说话往往语无伦次；强烈激动的时刻，我们也许就说不出话来。有的人"慌不择路"，但有的人却能够"急中生智"，所以对于有的人来说，高亢、紧急、激动状态是能力发挥、智能调动的阻碍，但对于另一些人来说，却是能力、智能充分调动的催化剂。

对于大多数诗人而言，他们是在一种感性水平上组织诗句，写出优美的诗篇，如果没精打采，肯定写不出诗；但过于激动，同样写不好诗。尽管很多理论家都强调，文学家、艺术家从事创作更多需要的是冷静与理性，但我们在李白那里，看到的却是另一幅景象，李白完全处于一种激动的状态，处于高度的激情状态时，正是他创作最好的时刻。这种状态最适合他的七言歌行，奔放自由，无拘无束。

诗人在这种激情状态下组织诗句的知性水平完全不同于我们一般冷静时的认知，往往超越了我们的想象，因为多数人在高度激情状态下的知性、理智基本处于不工作的状态，所以我们不能想象那些诗句是从哪里来的，而李白的天才恰恰是在异常激情慷慨的状态下才会充分启动，才能充分展现。他激情创作的诗歌往往使我们感到惊讶，很多诗论者概括李白诗歌最突出的特点就是"奇"。皮日休说得好，李白诗能够"言出天地外，思出鬼神表"，胡应麟也说他的诗"出鬼入神，惝恍莫测"，完全超出了我们一般人的想象：

弃我去者，昨日之日不可留；乱我心者，今日之日多烦忧。（《宣城谢朓楼饯别校书叔云》）

　　树杂日易隐，崖倾月难圆。（《安陆白兆山桃花岩寄刘侍御绾》）

　　百年三万六千日，一日须倾三百杯。（《襄阳歌》）

　　平头奴子摇大扇，五月不热疑清秋。（《梁园吟》）

用沈德潜的话说是"从心化出"的诗句。这类诗句，明白如话，却又奇妙无比，不禁使人想问，它们究竟是怎样从诗人的脑海中酝酿而成的。也就是说，按照常态下的理智，我们无法得出这些诗句可以解释的线索。我们给出的解释是"激情之中诗才的发挥"。他的许多诗歌色泽明丽，意象丰富，想落天外，每每出人意料。历代诗人、诗论家相当一致地认为，李白这种创作才能得之于"天授"，而非"人力"所能到达，即真正所谓"天人""天才"。也正因此，李白的诗歌无迹可寻，不可揣摩，也不可模仿。

七、移家东鲁

离开长安后的几年，李白主要居住在安陆，并以安陆为中心，时时游历各地。四十岁时，夫人去世，移家东鲁。

开元二十一年（733），李白三十三岁。在安陆期间，他曾往白兆山修建隐所，《安陆白兆山桃花岩寄刘侍御绾》诗云：

　　云卧三十年，好闲复爱仙。蓬壶虽冥绝，鸾凤心悠然。

归来桃花岩，得憩云窗眠。对岭人共语，饮潭猿相连。时升翠微上，邈若罗浮巅。两岑抱东壑，一嶂横西天。树杂日易隐，崖倾月难圆。芳草换野色，飞萝摇春烟。入远构石室，选幽开山田。独此林下意，杳无区中缘。永辞霜台客，千载方来旋。

诗人说自己"云卧三十年"，实际上他也就三十岁出头时写的这首诗。诗人举其成数，并且夸张而言。但有两个细节值得注意，一是"入远构石室"，他修建了一个石室，看起来是个隐居的地方。二是"选幽开山田"，找一块僻静之地开荒种地。唐代允许开荒种地，谁开垦的地就归谁，还可以免五年的租税。此诗景色描写富有特色："树杂日易隐，崖倾月难圆。""对岭人共语"也写得极为生动。李白是真心喜欢这种安静的田园生活。失意之时，隐居是最好的去处，也是最好的安抚。

开元二十二年（734），李白到达襄阳，拜见大都督府长史兼襄阳刺史韩朝宗，写下著名的《与韩荆州书》。韩朝宗喜好提携青年，许多有才能的人都投奔其门下，当时就流行着"生不愿封万户侯，但愿一识韩荆州"的说法。李白文中说：

> 白闻天下谈士相聚而言曰："生不用万户侯，但愿一识韩荆州。"何令人之景慕一至于此耶！岂不以有周公之风，躬吐握之事，使海内豪俊奔走而归之，一登龙门，则声誉十倍。所以龙盘凤逸之士，皆欲收名定价于君侯。愿君侯不以富贵而骄之，寒贱而忽之，则三千宾中有毛遂，使白能颖脱而出，即其人焉。

毛遂是战国时期赵国平原君的门客，曾自荐于平原君。平原君说：贤士处世，譬如锥子装在囊中，锥尖立刻就能刺破布囊露出来。但你来了三年，没有看见你有什么作为。毛遂说：因为没有把我装入囊中，早使我处于囊中，乃脱颖而出。后来他果然为赵国争得了荣誉。人们都说毛遂"三寸之舌，强于百万之师"。李白自信是即将脱颖而出的毛遂。诗人接着说：

> 白陇西布衣，流落楚汉。十五好剑术，遍干诸侯；三十成文章，历抵卿相。虽长不满七尺，而心雄万夫。王公大人许以气义。此畴曩心迹，安敢不尽于君侯哉！君侯制作侔神明，德行动天地，笔参造化，学究天人。幸愿开张心颜，不以长揖见拒。必若接之以高宴，纵之以清谈，请日试万言，倚马可待。今天下以君侯为文章之司命，人物之权衡，一经品题，便作佳士。而君侯何惜阶前盈尺之地，不使白扬眉吐气，激昂青云耶？

韩朝宗以好士著称，李白极力称赞他的道德文章，并说只要他设宴款待，听其清谈，或者让自己赋诗作文，立刻可以看出自己的才能。又称他是士林宗主，士子一旦经过他的评价"品题"，"便作佳士"而身价百倍，那么，韩荆州何必在乎一个小官的职位，而不使李白"扬眉吐气，激昂青云"呢！但此事最终没有结果。

开元二十三年（735），李白应挚友元演的邀请，游太原。次年，在太原，游雁门关，南下洛阳，与元丹丘见面。秋，至嵩山元丹丘处，结识岑勋。南返途经襄阳时，与孟浩然再会。开元二十六年（738），李白春游南阳，访嵩山元丹丘，游陈州、楚州（今江苏省淮安）、宋城等。第二年，春至初夏，在楚州之安宜

（今江苏省宝应）。夏，漫游于吴地（今江苏省苏州）一带，至杭州。秋，逆江西上，经当涂（今安徽当涂），到荆州，至岳州巴陵（今湖南省岳阳），适逢王昌龄被贬谪岭南，二人会晤。

王昌龄是名动京城的诗人，其边塞诗《出塞》："秦时明月汉时关，万里长征人未还。但使龙城飞将在，不教胡马度阴山。"最为有名，脍炙人口。他三十岁时进士及第，授秘书省校书郎，后应博学宏词科登第，迁河南汜水（今河南荥阳汜水）县尉。后因事获罪，被贬岭南。此时遇赦北还，与李白在巴陵相遇。王昌龄有《巴陵送李十二》诗。

王昌龄本来想在襄阳与孟浩然相见，不幸孟浩然因病去世。没有想到在巴陵意外遇见李白，两人一见如故。王昌龄有诗《巴陵送李十二》相赠。李十二即李白，李白排行十二。唐人习惯以排行相称。诗曰："摇曳巴陵洲渚分，清江传语便风闻。山长不见秋城色，日暮蒹葭空水云。"后来王昌龄又受谤毁，被贬为龙标（今湖南黔阳）县尉。李白特意写诗《闻王昌龄左迁龙标遥有此寄》相赠，予以安慰。诗曰：

　　杨花落尽子规啼，闻道龙标过五溪。我寄愁心与明月，随风直到夜郎西。

近二十年后，安史之乱起，王昌龄由贬所赴江宁，后为濠州刺史闾丘晓所杀。

这年冬天，诗人自巴陵归安陆。

开元二十八年（740）李白四十岁那年，夫人许氏不幸去世。李白与许氏生有一子一女：儿子名伯禽，女儿叫平阳。李白为孩子取名非常特别，都有一定的寓意。

我们知道，周公的长子叫伯禽，人以为李白不大可能给儿子取名伯禽，而自比儒家圣人周公，但李白正有着不羁的个性。伯禽的小名叫明月奴，李白的妹妹叫月圆，都与月有关。古人以为，日出于东，月生于西，月象征着西方。"月圆""明月"都包含着对出生之地西域的怀恋。南北朝人的小名多用"奴"字，成了昵称。明月奴即指从西方来的小家伙。

李白给女儿取名平阳。汉武帝在他的姐姐平阳公主家中，遇见舞姬卫子夫。卫子夫后以歌舞得宠，成为皇后，后世即以"平阳"表示能歌善舞的女子。李白给女儿取名"平阳"，希望其热爱音乐歌舞，也是可以理解的。

夫人去世后，李白在许家住不下去了。他带着两个孩子，到齐鲁（今山东）一带，在任城和沙丘（今山东济宁附近）居住。李白先后与一个女子刘氏以及东鲁当地的妇人同居，请其照顾孩子。与后者生有一子，取名颇黎。后来，李白再娶宗氏女。

移家东鲁后，李白游历兖州（今属山东省）各地，当地有徂徕山，是逸人栖隐的名山，高士王希夷曾隐居在这里。开元十四年（726）唐玄宗巡游到此，令州县致礼王希夷，大臣"访其道义"，下诏褒奖高士，以中散大夫守国子博士。徂徕山属泰山支脉，君主封禅泰山，造访徂徕，隐者声名便能上达天听。孔巢父早年隐居徂徕山，李白不久与韩准、裴政、孔巢父、张叔明、陶沔等结交，隐于徂徕山，纵酒酣歌，魏晋有竹林七贤，世人于是称他们为"竹溪六逸"。

到东鲁后，李白广泛结交当地的闻达名流。裴敬在《翰林学士李公墓碑》中说，李白"常心许剑舞裴将军，予曾叔祖也。尝投书曰：如白，愿出将军门下"。裴将军即裴旻。裴旻将军以剑法闻名，他多次参与对契丹和吐蕃的战争，立下赫赫战功，王维

170

《赠裴旻将军》说："腰间宝剑七星文，臂上雕弓百战勋。"传闻裴旻母亲去世，他请画家吴道子作壁画超度亡魂。裴将军一曲"剑舞"，酣畅淋漓，吴道子挥毫图壁，如有神助。李白前往府上，向裴将军请教剑术，原做裴将军弟子。诗人由此结识裴将军的侄子裴仲堪，有《早秋赠裴十七仲堪》诗。

诗人辗转各地，与朋友、官员见面，等待着那个不知道何时会降临的命运转折点。

李白此时已经四十岁，在社会上闯荡了二十年，对世态炎凉、人情世故有很多的了解，见多识广而心智随之成熟。这种成熟表现在他对自己的判断、对自己的评价更为准确，对社会上各种事物看得非常透彻。诗人非常清楚自己的天才所在，也经常遇到社会上各种庸人造成的困扰。这一时期，他的诗歌当中出现了非常明显的讽刺嘲笑。从某种意义上来说，嘲讽，是天才最常见的表情。

齐鲁文化和江南文化大有不同，文人风格也有很大差异。鲁地作为孔孟故乡，不仅儒家伦理、传统礼仪盛行，学者也热衷于钻研儒家经典，汉唐皆重视经学的章句之学。所谓章句之学就是对经文的字句解释。与章句之学相对的是义理之学，偏重对经文的哲理理解。李白《嘲鲁儒》曰：

> 鲁叟谈《五经》，白发死章句。问以经济策，茫如坠烟雾。足著远游履，首戴方山巾。缓步从直道，未行先起尘。秦家丞相府，不重褒衣人。君非叔孙通，与我本殊伦。时事且未达，归耕汶水滨。

自然科学知识本身的探索通常与社会环境、历史发展没有太多直接关联，但人文知识不同，人文知识既有恒常不变的经验，也有随着特定社会历史、文化环境的变化而变化的内容，因此人文知识总是需要与特定的历史文化与当代时事结合起来理解。如果仅仅盯着文本的文字，所谓"白发死章句"，皓首穷经，过分放大文字训诂的重要性而忽略了文本与社会之间的联系，那么这种研究就失去了现实的意义，文本本身也得不到充分地理解。李白批评的正是"时事"未达，"问以经济策，茫如坠烟雾"的学究式的研究，"与我本殊伦"的反对态度，正体现诗人经世致用的主张。

对很多世事，李白都表现出独立的观察与思考，而不是人云亦云。自汉代独尊儒术之后，孔孟圣人，皆不可轻议。不过中古时期人们对孔子的尊崇还没有到十分教条的程度，偶尔还有"非汤武而薄周孔"的言论。就像孔子弟子一样，尊崇孔子，编撰《论语》，但没有想到要把"楚狂接舆歌而过孔子""前言戏之耳"之类悉数删除，以维护其圣人的形象。司马迁《史记·孔子世家》中也没有回避孔子在郑国东门如"丧家犬"的故事。孔子正以人们能够理解、接受的人性而产生巨大的思想史意义。

李白很清楚孔子在思想史上的崇高地位。他在《崇明寺佛顶尊胜陀罗尼幢颂并序》中说："礼乐大坏，仲尼不作，王道其昏乎！"《武昌宰韩君去思颂碑并序》中又说："仲尼大圣也，宰中都而四方取则。"诗人都遵循传统对孔子的评价，也认可这样的评价。但李白又有比较独立、比较客观的见解。他固然在《庐山谣寄卢侍御虚舟》一诗中说："我本楚狂人，凤歌笑孔丘。"论者多以为这是李白讽刺孔子，但此句本是用《论语·微子》中的话，"楚狂接舆歌而过孔子曰：凤兮，凤兮，何德之衰！往者不可谏，来者犹可追"云云。诗人以为，如孔子那样"知其不可而为之"，在如今的世道已不可行，李白对实现政治理想已感绝望，故打算寄情山水，像楚狂接舆那样隐居起来。

李白非常尊崇孔子，但他是把孔子当作历史上的伟大人物来尊崇，而不是如后世那样对孔子加以神化，一入圣域，即成神圣而不得有、也不可能有任何瑕疵。所以李白"凤歌笑孔丘"，又自比孔子，后人无疑觉得李白太过狂妄。但实际上李白是把孔子视为可以效法的伟人，而不是神化的偶像。《古风》其一曰："《大雅》久不作，吾衰竟谁陈？"又说："我志在删述，垂辉映千春。希圣如有立，绝笔于获麟。"李白志在追寻孔子，写出辉映千古的著述，他心中所想正是《大雅》。他说"《大雅》久不作"，那意味着李白曾经撰写过如《大雅》那样的作品。大雅是什么？原本只是用于庙堂之上能够指导政治、助益教化、垂范后世的诗作。李白现存作品中哪些属于这样的作品，值得研究，但显然李白是有自己独特的思想的，有人生哲学，有道家思想，有神仙观念，有文学主张。他对政治有一定的看法，只是限于诗歌形式，我们现在无法了解具体内容。明代汪瑗说李白《宫中行采词》"寓意深婉，深得《国风》讽谏之体"，"讽谏之体"说得非常到位，就是有益于风俗教化，有利于政治治理的作品。李白说"《大雅》久不作"，表明他对政治确实有思考，即使这类作品不存，但诗人的自述告诉我们，他确实写过类似《大雅》这种具有教化性的诗歌作品。

李白尊崇孔子，很多地方自比孔子。《送鲁郡刘长史迁弘农长史》前六句曰：

　　鲁国一杯水，难容横海鳞。仲尼且不敬，况乃寻常人。白玉换斗粟，黄金买尺薪。

江湖二十年，诗人早已看清楚，世人很难分辨圣贤与平庸。鲁人没有眼光，格局狭隘，对孔子尚且不敬，更不用说对待寻常人了。李白《赠从弟冽》充满怀才不遇的激愤："楚人不识凤，重价求山鸡。"《送薛九被谗去鲁》开首两句曰："宋人不辨玉，鲁贱东家丘。"楚国人不认识凤凰，高价买了一只山鸡充凤凰，献给楚王，楚王深受感动，赏赐给他十倍山鸡的价钱。宋国人不晓得宝玉，得到一块燕石，如获至宝。而真正的圣人孔子，鲁国人却不知道尊重，视为东家丘，称为丧家犬。孔子尚且受到世人的轻视，其他人怀才不遇、未受重视也在意料之中。在很大程度上，诗人通过对比孔子不为世用的处境来安慰自己的不遇。《书怀赠南陵常赞府》曰："君看我才能，何似鲁仲尼。大圣犹不遇，小儒安足悲。"圣人尚且有不遇之时，自己作为小儒又有什么可悲叹的呢！

诗人必须忍受世间的鄙视，他在《酬张卿夜宿南陵见赠》中对朋友说："与君各未遇，长策委蒿莱。宝刀隐玉匣，锈涩空莓苔。遂令世上愚，轻我土与灰。一朝攀龙去，蛙黾安在哉！"他们不知道赏识我的才能，把我视为土与灰。诗人如此激愤，正是受到了太多的冷遇。所以，如何实现抱负，在诗人看来，需要有圣明之主把他拔擢出来："一朝攀龙去，蛙黾安在哉！"诗人坚信，这个"一朝"总会到来。

174

第六章　秉笔翰林

诗人终于迎来扬眉吐气的时刻。

开元十八年（730），李白三十岁的时候，前往长安，奔波于两京之间，谋求出路。曾在长安附近的终南山和洛阳附近的嵩山隐居，又游历附近的邠州、坊州等地。两年之后，回到安陆自己的家中。此后几年，他以安陆为中心，出游南阳、陈州、楚州、安宜等多地。开元二十八年（740）夫人去世，李白移家东鲁，居于任城。天宝元年（742），四十二岁，秋，诏下，李白入京。玄宗召见诗人于金銮殿，优礼有加，命待诏翰林。这时距离上次在京城，已经十年。

李白在龙门石窟时，写下"去去泪满襟，举声梁甫吟。青云当自致，何必求知音"。在刚到山东时，写下"明主傥见收，烟霄路非赊。时命若不会，归应炼丹砂"。从西部走到了东部，又从南方去了北方。诗人二十岁出川，造访各处，抵达每一处有希望的地方，却始终没有得到青云之士的援引。对于实现自己的理想，他心情暗淡，生活的每一步都走得不易。可是他总是心有不甘，心怀梦想。

信念是所有力量的源泉。终于，李白的声名，传入了大明宫。

一、仰天大笑

天宝元年（742）李白四十二岁那年的秋天，终于传来消息：唐玄宗下诏，请他到京，供奉翰林。

李白此时在安徽南陵，得到消息万分高兴，急忙收拾进京，临行前作诗一首，《南陵别儿童入京》曰：

> 白酒新熟山中归，黄鸡啄黍秋正肥。呼童烹鸡酌白酒，儿女嬉笑牵人衣。高歌取醉欲自慰，起舞落日争光辉。游说万乘苦不早，著鞭跨马涉远道。会稽愚妇轻买臣，余亦辞家西入秦。仰天大笑出门去，我辈岂是蓬蒿人！

时值秋熟季节，新酿的白酒开始飘香，黄鸡长得肉满膘肥，正好美酒佳肴欢喜一番。于是召唤童仆置办酒席，小儿女则嬉笑着牵扯他的衣衫。高歌欢唱，豪饮沉醉，情不自禁欢快起舞，直到日落山头。诗中描写的欢快热闹的场景，淋漓尽致地表达了诗人即将奔赴京城的狂喜。

诗人渴望着自己的才能得到施展，实现多年的理想。这一天终于到来了！然而李白已经四十多岁，不能不使他感到"苦不早"，真恨不得提鞭跨马立即启程赴京。接着诗人提到了朱买臣的故事。汉代朱买臣家贫好学，靠卖柴度日，直到四十多岁还没有发迹，妻子轻视他，提出离婚。朱买臣劝妻子说："我五十岁一定会富贵，现在已经四十多岁了，再忍耐些时日，将来一定好好报答你。"妻子不听，离开了朱买臣。后来买臣果然做了高官，妇人后悔不及。李白文才盖世，抱负远大，然而此前南北奔波，失意落魄，身边的妇人就像朱买臣的妻子一样轻视他。如今自己终于得到皇帝的礼遇，西入长安，"仰天大笑出门去"，生动地写出了诗人的喜悦和对前途充满的希望。

诗人此时为何如此幸运，玄宗皇帝怎么会突然想起来召见他？

说法不同。一说李白的一位朋友吴筠道士，被召入京而在玄宗面前推荐李白。但此说与传记记载不合。

另一说是玉真公主推荐。魏颢《李太白集序》中说李白入京为翰林供奉，是玉真公主所荐。魏颢是李白的崇拜者，记载的事迹多出自李白自述。此说虽有可能，但亦有难以说通之处。

李白在长安求见玉真公主已经是十二年前的事情了。他当年确实经张垍介绍，去了玉真公主别馆，苦等好几个月，并未见到公主。十年之后，李白早已不在长安奔波，而此时玉真公主好像突然想起有一个叫李白的诗人，需要向圣上推荐，似乎有些突兀。

但此时李白已经颇有诗名，宫中听闻李白诗名并非没有可能。这就是第三种说法，李白名播海内，玄宗有所听闻，故征召入朝。李白在《为宋中丞自荐表》中说："天宝初，……名动京师，上闻而悦之，召入禁掖。"他在《赠崔司户文昆季》诗中说："惟昔不自媒，担簦西入秦。攀龙九天上，忝列岁星臣。""不自媒"的意思是没有请托、没有钻营，完全凭借自己的名声而得到皇帝的重视，他坚持这一说法，这是李白人格中可贵的地方。

开元十八年（730）李白初入长安，到天宝元年（742）应诏到长安，中间相隔了十二年，其间李白马不停蹄，奔波各处，广交朋友，拜谒求情，活动颇为频繁。用诗人自己的话讲："迫于凄惶，席不暇暖。寄绝国而何仰，若浮云而无依。南徙莫从，北游失路。"失意、艰苦，可能还有食不果腹的时候，但十几年持之以恒地辗转各地，展示自己的诗歌才华，他的诗名也随之越传越广。漂泊的十几年，也是他传播自己诗名的十几年。他"遍干诸侯"，漫游了中国的大江南北，拜见成百上千位官员、诗人、高士、道友，终于使自己的诗名上达天听，得以入朝。街头布衣一夜而登天子堂，这是多少人的梦想，诗人竟然实现了这一梦想。

李白异常兴奋，将这次进京完全看作是"游说万乘"的机会，以为凭着自己的才能，一定可以说动人主，实现"寰区大定，海县清一"的理想。他相信，战国游说之士纵横驰骋的时代又来临了。

二、著书金銮殿

从南陵到长安有两千余里的路程，李白丝毫没有耽搁，一路快马加鞭，不到一个月便抵达了京城。

这些年，他一直无法面对长安。当年长安的经历让他耿耿于怀，但是此时，李白已经非同以往，他有一个新的身份。来到京城，周围的景象让他感到耳目一新。

李白住在应诏的才子专门的住所中，等待玄宗宣召。这几天，他重新游览了长安城，就仿佛第一次来到这里。因得到天子的征召，李白这次赴京，可谓春风得意。当年那些轻视自己的人，甚至王公大人都主动前来交往。使诗人身陷北门厄的羽林子弟，也来到招贤馆，请求李白原谅他们十年前有眼不识泰山的过失。一夜之间，李白的身份地位发生翻天覆地的变化。若干年后，他在《单父东楼秋夜送族弟沉之秦》中回忆说："长安宫阙九天上，此地曾经为近臣。"诗人成了天子身边的人，骑着高头大马随着皇帝的车驾出入都城，多么荣耀呵！

几天后，宣李白进殿。诗人第一次进入大明宫，这里是国家的象征，皇帝就在这里处理朝政。清晨，天微微亮，长安城还是一片寂静，李白早早地便骑着马从东市出发，前往望仙门，等待入宫。等待的过程中，正巧看到朝臣们陆陆续续地下早朝、出宫门。看着这些五品以上的官员，他想象着自己以后商议国家大事的情景。

大明宫庄严华贵，仿若天上宫阙。第一次进来，李白并没有过度张望，他就记得宫殿的台基，比以往见过的各种宫殿的台基都要高。宫中宽阔的道路，李白远远看到皇帝乘坐的步辇，一些宫女宦官簇拥在周围。等到稍微近了一些，步辇上那位身穿红袍、神情肃穆的中年男子，竟然让步辇停下。皇帝为了一个布衣降辇步迎的场面让四周的人都惊呆了。还没等两人回殿中，李白所受的恩宠，已经传了出去。随后，宫中传来的消息，让整个长安城都为之一震：说李白如同仙人一般的气质，颇得玄宗赏识，两人一同探讨诗歌和道学，不知不觉就到了中午，兴奋的玄宗并不想就此停下，还邀请李白一同午膳，期间玄宗还为李白亲自调羹。

后来如何回去的，李白已经不记得了。玄宗的款待，让他一时有些恍惚。就算他应诏入京，也从未想象过这番情景。玄宗那句"卿是布衣，名为朕知，非素蓄道义，何以及此"，一直在李白脑中回响。不等李白回过神来，他的门前已经围满了前来登门道喜的人，人们都知道了，玄宗让李白待诏翰林院。

李白飘飘若仙。他后来的诗作中对此多有追忆，《赠从弟南平太守之遥二首》其一，其中说：

汉家天子驰驷马，赤车蜀道迎相如。天门九重谒圣人，龙颜一顾四海春。彤庭左右呼万岁，拜贺明主收沉沦。翰林秉笔回英盼，麟阁峥嵘谁可见？承恩初入银台门，著书独在金銮殿。龙驹雕镫白玉鞍，象床绮席黄金盘。当时笑我微贱者，却来请谒为交欢。

司马相如要到长安，离开家乡成都，题市门曰："不乘赤车驷马，不过汝下也。"后来，他果然受到皇帝的宠信，得到重用。李白如今也像当年的司马相如一样，受到朝廷的垂顾，入侍翰林。五彩斑斓的华彩和"万岁"呼声，四周的人都在祝贺玄宗收揽了一位英才。此刻走过长安的每一街巷时，他都不禁放慢了脚步，让自己好好地感受这种成功的喜悦。翰林院在银台门内，所以李白说"承恩初入银台门，著书独在金銮殿"，在金銮殿中撰稿著书，饮食车马都享受极好的待遇，写尽了诗人得到天子眷顾后的荣耀。特别是"当时笑我微贱者，却来请谒为交欢"，当时曾经鄙视、轻贱自己的人，包括那些达官显贵都来殷勤主动与他结交。他多年遭受的鄙视、轻贱，终于得以扬眉吐气。

这种扬眉吐气的神气，不免遭到后世批评者的贬抑，以为李白过于浅露，缺乏涵养。宋代著名诗人陆游《老学庵笔记》卷六曰："白识度甚浅，观其诗中，如'中宵出饮三百杯，明朝归揖二千石''揄扬九重万乘主，谑浪赤墀青琐贤''王公大人借颜色，金章紫绶来相趋''一别蹉跎朝市间，青云之交不可攀''归来入咸阳，谈笑皆王公''高冠佩雄剑，长揖韩荆州'之类，浅陋有索客之风。集中此等语至多，世但以其词豪俊动人，故不深考耳。又如以布衣得一翰林供奉，此何足道？遂云'当时笑我微

180

贱者，却来请谒为交欢'，宜其终身坎壈也。"唐宋士人进身模式、入仕路径颇有区别，宋代士人几乎全都走科举之路，而唐代还有中古遗风，李杜皆未参加科举。正因如此，恐怕唐人入仕之坎壈亦非如宋人进身之可想。

直率，没有掩盖，听从内心最直接的感受，并且把它表达出来，正是李白为人与诗歌创作重要的特点。李白一生行事，颇有令人惊诧、不合传统的温柔敦厚的地方。他并非不了解时俗的看法，只是不愿意扭曲自己而迎合流俗。他曾说："流俗多错误，岂知玉与珉！"（《古风》五十）他不喜欢掩盖自己的内心与情感，即使与流俗不符，他似乎也不会因此而改变自己的观点。一方面他推崇尧舜、孔子和儒家，另一方面他又有鄙薄尧舜、孔子和读书人的言论，似乎是一个"非圣无法"的人。

事实上，诗人有他的原则，这个原则就是他的人格原则、情感原则。对事情的评判，不是依赖于传统的价值观或是道德观念，而是根据他的内心。天子下诏，让他供奉翰林。他一下子改变了自己的身份，从一介草民变成皇帝身边的近臣。诗人的态度并不是我们在传统训诫中熟悉的官愈高、身愈恭，而是像儿童一样直接表现自己的冲动，内在的情感："仰天大笑出门去，我辈岂是蓬蒿人！"多年奔波干谒，受尽冷遇，如今一朝进京，"当时笑我微贱者，却来请谒为交欢"，多年耻恨，一朝得报。

李白总是从内在的直接感受出发，喜欢的事情，他总是毫不犹豫地表达出来，不喜欢的事情，他并不因为传统道德的牵制而掩盖自己真实的感受。对自己，对他人都能够如此直白坦诚，这是我们的文化生活中极为难得、又非常了不起的地方。

幸陪鸾辇，随从天子出行，使他无比荣幸。《驾去温泉宫后送杨山人》后半曰：

一朝君王垂拂拭，剖心输丹雪胸臆。忽蒙白日回景光，直上青云生羽翼。幸陪鸾辇出鸿都，身骑飞龙天马驹。王公大人借颜色，金章紫绶来相趋。当时结交何纷纷，片言道合唯有君。待吾尽节报明主，然后相携卧白云。

诗人实在太兴奋。他现在成了天子身边的近臣，后来他在《单父东楼秋夜送族弟况之秦》中回忆说："长安宫阙九天上，此地曾经为近臣。"骑着高头大马随着皇帝的车驾出入都城："幸陪鸾辇出鸿都，身骑飞龙天马驹。"在李白的那个时代，这无疑是最大的荣耀。诗人也不禁飘飘然如同登仙一般："直上青云生羽翼。"不过，不同于一般士人，即使荣华就在眼前，他也没有贪图富贵。诗人想到的是"尽节报明主"，在报效国家、服务社会以感激皇帝的知遇之恩之后，就与道友山人"相携卧白云"，归隐山林。

三、翰林院

在皇城，李白"承恩初入银台门，著书独在金銮殿"。银台门内就是翰林院的所在地。翰林院是干什么的呢？这说起来有点复杂。简单地说，它是直属于天子的一个机构，专门为天子服务。

为天子服务的团队需要各种"艺能伎术"人才，于是开元二年（714）朝廷置翰林院，诏选在文章、琴棋（弹琴围棋）、书画（书法绘画）、数术（天文、历学、占算）、僧道（佛教、道教）等方面有造诣者为翰林待诏（即翰林供奉）。供奉，当然是供奉天子；待诏，当然是待天子随时下诏。

天子确实会随时下诏，既然是"随时"，那就得皇帝（乘舆）在什么地方，待诏的、供奉的就在什么地方，随时准备皇帝的召见。因此，天子在不同的宫室起居，旁边都有翰林待诏的小院。《旧唐书·职官志》说："天子在大明宫，其院在右银台门内。在兴庆宫，院在金明门内。若在西内，院在显福门。若在东都、华清宫，皆有待诏之所。"《新唐书·百官志》说："（天子）乘舆所在，必有文词、经学之士，下至卜、医、伎术之流，皆直于别院，以备宴见。"翰林待诏白天就在小院待诏，日晚而退。他们的俸禄就由各别院负责，《旧唐书·职官志》所谓"各别院以廪之"。

翰林待诏服务皇帝主要有三个方面：一是起草文件；二是提供文学娱乐服务；三是参与政策谋划等。

我们知道，行政事务、行政管理需要处理大量的文书工作，发布一个公告、下达一个任命、回复官员的奏章等，这些文书的撰稿都是由专门的部门即中书省的官员来担任的。

大唐开国之初，体制尚未健全。起草文书，所谓"草制"当时都是名儒学士兼任。这些都是皇帝的临时差遣，他们撰写文书，也都没有什么名号。到唐高宗乾封（666—667）以后，这些撰稿人被称为"北门学士"。

后来体制完善了，中书省属下的集贤院学士负责掌管撰写起草文书。但中书省事多忙不过来，玄宗就设立翰林院，翰林院里集中一些文士和中书省属下的集贤院学士一起掌管撰写起草文书。

翰林当然还有其他方面的职责，如侍从天子外出。古人讲究排场，皇帝要出行，必须一二百人车马仪仗，阵势浩大，不然不足以显示天子之威。侍卫要有，文学顾问也要跟随。到了一个地方，前面一座大山，皇帝问，那是什么山呀，顾问立马就要讲解是什么山，有什么来历。有时还要给天子参谋，出主意。朝廷若有什么事情不当，皇帝身边的这些顾问也要劝说，提个意见。《新唐书·百官志》说："学士之职，本以文学言语被顾问，出入侍从，因得参谋议、纳谏诤，其礼尤宠；而翰林院者，待诏之所也。玄宗初，置翰林待诏……掌四方表疏批答、应和文章；既而又以中书务剧，文书多壅滞，乃选文学之士，号翰林供奉，与集贤院学士分掌制诏书敕。"当时的集贤院归属中书省，负责文书工作。集贤院学士忙不过来，就请了文学素养高的大臣，号称翰林供奉，起草文稿。

翰林院还要为君主提供文化娱乐活动。古代官制非常复杂，并不像我们想象的那样，它有一部分职责是照顾皇室的生活。皇宫、宫廷本来是皇帝居住的地方，他在家里与官员讨论政务，处理事务、接待来客，皇宫也就包含了办公的场所。皇宫既是皇帝生活起居的地方，又是行政中枢机关所在地。官僚系统既要处理天下事务，又要负责皇帝以及整个皇室带有私人性质的衣食住行。

王朝就是一个混合体，一部分负责国家行政事务，一部分要为皇室服务。服务皇室成为行政事务的一部分。侍奉天子及皇室是非常古老的制度。汉代"三公九卿"主要就是处理皇家事务，他们更像是皇帝的私臣。如"九卿"中的光禄勋掌管皇帝居住，卫尉负责侍卫，太仆准备车马。外出有人冒犯天子，廷尉就负责抓人法办。大鸿胪负责蛮夷外交、四海宾服。宗正负责皇族外戚事务。治粟内史、少府二卿管理皇帝的财政事务。社会的公共事务管理在朝廷职官上很难体现出来。

钱穆的《国史大纲》说：王朝的九卿"均近于为王室之家务官，乃皇帝之私臣，而非国家之政务官，非政府正式之官吏"。当时社会生产生活相对简单，官员作为公职而非天子私臣的观念并不十分明确。后来随着社会发展，公共事务所需要的外朝官员与专门为皇帝、皇室服务的内臣虽然有了一些分界，但有些方面仍然界限模糊。

天子一道圣旨，召见李白。李白奔赴京城。玄宗召见李白于金銮殿，优礼有加，命待诏翰林。

不用考试，不用面试，诗人李白一下子就成了朝廷的翰林官员。但李白供奉翰林，严格说来，这不是一个正式的职官，而是天子给予的荣耀。皇帝选定的一个人为什么还不能成为一个正式的官员？

古代皇帝是一个王朝的象征，一个最高权力的象征。通常，皇帝会参与决策王朝的大政方针，但不会亲临管理日常政务，行政总是交给一个专业团队来打理，这就是朝廷的官僚系统。它有正式的官员队伍，这些官员需要设立哪些等级、岗位，职责是什么，如何选拔，如何考核晋升，给多少俸禄，何时退休等，都有一整套事先的规章制度。皇帝任命执政大臣，让他们带领整个团队来处理行政工作。整个行政的最高权力来源于君主，但君主平时只是象征性地批准、同意各种政令，具体细节并不过问。朝廷不可能让皇帝来一个一个挑选官员，也不可能只要是皇帝看上的都让他当官，这样，整个行政系统就乱了。选拔官员必须有相应的行政程序，一步一步选拔，如唐代科举制。

但皇帝又必须体现他至高无上的权力，所以他看中的文学之士、"艺能伎术"人才，让他供奉翰林，这是没有问题的。李白供奉翰林，这也是没有问题的。中唐时期的王叔文就是"以棋待诏"，王伓就是"以书待诏翰林"。天子突然想听个琴，下个围棋，娱乐一下时，总得有人在边上侍奉才行，翰林院须保持为天子提供私人服务的功能。

但这样的翰林供奉，毕竟是以才艺进身，这个职位还不是正式的官员，很大程度上，只是天子的私臣。这样，翰林院中，实际上存在两种身份的官员。一种本来就是正式的官员。天子请他们担任学士，起草文书。由此"始选朝官有词艺学识者，入居翰林，供奉敕旨，于是中书舍人吕向、谏议大夫尹愔元充焉"。吕向、尹愔元本来就是朝官，本来就是"正五品上"的中书舍人、谏议大夫，他们供奉翰林，只不过是多兼一个官职而已，身份没有任何变化。但现在翰林院招入"艺能伎术"人才，就有点不同。他们此前可能只是普通百姓，如李白，入朝之前，只是布衣，任命他为翰林供奉，似乎很难一下子就变身朝官。

天子钦点的供奉，如果定品为九品官，天子没有面子；如果定品为"正五品上"，那么朝中所有中书舍人、谏议大夫及其相同品级及以下者必然会强烈不满。他们辛苦多少年才刚刚到这个品级的职位，甚至还没到这个品级，你让他们情何以堪。

所以，李白这样的翰林供奉，是天子特许的职官，但并不是正式的朝官，即并不是一个由中书省正式任命、有相应品级的官员。尽管李白作为翰林供奉不是正式官员，但已是所有非正式官员中最为正式的，他是皇帝亲自任命的。

唐太宗贞观六年（632），朝廷内官，文武定员六百多人，也就是有六百多个正式编制。太宗朝以后，编制人数可能会增加，但不会相差太多，但当时非正式任命的官员却有很多，一种是所谓的"斜封官"。唐中宗景龙年间（707—710），有太平、安乐、长宁、宜城诸公主及皇后陆氏妹郕国夫人、李氏妹崇国夫人并昭容上官氏与其母沛国夫人郑氏、尚宫柴氏、贺娄氏、女巫陇西夫人赵氏，皆树用亲识，任命其亲戚故旧为官，从中捞取钱财。这些皇亲国戚开了条子让中书省授官，中书省主事的官员即使不乐意，也不敢不从。但是要像正式任命的官员一样来任命这些臧获奴仆、贩夫走卒、贿赂权贵的人，中书省的人无论如何也不甘心，正命官员也不会答应，于是采用"斜封"。中书省正式官员的"敕命"是黄纸、朱笔、正封，而这些托请官员的任命状是斜封的。中书省从侧门下达"敕命"，任命状上面的"敕"字用墨笔书写，而不是朱笔，以此对"斜封官"表示鄙视。

唐代非正式的官员还有试官、员外官。武则天天授二年（691），为了笼络人心，凡是地方上推荐的人，无贤不肖，都授予拾遗、补阙、御史、校书等职，人数之多，时谚称："补阙连车载，拾遗平斗量。杷推侍御史，椀脱校书郎。"这些都是试官，相当于试用期内的任职，并不是正式任命的官。武则天时"刑网方密"，官员动辄被罪，"虽骤历荣贵，而败轮继轨"。神龙二年（706）吏部侍郎李峤，想重居相位，于是奏请大置员外官，以至员外达两千余人。唐初虽然有员外官，但人数少，这时数量激增，财政支出大大增加。这还不包括加兼超授诸阉官为员外官一千余人。时既政出多门，任命过滥，宰相、御史及员外官，人数几乎增加十倍，哪儿来那么些办公场所让他们坐的呢？这些官员都没有"厅事可以处之"。时人谓之"三无坐处"，即宰相、御史及员外官都没有坐的地方。

正式官员是职事官，需要负责具体的行政事务。但翰林供奉只是待诏，本无具体的日常工作。所以翰林院招揽"词学、经术、合炼、僧道、卜祝、术艺、书弈"的人才，其中"有韩翃、阎伯玙、孟匡朝、陈兼、蒋镇、李白等，旧在翰林中，但假其名，而无所职"（《唐会要》卷五七）。"无所职"就是并不负责具体的行政事务。

当然，非正式的官员，如果表现出色，是可以转授正式的官衔。中唐时期的王叔文"以棋待诏"，王伾"以书待诏翰林"，两人得到德宗赏识，皆入侍东宫，成为正式的朝官，逐步升到高位。李白待诏翰林，时间比较短，始终是待诏的身份，最后赐金放还，没有转为正式的官职。

翰林院是一个比较模糊的机构，或者说是一个不断变化其功能的机构。唐代杜佑撰写《通典》，其中论职官，竟然没有谈到翰林院。《新唐书·百官志》在论述时，也不知应该把"翰林院"归在哪个节次中，只好在"宰相之职"之后，附带说明翰林院。并称"唐之学士，弘文、集贤分隶中书、门下省，而翰林学士独无所属，故附列于此"。弘文馆属门下省，集贤院归属中书省，翰林院不归属任何一个部门。无法归类的部门，现在做法通常称之为"直属"，那么翰林院差不多是一个天子"直属"的部门，表示天子对于翰林士人的优待。

翰林院后来日渐发展成为天子的枢密机构，这与玄宗朝集中了一部分有才艺的翰林学士院颇为不同。

玄宗即位之初，设立的翰林院，其中包括了"艺能伎术"人才。但开元二十六年（738），又设置翰林学士院，这就与原有的翰林院有所区别。办公地址就不在一处，翰林院在银台门内，学士院在翰林院之南，别户东向。学士院选有德望、文学的朝官充任翰林学士、入直内廷，随时应召撰拟诏令文诰，批答表疏。当然，原有的翰林院也具备这样的功能，只是后来玄宗通过学士院把这一功能从旧的翰林院当中分离独立出来。学士院的学士显然身居要职。《翰苑群书》卷四《韦执谊翰林院故事》说：

> 至二十六年，始以翰林供奉改称学士，由是遂建学士，俾掌内命，太常少卿张垍、起居舍人刘光谦等首居之，而集贤所掌，于是罢息。

原来的翰林供奉改称翰林学士，与皇帝的关系越来越亲近。《新唐书·百官志》说：

> 玄宗初，置"翰林待诏"，以张说、陆坚、张九龄等为之，掌四方表疏批答、应和文章；既而又以中书务剧，文书多壅滞，乃选文学之士，号"翰林供奉"，与集贤院学士分掌制诏书敕。开元二十六年，又改翰林供奉为学士，别置学士院，专掌内命。凡拜免将相、号令征伐，皆用白麻。其后，选用益重，而礼遇益亲，至号为内相，又以为天子私人。

原来的文书诏令，都是中书舍人掌管。但一任学士，就"专掌内命"，专门替皇帝起草文书。凡是"拜免将相、号令征伐"这类重要的文件，都是用非常昂贵的白麻纸来书写。时间一长，与皇帝的关系就日益亲密，成为皇帝的私人顾问，号称内相（外相是宰相）。

李白供奉翰林，虽然不是中书省正命的职官，但已经是非常荣耀、跻身仕途的入口。他有很多亲近天子，向天子展现自己文学天赋的机会，但李白并不想从事日常事务性的工作，他只是想一下子成为帝王师，成为天子的私人顾问。但这需要多年从政经验与情感积累，要深得皇帝的信任才行。

后来李华、刘全白、范传正、裴敬等撰写李白碑碣传记时，均称李白为翰林学士。这是因为开元二十六年，"始以翰林供奉改称学士"。李白入翰林是天宝元年，用旧称是翰林待诏、翰林供奉，用新称则是翰林学士。但这个学士与学士院中的学士有区别。

四、云想衣裳花想容

李白以诗文天赋进入翰林，成为君主的文学侍从。"翰林秉笔回英盼，麟阁峥嵘谁可见？承恩初入银台门，著书独在金銮殿。"作为天子身边的近臣，正如他《化城寺大钟铭》中所云"昔忝侍从，备于辞臣"，他的诗歌创作也发生了巨大的变化。过去他只是平民百姓，想写什么就写什么；现在他有一部分的写作却是要应制唱和，颂赞盛世。尽管李白《书情赠蔡舍人雄》曰："遭逢圣明主，敢进兴亡言。"心里想的是能够进言，对社稷民生有所助益，但他的职责是做好文学侍从。

其时李白作有不少宫廷题材的诗歌。如《侍从宜春苑奉诏赋龙池柳色初青听新莺百啭歌》，诗题写得很清楚：侍从皇帝到宜春苑，奉皇帝诏令，以"龙池柳色初青，听新莺百啭"为主题赋诗一首。此外《侍从游宿温泉宫作》《温泉侍从归逢故人》等诗都与当时的宫廷生活有关。玄宗在骊山的温泉出猎，特地叫上了李白负羽箭随从，《侍从游宿温泉宫作》曰：

羽林十二将，罗列应星文。霜仗悬秋月，霓旌卷夜云。严更千户肃，清乐九天闻。日出瞻佳气，葱葱绕圣君。

羽林军按照星空十二将星排列，前往猎场，阵势豪迈。秋日的原野上，明月悬挂在风卷云涌的空中，晚风扑打着营帐中悬挂的彩旗，声音震耳欲聋，像战场上的擂鼓。宫中的奏乐，打破了夜晚的寂静，声音直上九天，仿佛吸引了天上的神明前来一同欢乐。欢歌饮宴一直持续到日出时分，朝霞透过了窗户，映照在宫中，君主身上透着淡淡的光晕，周围的侍从都说这是祥瑞之气。《温泉侍从归逢故人》说的是侍从皇帝到华清池温泉，回来时遇到了老朋友。诗曰：

> 汉帝长杨苑，夸胡羽猎归。子云叨侍从，献赋有光辉。
> 激烈摇天笔，承恩赐御衣。逢君奏明主，他日共翻飞。

古人委婉，唐诗中都不直称当今天子，而是把唐玄宗比作汉武帝，唐代的宫殿比作汉宫。诗人希望自己也像司马相如、扬雄一样，以文学才华博得了天子的赏爱。最后还不忘与朋友说，有机会一定会向明主推荐自己的这位故友，以望他日能够共同翱翔。

李白成为天子的文学侍从，他当时的朋友也深以为荣，称赞他的文学成就。

任华《杂言寄李白》中有一句"新诗传在宫人口，佳句不离明主心"竭力描写李白的诗歌深受宫廷的喜爱，全诗虽不免有些夸张，但李白具有文学天才，作品受到朝廷特别是玄宗的推崇确实是事实。

这年宫中牡丹花开，玄宗与太真妃赏玩之际，特别召集宫中乐器演奏者以及当时著名的音乐家李龟年表演歌曲。李龟年手执檀板，指挥梨园众乐手，正要开唱，皇帝说："赏名花，对妃子，怎么能用旧的歌词呢？"于是命李龟年拿着"金花笺"，宣召李白，让他创作新的乐章奉上。

李白欣然承旨，立进《清平调》词三章。尽管昨夜醉酒还没有完全醒来，但他还是一挥而就：

> 云想衣裳花想容，春风拂槛露华浓。若非群玉山头见，会向瑶台月下逢。（其一）
> 一枝红艳露凝香，云雨巫山枉断肠。借问汉宫谁得似？可怜飞燕倚新妆。（其二）
> 名花倾国两相欢，长得君王带笑看。解释春风无限恨，沉香亭北倚阑干。（其三）

三首诗都是形容太真妃之美貌，特别是开首一句"云想衣裳花想容"，风流旖旎，别致婉转，一向被称为"太白佳境"。诗写成之后，李龟年赶紧呈上。皇帝立即命梨园子弟调试琴弦管笛，李龟年即开始演唱。太真妃容光焕发，手持七宝玻璃盏，满斟西域葡萄酒，欣然领唱，皇上也兴致盎然，吹起玉笛伴奏。每曲将尽，又延长节拍，好让太真妃拖起长腔，唱得更加尽情尽兴。皇帝与妃子对李白的歌词极为赞赏。

在宫中，这样的欢聚并不少。一日，玄宗与宫人演奏音乐，对高力士说："对此良辰美景，娱乐怎么能仅仅靠吹笛弹琴呢？应该配上天才词人的歌词来演唱，那才足可以夸耀后世。"于是命令赶紧将李白召来。这时，李白已在一个王府里醉酒不起，好不容易把他扶到宫中，只能勉强行礼。两个内臣准备笔墨，铺陈绢帛于前。李白取笔写来，毫不停顿，十篇立即就写成了。所书笔迹龙飞凤舞，酣畅有力，诗句对偶格律，无不精绝。《宫中行乐词》十首其二、三曰：

柳色黄金嫩，梨花白雪香。玉楼巢翡翠，珠殿锁鸳鸯。选妓随雕辇，征歌出洞房。宫中谁第一？飞燕在昭阳。

　　卢桔为秦树，蒲桃出汉宫。烟花宜落日，丝管醉春风。笛奏龙鸣水，箫吟凤下空。君王多乐事，还与万方同。

二首软浓香艳，富丽豪华，格律谨严，不同于李白平时所作歌行一类的风格，表现出诗人多方面的创作才能。这些作品浓艳精巧，所以有论者以为不是李白的作品。但有多方面的证据证明它们确实为李白之作。李白作为皇上的文学侍从，这类诗歌必然要随俗而变，随题而变，切合"宫中行乐"的主题。

　　唐玄宗曾游白莲池，兴致极高，于是召李白作"序"，即用一种优美的文体将皇帝游赏的经过记录下来。此时，李白在翰林院中饮酒，已经大醉。皇帝令高力士扶着李白登舟。后来杜甫在《饮中八仙歌》中说："天子呼来不上船，自称臣是酒中仙。"说的应当就是这件事情。宫人在李白的脸上喷洒些凉水，好让他酒醒。李白稍稍清醒，即挥笔撰《白莲花开序》，文不加点，顷刻而成。

五、力士脱靴

　　当时朝野还流传着高力士脱靴的故事。传说玄宗命李白撰写乐词，可是李白已经喝了酒，乘着酒兴，他抬起腿，令高力士把他的靴子脱掉。高力士是玄宗的宦官，一般情况下，宦官未必不能为李白脱靴，可是高力士不是一般的宦官，他极受玄宗的宠信，权势很大。肃宗在东宫做太子时称其为二兄，诸王公主均称之为阿翁，驸马辈则呼之为爷，当时的宰相李林甫也不得不避让他。可是，李白却偏偏让高力士为他脱靴。高力士无奈只得脱去他的靴子。

来看文献中的记载。李肇《国史补》卷上曰：

> 李白在翰林多沉饮。玄宗令撰乐词，醉不可待，以水沃之，白稍能动，索笔一挥十数章，文不加点，后对御，引足令高力士脱靴，上命小阉排出之。

其后段成式在《酉阳杂俎》中也有记载：

> 李白名播海内，玄宗于便殿召见，神气高朗，轩轩然若霞举，上不觉忘万乘之尊。因命纳履，白遂展足与高力士曰："去靴。"力士失势，遽为脱之。及出，上指白谓力士曰："此人固穷相。"

李肇是中唐著名文士，长期担任翰林学士、中书舍人等要职，熟悉翰苑掌故，撰有《翰林志》及《国史补》等书，内容平实可信，一向为学界所重视。段成式以博学著称，所记前朝旧事，可补正史，新、旧《唐书》多有援引，其记载也多可信。但限于材料的来源与性质，它们仍然是转述的内容，所以很难据此确定脱靴故事是否真实。这个故事之所以能够广为流传，在于令高力士脱靴十分符合李白面对强权而不屈的个性。也就是说，依照李白的个性，他完全能够做出让高力士脱靴的事情来。

李白具有强烈的个性。尽管缺乏文献以及更多的材料，我们很难给他个性、人格一个清晰全面的描述。但千载之下，通过他的诗歌，我们仍可以了解他的为人。

李白是一个豪放不羁、不肯低头屈服的漂泊者，一个充满激情豪爽的诗人，一个充满豪气的人。简单地说，所有豪迈、慷慨、激烈、宏大、奔放、喷发的事情，他都无比向往，而且是以无限的激情与豪放的形式喜爱，并以无限夸张、张扬、宏大的形式来抒发这种喜欢。

豪饮游乐，他喜欢；最坦诚的相见，他喜欢；千金散尽，他喜欢；仗义行侠，他喜欢；慷慨当歌，他喜欢；一夜而至卿相，他渴望；谈笑之间解救危难，他渴望；人生总得要做一项最伟大的事业，他渴望。

他渴望着去经历，去体验，去参与到宏大当中，他渴望成为万众瞩目的对象，成为宏伟事业中闪亮的明星。

即使对象并不宏大，他也要以气势恢宏的形式讲述它，赋予它形式上的恢宏伟大。天姥山并不高耸，他也非要夸张到不令人惊悚誓不罢休的地步，说它势拔五岳，要比四万八千丈的天台山还要高；说白发，非得夸张到三千丈不可；说瀑布，非得夸张到直下三千尺。

他的人格就是一种壮阔，就是豪气充满的壮大。他的诗歌就是无限豪气激发的一场波澜壮阔。清人叶燮《原诗》说得很好，原文稍长，我们分段来读：

> 李白天才自然，出类拔萃；然千古以杜甫齐名，则犹有间。盖白之得此者，非以才得之，乃以气得之也。从来节义、勋业、文章，皆得于天而足于己，然其间亦岂能无分剂？虽所得或未至十分，苟有气以鼓之，如弓之括力至引满，自可无坚不摧。

李白与杜甫齐名，两人都是因为卓越的天赋而取得极高的诗歌成就，但李白的独特在于"以气得之"。

中国人很重视"气"。认为维持生命的东西就是"气"，而这个元气非常重要。人要做什么事，都需要鼓足勇气去做。春秋曹刿论战说："夫战，勇气也。一鼓作气，再而衰，三而竭。彼竭我盈，故克之。"孟子也说："我善养吾浩然之气。"这个"浩然之气"深大有力，可以充满天地之间。

中国人说"气"，现代哲学喜欢说成是"意志"，一个人内在的意志鼓动着他去做一件事情。我们平时还会用到"热情""力量""干劲"等词语来形容。或许气、意志以及热情等只是措辞上的区别，它们在根本上是相同或类似的东西。李白的诗就充满了这种"气""豪气"，所以说"以气得之"。节义、勋业、文章三件大事，就是通常所说的立德、立功、立言，都需要人的天赋条件以及"气"。如果"有气以鼓之"，就像弓拉满那样，积聚最大的力量，那将是无坚不摧，无往不胜。叶燮又说：

> 此在彀率之外者也。如白《清平调》三首，亦平平宫艳体耳。然贵妃捧砚，力士脱靴，无论懦夫于此，战栗趑趄万状；秦舞阳壮士，不能不色变于秦皇殿上，则气未有不先馁者也，宁暇见其才乎？观白挥毫万乘之前，无异长安市上醉眠时，此何如气也！大之即舜禹之巍巍不与。立勋业可以鹰扬牧野，尽节义能为逄比碎首。立言而为文章，韩愈所言"光焰万丈"，此正言文章之气也。

彀率，弯弓之限，即打开弓的最大限度。李白的豪气在常人限度之外。李白在让"贵妃捧砚，力士脱靴"的情形下，还能作《清平调》三首，这种高贵奢华的场面放在一般懦弱的人面前，人们早就"战栗趑趄"，慌乱不堪。壮士秦舞阳本是勇猛异常，但跟着荆轲走上秦始皇大殿的台阶上时，顿时"色变振恐"，神色慌张。而荆轲却神情自若，还淡定地为秦舞阳解围，可见荆轲的"气"是多么盛！李白在万乘之主前，写诗作赋，视若平常，与在长安集市上饮酒醉眠毫无两样，诗人这是有一种怎样的豪气，才能保持如此的淡定呀！自己先泄了气，没有这股豪气，还谈得上发挥自己的才能吗？

从这方面来讲，李白是真懂得孟子。孟子说："说大人，则藐之，勿视其巍巍然。"去见大人物，与他交谈，说服他，应该藐视他，不要把他的高高在上、尊贵当回事。不要在乎他宫殿豪华，衣食鲜美，宫女侍从花团锦簇，随行车辆前呼后拥，孟子说，我要得志，不会像他那样。李白也是这样，他内心从来没有看重过荣华富贵本身，他真正追求的是实现人的价值，让自己的豪气成就一番伟业，然后功成身退，享受朴素宁静的生活。他对成功的追求，并不是追求成功之后的富贵，而只是豪气得到满足，人生宏大的价值得以实现。

能够成就伟大事业的人必定豪气满满。古代舜、禹虽然有天下，却从不把天下据为己有，使自己享乐。西周姜太公助武王克商，鹰扬牧野，建立功勋；夏朝的关龙逢和商朝的比干，都是忠臣，即使会被杀，他们也要坚守节义而劝谏君王。之所以能够成就这样不巧的事业，在于他们内在的豪气。李白、杜甫的诗文人所景仰，"李杜文章在，光焰万丈长"，正是因为内在的豪气。

六、谪仙人

李白出名了。

华山在长安的东面，距离京城 120 公里。诗人离开京城，到华山游赏。来到华阴县，路过县衙门（县官办公的地方）的时候，县官正在里面判案。李白一路豪饮，此时已是醉醺醺，骑着小毛驴，不知不觉地进了县衙门。县官一看，我这正在审理案件，怎么突然闯进来一个人。很是恼火，吩咐手下将来人押到堂上。李白到了堂上也不说话。县官大声说道：

"你是什么人，岂敢这样无礼？"

李白说："让我来写供词，告诉你我是何人。"县官让手下准备纸笔。李白并不写上自己的姓名，只写道："我用皇帝的毛巾擦过嘴，天子亲自为我调羹汤，高力士为我脱靴，杨贵妃为我捧砚台。天子门前都让我骑马，你县衙门前不许我骑驴！"县官一看，大惊失色，赶紧起身谢罪，竭力挽留李白，李白谢绝，跨上毛驴走了。看来，李白不仅是待诏归来带着醉意，就是平日里也是酩酊大醉。

这一故事当然有很多夸张与附会的成分，但可以看出李白当日身份之特殊，才华之高绝，志得意满，正处在人生的巅峰时刻。当时著名诗人贺知章甚至称李白为"谪仙人"。

什么是谪仙人？谪仙人就是谪居人间的仙人。贺知章在长安一见李白，就被他的风骨所吸引，当即解下自己佩戴的金龟来换酒，与李白一道共饮，并称他为谪仙人。李白《对酒忆贺监二首》序记此事，曰：

太子宾客贺公于长安紫极宫一见余，呼余为谪仙人，因解金龟换酒为乐。怅然有怀而作是诗。

紫极宫是京城中一座重要的道观。贺、李都对道教有强烈的兴趣，后来两人都有道士正式的身份。两人在道观中相遇，李白的"仙风道骨"给贺知章印象深刻，贺知章乃称他为"谪仙人"。京城中的人们很快就知道了这一称号。

贺知章（约659—约744），字季真，少时以诗文知名。"少小离家老大回"是他最流行的诗句。武则天证圣元年（695）中乙未科状元，此后一直在京城做官，官秘书监，李白诗题中称他为"贺监"。贺知章是越州永兴（今浙江杭州萧山）人，当地有四明山，故晚年自号四明狂客。天宝初，请为道士还乡里。归越，诏赐镜湖剡川一曲，御制诗以赠行，皇太子以下都跑来告别。"诏令供帐东门外，百僚祖饯于长乐坡，自李适以下作诗送之"。李白作《送贺监归四明应制》就是送行诗中的一首。"应制"就是应皇帝的要求而作的诗。李白作《送贺宾客归越》诗，曰：

镜湖流水漾清波，狂客归舟逸兴多。山阴道士如相见，应写黄庭换白鹅。

贺知章曾任太子宾客，故称贺宾客。此诗还有一个标题，唐写本作《阴盘驿送贺监归越》。古人写诗时往往无题，编成集子时多为后人所加，故题有所不同。"山阴"两句，是说晋代王羲之写经换鹅的典故。何法盛《晋中兴书》记载："山阴有道士养群鹅，（王）羲之意甚悦。道士云：'为写《黄庭经》，当举群鹅相赠。'

乃为写讫，笼鹅而去。"李白用这个故事来称赞贺知章书法之妙，作品为人所推崇。

贺知章官位高，为人旷达，好酒，有"清谈风流"之誉，他称李白为"谪仙人"，可谓极大的褒奖。李白不仅看重谪仙人的名号，更看重与贺知章的这段交情。两人相见时，李白四十二岁，贺知章已经八十多岁，可谓忘年之交。

李白与贺知章又是"八仙"中人。八仙就是八位如仙人一般的饮者。范传正《李公新墓碑》中说："秘书监贺知章号公为谪仙人，吟公《乌栖曲》，云：'此诗可以哭鬼神矣。'时人又以公及贺监、汝阳王、崔宗之、裴周南等八人为酒中八仙。朝列赋《谪仙歌》百余首。"他们在京师颇有影响。杜甫所作《饮中八仙歌》生动地描绘了贺知章、汝阳王李琎、恒山王李承乾的孙子左相李适之、崔日用之子袭封齐国公的崔宗之、苏珦之子曾知吏部选事的苏晋、李白、书法家张旭、布衣焦遂等八位饮者的形象与个性：

> 知章骑马似乘船，眼花落井水底眠。汝阳三斗始朝天，道逢麹车口流涎，恨不移封向酒泉。左相日兴费万钱，饮如长鲸吸百川，衔杯乐圣称避贤。宗之萧洒美少年，举觞白眼望青天，皎如玉树临风前。苏晋长斋绣佛前，醉中往往爱逃禅。李白一斗诗百篇，长安市上酒家眠。天子呼来不上船，自称臣是酒中仙。张旭三杯草圣传，脱帽露顶王公前，挥毫落纸如云烟。焦遂五斗方卓然，高谈雄辩惊四筵。

"饮中八仙"虽以饮酒著名，但都体现出了各自卓荦不群的个性。李白名列其中，也因其不肯向流俗低头的秉性而著称。

李白喜爱谪仙人这一称号，很大程度上，也是它切合了李白的自我想象。谪仙不仅在于其"仙风道骨"，其对理想境界的向往，同时也表现出对世俗的一种超越态度。像任华在诗中所描写的那样："目送飞鸿对豪贵。"李白用仰望飞鸿、仰面朝天的方式来对待王公贵戚，寓含着对嵇康精神的赞许与继承。

还有一位历史人物东方朔也是李白倾慕的对象。东方朔，字曼倩，平原厌次（今山东惠民）人。汉武帝时为太中大夫，诙谐滑稽，善辞赋。起初，武帝下诏召贤才，东方朔上书，说自己能背书，已经背得 44 万言，"言"就是"字"。诗书礼乐，背了 22 万言，兵法也背了 22 万言。自称："臣朔年二十二，长九尺三寸，目若悬珠，齿若编贝，勇若孟贲，捷若庆忌，廉若鲍叔，信若尾生。若此，可以为天子大臣矣。"皇帝觉得他吹嘘得很可爱，就召他为待诏。他机智聪明，鬼点子很多，又能"射覆""隐语"，很得皇帝"爱幸"。"射覆"就是把什么东西藏在盆子下面，然后让人猜。猜对一样，可能是巧合，但东方朔竟然都能猜中。"武帝既招英俊，程其器能，用之如不及"。当时"国家多事，自公孙弘以下至司马迁，皆奉使方外，或为郡国守相至公卿"，就在国家需要人才之际，他却始终未被重用，只能与枚皋、郭舍人在天子左右，充当弄臣，真正的才能没有机会得以施展。对东方朔的苦闷，李白真是感同身受，所以他在诗中经常提到东方朔，《书怀赠南陵常赞府》曰：

岁星入汉年，方朔见明主。调笑当时人，中天谢云雨。一去麒麟阁，遂将朝市乖。

诗人用东方朔的事来说明自己的经历。岁星即木星，岁行一次，

201

故名岁星。东方朔谒见明主，李白入京供奉翰林。但他在翰林的任上嘲讽权臣，不得不离开朝廷，无法再感受圣上的雨露恩泽，即所谓"谢云雨"。麒麟阁，汉代所造楼阁，在未央宫中，藏秘书、处贤才之地。"一去麒麟阁"指诗人离开翰林院；"朝市乖"指离开京城。

李白《送王屋山人魏万还王屋》诗中曰：

> 仙人东方生，浩荡弄云海。沛然乘天游，独往失所在。

后世的东方朔已经神化、仙人化。李白想象着仙人东方朔游荡在云海之上。东方朔成了天上的岁星，是太白星精下凡，游历人间，以观天下，他不再是皇帝之臣。

李白本人也被世人称为谪仙人，他想象着自己就是当年的东方朔，也是岁星下凡。《留别西河刘少府》诗中曰：

> 谓我是方朔，人间落岁星。白衣千万乘，何事去天庭？

《赠崔司户昆季》诗中自认是岁星，说：

> 攀龙九天上，忝列岁星臣。

岁星、太白星精，或者是谪仙人，都是具有特殊才能的人，是有道术的人。道术在传统文化中，可以有多种含义，但至少有一种意思是非常明确的，就是"君人南面之术"，即建立国家与管理国家的办法。掌握道术的人，就可以用道术帮助君主建立王道或霸业。汉代，太白星精是东方朔，李白自称岁星，也暗指自己掌握了道术，具有政治才能。岁星、太白星精在不同朝代，体现在不同的人身上，变化无常。在东周时是老子，在越国是范蠡。所以《风俗通义》曰："俗言东方朔太白星精，黄帝时为风后，尧时为务成子，周时为老聃，在越为范蠡，在齐为鸱夷子，言其神圣，能兴王霸之业，变化无常。"

岁星、太白星精，或者是谪仙人，具有文治武功的特殊才能，因此具有特殊的身份，不再是一般的臣。夏侯湛《东方朔画赞》称赞东方朔：

> 戏万乘若寮友，视俦列如草芥。雄节迈伦，高气盖世，可谓拔乎其萃，游方之外者已。

这正是李白看重东方朔的地方。李白一直渴望实现自己的政治理想，但他不想从朝廷的小官小吏做起，而是一夜至卿相，作为君王辅臣救天下于水火之中，实现自己的宏伟抱负。在建立功业之后，拂袖而去，退隐山林。这不是一般士人的人生轨迹，这一人生轨迹的背后需要一种特殊的身份。这就是东方朔"戏万乘若寮友，视俦列如草芥"的"外臣"的身份。

中国古代的君臣关系并不是人们认为的那么简单：君主发号施令，群臣绝对服从。现实的政治关系往往复杂而富有弹性。

尽管《诗·小雅·北山》中说："溥天之下，莫非王土。率土之滨，莫非王臣。"看起来，天下所有的人，不是王的臣，就是王的民。王说一，臣民不得说二。实际上，古代大臣具有一定程度的自主性。当臣民完全听命于君主时，事实上隐含着一个假设，那就是君主与社稷天下的利益完全吻合，或者说君主是绝对圣明的。所以，古代大臣有"从道不从君"的原则。朝臣最重要的品质不是服从君主，而是服从天下最高的政治利益，即对社稷天下负责。这样的大臣历来被称为社稷之臣。

早期儒家经典著作充分强调这一点。《论语·述而》载孔子的话："用之则行，舍之则藏。"又《卫灵公》篇载孔子语："邦有道，则仕；邦无道，则可卷而怀之。"这是说士可以参与政治，也可以退出，具有一定的自主性。孟子以君主的指导者自居，当君主所为有害天下，须平视君主，劝谏君主，臣并不仅仅是服从。

"外臣"具有类似的与君主保持独立性的特征。李白在《古风》其十七中说：

西上莲花山，迢迢见明星。素手把芙蓉，虚步蹑太清。霓裳曳广带，飘拂升天行。邀我登云台，高揖卫叔卿。

诗的主旨就是想象进入天界，向仙人卫叔卿致礼。葛洪《神仙传》记载了卫叔卿的故事。

一天，汉武帝闲居在殿上，忽然一个人乘着云车，驾着白鹿，从天上飘然而至，出现在他的面前。看到眼前这一情景，武帝非常吃惊。他登基以来一直热衷于求仙问道，做了皇帝的都想长生不老。天上下来的人看上去三十多岁，色如童子，穿着羽衣，戴着星冠，外表非凡。皇帝问道："你是何人？"那人回答说："我乃中山卫叔卿也。"皇帝说："你如果是中山人，那就是朕臣，可以和我说说话。"卫叔卿一听这话，大失所望。本来听说皇帝喜欢仙道，对仙人必定是优礼相待，所以他想见见皇帝，而今天皇帝却说："是朕臣也。""朕"是皇帝的自称。皇帝把他当成自己的臣民，这让卫叔卿很不乐意。他没有回答皇帝的话，转身就消失了。皇帝刚看到仙人，仙人转眼却消失了，他非常失落。于是派遣使者到处寻找，也到中山国去寻找，但是没能找到。"高揖卫叔卿"，表明诗人渴望参与人间社会的治理，施展自己的政治才能。但这种参与政治的路径，并不是通常朝廷官员、政治家的路径，而是以一种局外人仙人的身份，或者以一种"外臣"的形式，即不属于皇帝朝臣的身份参与朝政。李白在《金陵与诸贤送权十一序》中自称：

> 吾稀风广成，荡漾浮世，素受宝诀，为三十六帝之外臣。

道教有"三十六帝"的说法，即天界三十六个区域中的三十六个天神。道教构想的天界，天有九重：神霄，青霄，碧霄，丹霄，景霄，玉霄，琅霄，紫霄，大霄。每重天另外再各生出三种天，这样每重天划分为四个区域，九重总为三十六天（宫）。另一说法是"三清三境三十六天"。天界三十六个区域或者说三十六宫各分设一帝，故有"三十六天帝"。

"外臣"指方外之臣，权力系统之外的臣。虽然名义上是臣，但没有直接的隶属关系，与君主保持一定的距离。李白声称自己"三十六帝之外臣"，暗示自己真正的身份是天上仙人。李白想象自己如卫叔卿非汉臣一样，也非唐天子之臣，尽管为世所用，但保持着独立的人格。

李白一生都在追求的壮阔宏伟、激情豪放，这是他的人格理想。他的诗歌热情奔放，已经不单是风格问题，而是其人格的投射，其内在人格的直接显现与追求。诗人的人格就是豪放本身。但在传统社会，作为一个王朝的臣民，他无法真正实现这样独立豪放的人格，李白的人格追求必然与外部环境矛盾，必然与王朝最基本的身份约束发生冲突。李白想要追求、完善这种人格，就必须摆脱作为天子之臣的身份。但在当时的条件下他无法摆脱"臣子"身份。李白在谪仙、外臣的身份当中，在卫叔卿、东方朔的形象当中，找到了解决自己难题的路径与身份的归宿，他们既可以为社会、为天下、为国家做出贡献，同时又摆脱了作为天子之臣的身份。在某种意义上，他要与君王平起平坐，获得"戏万乘若寮友，视俦列如草芥"的特殊地位。

李白禀赋异常，天资卓越。当贺知章这样的名士称他为谪仙人时，确实让李白相信自己真的是天上神仙，谪降尘世。他需要在世间做出一番惊天动地的事业，来证明自己是天人。但他不会像常人一样做一个普通官吏，他需要保持外臣的姿态介入事务。盛世之时，他走上司马相如、扬雄的道路，试图作为文学侍从与君主以师友身份相处。若时局有变，风云动荡，则将效法鲁仲连、谢安等人，乘时而出，力挽狂澜，建立功勋，然后及时隐退，在历史上留下一个奇士与高士相结合的伟大传奇。只有这样一个轨迹，诗人李白才可能保持自尊、自信、自负，同时实现其理想的慷慨豪纵、奔放不羁的人格。

七、壮志难酬

但宫廷中的日子很难持续下去。李白既看不到实现理想的希望，又看不到在庸碌之中苟且的意义。

李白的理想就是参与政治。他青年时代就立下大志，"申管晏之谈，谋帝王之术。奋其智能，愿为辅弼。使寰区大定，海县清一"，即辅佐君主实现天下太平的政治理想。他渴望成为像姜太公、管仲、诸葛亮那样的人物，一旦明主慕名垂顾，便随之出山，大展宏图，建立不朽的功业。

但现在，他仅仅作为文学侍从，陪侍皇帝游宴娱乐，很难参与到朝政之中，更不用说推行管仲、晏婴的治国之道，实施改革社会的各项措施，实现远大理想。当然，文学侍从并非不能从政。历史上，许多帝王身边的文学之臣，都凭借自己的才华，从艺能走向政治领域，如李白家乡的先辈司马相如、扬雄等人，起初都是以文学博得帝王的好感，后来参与朝政。特别是司马相如，曾奉使安抚西南地区的少数民族，很有作为。李白之后，中唐政治家王叔文起初只是擅长围棋而待诏翰林院，之后谈论治国方略，受到德宗的重视，继而侍奉太子，掌管行政。

李白想象自己能如司马相如那样，因文学得以亲近皇帝，并进一步介入政治。他在《书情赠蔡舍人雄》一诗中说："遭逢圣明主，敢进兴亡言。"李白并非不安于待诏翰林，作为近臣，他比一般的官员有更多的机会接近天子，并且有机会向皇帝展示自己的政治抱负与政治才能，但现实是，这样的机会确实很少。

除文学之外，李白确实也参与了一些行政事务。李白的传记中都提到他曾"草答蕃书"。但这个蕃书究竟来自哪里却是不得而知，有推测是吐蕃的文书。如果是吐蕃文书，以当时密切的汉藏联络，说大唐文武官员，没有一个能读懂吐蕃文书，似乎不合情理。冯梦龙编《警世通言》卷九《李谪仙醉草吓蛮书》中认为蕃书来自"渤海国"，但渤海国位处东北，是由靺鞨族建立的国家，已能使用汉字，汉化程度很高，李白不必用"蕃书"作答。又有人推测是中亚某国的文书。丝绸之路沿线上有许多国家，大唐以其繁荣昌盛迎来了万国来朝的景象，唐都长安既是这条线上外交联络的终点，又是丝绸之路贸易的目的地。当时中亚的很多国家或部族，面积很小，人口不多，常常语言各不相通。他们所修的文书，没有汉文副本，满朝文武官员无人能看懂，也有可能。

贺知章向玄宗推荐李白，说李白家族长期居于西域，与胡、羌等民族联系密切。李白《寄远》诗中说"笔题月氏书"，当是能通晓异域文字。于是玄宗召李白上殿。李白看罢，转述书信的文意，并根据玄宗旨意，拟写了答复的文书。

李白《为宋中丞自荐表》中曾说：

> 天宝初，五府交辟，不求闻达，亦由子真谷口，名动京师。上皇闻而悦之，召入禁掖。既润色于鸿业，亦间草于王言，雍容揄扬，特见褒赏。

李白虽未专任草拟诏书的翰林学士，但因其富有文才，也有机会草拟诏诰，所谓"间草于王言"。魏颢《李翰林集序》中称李白时为贵门邀饮，已经半醉，天子"令制《出师诏》，不草而成"。

李白还写过政论性文章。刘全白在《唐故翰林学士李君碣记》中说："天宝初，玄宗辟翰林待诏，因为和蕃书，并上《宣唐鸿猷》一篇，上重之，欲以纶诰之任委之。"可惜文章已经亡佚，无从知道其中的内容。虽然有这些零星的政治介入，但总体而言，作为文学侍从，李白远远谈不上对大唐政治的实质性介入与影响。

更糟的是诗人遭受谗言，并由此受到君主的冷遇。宫廷内部，矛盾重重，正是钩心斗角的漩涡。魏颢《李翰林集序》中称李白曾半醉，天子"令制《出师诏》，不草而成，许中书舍人。以张垍谗逐，游海岱间，年五十余尚无禄位"。诗人"不草而成"，文才出众，皇帝答应任命他为中书舍人，这是隶属中书省"正五品上"的正式官员，不同于供奉之类的"私臣"身份。但《序》中说遭到玄宗女婿张垍的谗毁。

有人认为，诋毁挑拨出自宦官。李白的《清平调》中"借问汉宫谁得似？可怜飞燕倚新妆"，这本来是以汉代的赵飞燕来比拟杨贵妃，本意只是称赞杨贵妃美丽。但高力士却以此诗在贵妃面前挑拨，说赵飞燕出身下贱，而且与宫奴私通，诗中用赵飞燕来形容贵妃，有影射之意。这让贵妃十分生气，玄宗也有些不满，若贵妃是赵飞燕，自己岂不是昏庸的汉成帝了，由此开始冷落疏远李白。

李白好酒，诗酒并称，两者相辅，但奉诏之时，李白也是酩酊大醉，这怎么行呢？李白《翰林读书言怀呈集贤诸学士》诗中自称"本是疏散人"。他嗜酒狂放、不拘小节、不守约束，不适应官场上的繁文缛节和呆板规则。因此"格言不入，帝用疏之。公乃浪迹纵酒，以自昏秽"。李白看不到政治前景，更是纵饮狂放，这显然给朝中妒忌他的同僚以制造谗言的机会。

李白遭到谗言，现实处境艰难，距离自己的理想似乎越来越远。他在《玉壶吟》中感叹："烈士击玉壶，壮心惜暮年。"《世说新语·豪爽》中记载，东晋王处仲一喝酒就唱曹操《步出夏门行》中的"老骥伏枥，志在千里；烈士暮年，壮心不已"的诗句，边唱边用铁如意敲打玉壶，结果壶口都被敲坏了。《玉壶吟》即以此为题，自述诗人入朝始末，最后受到排斥，不得不离开京城的经历，诗的最后四句说："西施宜美复宜颦，丑女效之徒累身。君王虽爱蛾眉好，无奈宫中妒杀人。"诗人自比西施，而把朝中庸碌无能之辈比作丑女，她们效颦只暴露出装腔作势的丑态。作者自比美女，以"蛾眉"代称，受到宫中嫔妃的谗毁。

李白对政治天真而热情，世俗的荣华在李白的心目中并没有地位。但这种价值观念在官场上是行不通的。如果说，李白在布衣之时，为了进入仕途还不得不向各种官员投诗献赋，那么进入京城之后，李白就显现出了自己的本色，他不肯为自己的官运前程而向权贵们献媚，始终保持独立的人格。不肯趋炎附势又想继续留在官场中，甚至想在政坛上发挥重要的影响力，这在那个时代完全不可能。

李白离开京城，还有一个重要的原因，就是他对王朝内部状况的认识。未进京前，李白对于朝廷毕竟是一个局外人的观察，而供奉翰林之后，对朝廷内部就有了本质性的了解。唐王朝的盛世外表掩盖着某种矛盾冲突以及不合理的现象。玄宗已经不再是以前那位励精图治的皇帝，他安于国富民安的局面，贪图享乐，不问国事，就连早朝都多次被耽误。李白在《鸣皋歌送岑征君》诗中说：

> 鸡聚族以争食，凤孤飞而无邻。蝘蜓嘲龙，鱼目混珍。嫫母衣锦，西施负薪。若使巢、由桎梏于轩冕兮，亦奚异乎夔龙蹩躠于风尘？

小人得志的世界，朝堂充满了争食的鸡群，凤鸟只能远飞于山林，真正的君子无法立足。那些蜥蜴嘲笑巨龙，鱼目混在珍珠中，丑陋的嫫母盛宠一时，美艳的西施不受待见。这样的现状如同让高士巢父、许由被荣华所囚，让夔龙一般的臣子蒙受风尘。李白接触到王朝灰暗的一面，整个内心充满无奈、郁闷，进京之前他怀揣的美好理想和希望破灭了。

该怎么办，看来是无法继续留在长安了，往何处去呢？李白想到了《楚辞》中《渔父》一文。文中说"屈原既放，游于江潭，行吟泽畔；颜色憔悴，形容枯槁"。渔父见而问之，屈原曰："举世皆浊我独清，众人皆醉我独醒，是以见放。"渔父劝他"圣人不凝滞于物，而能与世推移"，何必深思高举，与世隔绝。屈原说"新沐者必弹冠，新浴者必振衣"，人都是洁身自好。我"宁赴湘流，葬身于江鱼之腹中"，也不愿蒙受世俗的尘埃。屈原高洁，宁赴湘流，与世永诀。李白无法选择这条路，他还有宏大的志愿要实现。在《沐浴子》中，诗人选择了自己的路径：

> 沐芳莫弹冠，浴兰莫振衣。处世忌太洁，志人贵藏辉。
> 沧浪有钓叟，吾与尔同归。

屈原说"新沐者必弹冠，新浴者必振衣"，沐是洗头发，洗干净头发，总得把帽子掸掸再戴上；浴是洗澡，洗完澡，总得"振衣"，把衣服抖干净再穿上身。李白说："沐芳莫弹冠，浴兰莫振衣。"沐浴之后不必弹冠振衣，有点脏不必在意。处世不能太高洁，志士要懂得收敛。为人高洁，锋芒毕露，都将为世所不容。渔父莞尔而笑，划桨去了。李白也想像沧浪钓叟一样，隐居江湖，逍遥世间。

天宝三载（744）春天，李白上书请求还山，玄宗准许了他的请求，赐给他一笔钱财。诗人离开了京师。诗人说：

> 临当欲去时，慷慨泪沾缨。

李白为人乐观开朗，不太爱写愁苦的诗。事过多年，他才讲起来离开京城时的情形。离开京城之际，李白回望一眼华丽绚烂的宫殿，内心充满无限酸楚。诗人觉得自己像一只落羽的鹦鹉。《初出金门寻王侍御不遇咏壁上鹦鹉》曰：

> 落羽辞金殿，孤鸣咤绣衣。能言终见弃，还向陇西飞。

诗题一作《敕放归山，留别陆侍御不遇，咏鹦鹉》。侍御，即侍御史，御史台的官员。绣衣，官员的朝服，此指侍御。陇西，指陇山以西地区，今甘肃六盘山以西、黄河以东一带。古人以为，鹦鹉出自陇西，而李白的祖籍也在陇西，"还向陇西飞"，有回故乡的意思。

诗人还写下了《东武吟》。前半述奉诏入朝，后半抒"一朝去金马，飘落成飞蓬"的感慨。金马即金马门，汉代宫门名，此指在朝供奉翰林。元人萧士赟称李白"抱材于世，始遇而卒不合，见知而不见用。……眷恋不忘之意悠悠然见于辞外，亦可慨叹也已"。诚如此言。

第七章　徘徊与漫游

两年前，李白来到长安，入朝供奉翰林，当时无限风光，奢华场面，历历在目。诗人后来回忆说："天门九重谒圣人，龙颜一解四海春。彤庭左右呼万岁，拜贺明主收沉沦。"真可以说是无比荣耀，如今，一别繁华，周遭清冷。当时与他套近乎的"朋友"们，如今没了踪影；昨天还信誓旦旦的知己，今日也已是关门谢客的陌路人。"一朝谢病游江海，畴昔相知几人在？前门长揖后门关，今日结交明日改。"诗人变得清醒冷静，他把精神寄托重新放回到山水之中，他准备云游四方，求道访仙。从天宝三载（744）离开京城长安，到天宝十四载（755）安史之乱爆发，这十余年时间，李白基本都是在各地漫游。

他需要休息，需要等待。

一、相遇杜甫

天宝三载（744）李白离开长安，来到洛阳，不久就与杜甫相遇。

李白此时已经很有声名。还没有到洛阳，当地的文人已经把他即将抵达的消息传开了。这两年，李白的诗歌流行在两京地区。洛阳的文人，只闻其诗，却不见其人。不少后进文人对李白十分向往。其中有一位年轻诗人，颇为推崇李白，好几次寻找李白的行踪而不得，听说李白在江南，跟随过去，却发现他已经北上太原了，又闻李白在山东，等到漫游到了山东，却发现李白下江南了。这位年轻人正是唐代另一位伟大的诗人——杜甫。两位伟大诗人相逢，就仿佛广阔的夜空中两颗遥远的行星能够相遇，实在太难得了！著名诗人与学者闻一多在《唐诗杂论》中形容他俩的会面是"青天里太阳和月亮走碰了头"，他说，大概除了孔子与老子见面，在中国古代恐怕再也没有比此意义更重大的会面了。

杜甫比李白小十一岁。二十四岁那年，杜甫参加一次制科考试，即由皇帝特许的考试，但不幸落榜，由于李林甫作梗，那场考试没有一个人上榜。这几年杜甫一直云游齐赵，结交朋友，虽然有些文名，但在入仕进身方面却毫无进展。这个看似太平的盛世，隐藏着危机。杜甫内心有些迷茫，不知道该往何处去。他了解到李白，李白以诗人之才供奉翰林，这对于正在寻找出路的年轻人而言，确实很有启发。但杜甫自己也不知道需要在泥泞中坚持多久才能迎来一次机会。

杜甫在洛阳奔波两年，没有什么结果，郁郁寡欢，而李白刚从翰林院出来，"脱身金闺"，向往山林。两人经历不同，然而心境有相似之处。杜甫有诗《赠李白》曰："李侯金闺彦，脱身事幽讨。亦有梁宋游，方期拾瑶草。"初次见面十分愉快，两人相约一道寻仙访道。王屋山在今天的河南与山西交界处，是济水的发源地，山势巍峨，树木繁茂，多有道观，为道教胜地。著名的道士华盖君住持的道观就在那里。何不到那里一游，撷拾瑶草？

秋天到了，李、杜两人各自忙完手中的事情，如期赴约"梁宋游"。他们乘着一叶小舟渡过了怒涛汹涌的黄河，直奔洛阳西北不远的王屋山。

他俩一边吟唱诗歌，一边沿着崎岖的山路，拾级而上，"三步回头五步坐"，不时地停下来休息，并环顾欣赏四周一片秋景。山中的草木清香、潺潺水声，总是让人的精神得到舒缓，隐约可见的小路，是灵魂舒展的轨道。杜甫感觉城市带给他的枷锁，在山中一点点挣脱，就连心中的文字也仿佛不再需要苦吟，也不需要琢磨。"千岩无人万壑静""松风涧水声合时"，山中的清风无羁而无束，心灵闲适和自由，此时心中流淌的诗句，仿佛心画一般。

他俩终于远远可见道观青青的屋瓦。几间白茅草屋掩映在丛丛秋树之中，蒿草没膝，院门虚掩，平日冷清的道观此时显得更加寂静。两人觉得有些奇怪，在门口呼唤了半天，才有一位长者缓缓地推开门走出来。但是，长者却不是华盖君，而是华盖君的大弟子卢老。卢老告诉两位诗人，华盖君已经仙去。念着二人求访的虔诚，卢老带他们在道观中游览，还特意打开了封锁已久的华盖君修行炼丹的静室，让他们凭吊致意。

梁、宋都是古代国名，唐代又称汴、宋，分别指汴州与宋州，汴州在今河南开封市一带，宋州在今河南商丘市一带。但两地名称历史上经常相混。商丘，古代是睢阳古城。周武王灭商，将商纣王的庶兄微子启封在那里，称之为宋。汉文帝起初将儿子梁孝王刘武封在开封，称为梁，但后来迁到商丘，仍称为梁。这样，商丘市一带就有不同的名称：两汉、六朝时称为梁国、梁郡；隋唐时代称为宋州。距离商丘不远的开封，隋、唐时期通称为大梁。梁、宋地缘相近，多次改称，故多相混。梁王在商丘大兴土木，故传下了很多名胜古迹。

正巧，诗人高适也在这一带活动。高适以边塞诗闻名，但此时仕途坎坷，惆怅无比，与李、杜相遇，于是一道游赏。三人同行，一路上，开怀畅饮，纵情高歌，登高怀古，互诉衷肠，彼此间有了更多的了解，也加深了情谊。

唐时的梁、宋仍然十分繁华，杜甫《遣怀》诗中说"邑中九万家，高栋照通衢"，城中高楼广阁，鳞次栉比，富室大户，遥遥相望，人口稠密，经济繁荣，尤为突出的是，通衢大道分布很广，又有广济渠经过，因此水陆交通都十分便捷，被杜甫称为"舟车半天下"。正因是老地方，古代的遗风留存不少。豪门望族生活奢华，与过去梁王时候的情形差不多。显贵的门下云集着众多的宾客幕僚、游说之士，朱门之中，诗酒歌舞，欢声笑语，此起彼伏。

杜甫晚年在《昔游》中回想此时与李白、高适游单父台时说："昔者与高李，晚登单父台。寒芜际碣石，万里风云来。"单父台即宓子贱之琴台，在今山东单县南一里远的故单父城中。宓子贱是春秋时鲁国人，孔子的弟子，有德行，后来做了单父宰，善于用礼乐来教化、引导百姓，不用离开办公的地方就把单父治理得很好。看起来，很有点道家"无为而治"的气度。

单父县令见到这几位大诗人，特别是曾受过皇上优遇的前翰林待诏李白，十分高兴，邀请三位诗人在附近的孟渚泽一带打猎。本来就爱好游猎的诗人欣然答应。太阳刚刚升起，原野还飘荡着薄薄的晨霭时，他们就已经结伴携徒，跨马控弦，在猎场上驰骋开来。李白诗曰：

> 骏发跨名驹，雕弓控鸣弦。鹰豪鲁草白，狐兔多肥鲜。
> 邀遮相驰逐，遂出城东田。一扫四野空，喧呼鞍马前。

只听到阵阵弦响，嗖嗖箭发，但见兔死狐亡。顷刻之间，鸟兽走散，四野空荡荡。打猎直到日暮黄昏才收场。众人扛着猎物，回到城里，在单父东楼置酒设宴，各献所获，炮炙佐酒，好不热闹。县令召来两位官妓表演歌舞，为诸位劝酒助兴。长袖飘舞，姿态若仙，欢声笑语，夜阑酒酣，直到第二天清晨，众人才兴尽而散。

其后三人分道东下。高适有《宋中别周梁李三子》诗，其中云："李侯怀英雄，肮脏乃天资。"高适对李白颇为倾慕，诗中表达了朋友之间惜别之情。"肮脏"为褒义词，形容人挺拔不俗、刚直倔强。高适认为李白傲然独立的风姿，完全出之于自然，天性如此。李白为人，从仪表到作风，都给人以不同寻常的感受。魏颢在广陵见到他时，形容他"眸子炯然，哆如饿虎。或时束带，风流酝藉"。杜甫晚年作《遣怀》诗，追忆这段经历："忆与高李辈，论交入酒垆。两公壮藻思，得我色敷腴。气酣登吹台，怀古视平芜。"可见他们的游赏非常尽兴，彼此间的交情也非常深厚。

天宝三载（744）冬，李白回到鲁郡。

天宝四载（745）杜甫应齐州司马李之芳的邀请来到齐州（今山东济南）。齐州的名胜很多，有历山、大明湖等，湖光山色，景致绝佳，向来是士人云集的好去处。李之芳在大明湖畔、历山之下新建一亭子，取名历下亭。邀请诸位朋友坐在亭中，背山面水，尽揽幽胜，把酒临风，共叙朋友情谊，实在是赏心悦目、心情舒畅。北海（治所在今山东益都）距离齐州不远，李之芳的族祖李邕时任北海太守，也来到齐州。

李邕是唐代著名的文学家、书法家。父亲李善是《昭明文选》有名的注家。李邕性豪侈，驰猎纵逸，不拘细行，性格刚烈，疾恶如仇。武后时在朝廷上抗言争辩，人多为之担心，李邕答道："唯唯诺诺，我的名声怎么能在后世流传呢？"他的文章与书法的名声传布天下，李阳冰称他是"书中仙手"。

诸人聚于历下亭中，摆酒设宴，吟诗酬唱，相得甚欢。李白作《东海有勇妇》，诗中云："北海李使君，飞章奏天庭。舍罪警风俗，流芳播沧瀛。"对李邕极为称赞。杜甫有诗曰："海右此亭古，济南名士多。"此为后人传诵的名句，如今的历下亭（今名客亭）上还有清人何绍基所书此联，只是"海右"二字改成了"历下"。

此时，李白的家小一直住在鲁郡的任城（今山东济宁），附近有一些自己的田地。在外游历好几年，李白回到家中，邀请杜甫前来。

秋天，杜甫来到鲁郡。两人重逢，有了更多的了解，情同手足，一起把酒豪饮，相对促膝夜话，或谈天，或高歌，或登览，或访友，彼此真正成了知音。一日秋高气爽，李白想起在附近山中"闲园养幽姿"的范居士，便和杜甫一道，骑上马，寻访范氏去了。

范氏的隐所，李白好几年前来过，但这会儿出了城，才发现茫然不知该走哪条路，两匹马在荒坡上来来回回转了好几圈，才走上一条路边长有苍耳的小道。李白走得急，一下子从马上摔了下来，一头扎进苍耳堆里。苍耳是一种有刺的菊科植物，宽大的叶子上布满了锯齿，结的果实叫苍耳子，壳硬，还带着刺，很容易粘在人的衣服上。诗人倒在苍耳丛中，头发、胡子和衣服上都粘着苍耳果子。两人大笑不已，重新骑马上路。范居士殷勤好客，把臂将诗人们引进屋里，摆上酒水，与老友畅饮。不吃别的山珍海味，而是一盘可口的炒苍耳苗。这段经历，李白后来写进了诗里，诗题很有趣叫《寻鲁城北范居士，失道落苍耳中，见范

218

置酒摘苍耳作》。

诗歌生动地描写了这次出访的经历。杜甫也作有《与李十二白同寻范十隐居》一诗，诗中不仅记叙了此次访友的经历，也记录了两位诗人真挚的友情。随着两人相处日久，杜甫对于李白也越来越了解，不仅欣赏他的豪爽，也推崇他的诗歌："李侯有佳句，往往似阴铿。"阴铿是南朝诗人，擅长五言诗，风格清丽，长于写景，为时所重。杜甫称赞李诗已经达到了古人的境界。杜甫接着说："余亦东蒙客，怜君如弟兄。醉眠秋共被，携手日同行。"东蒙即是鲁郡一带。这几句生动地描写两位大诗人之间的友情的诗句，历来为人们所称道。

李白还是忘不了修道炼丹，常常带着杜甫寻访附近的真人董炼师。杜甫很感兴趣，受李白的影响，他学得还挺认真。"东蒙赴旧隐，尚忆同志乐。伏事董先生，于今独萧索"，过了很多年，"独萧索"的杜甫在《昔游》诗中还是把与李白等人跟随董炼师在修行静室、炼丹炉旁参悟学习的经历看成一大乐事。

两位诗人要分别了，杜甫要去长安，李白要去吴越。杜甫《赠李白》曰："痛饮狂歌空度日，飞扬跋扈为谁雄？"李白也写了《鲁郡东石门送杜二甫》为杜甫送行，情意深长，颇为动人：

醉别复几日？登临遍池台。何时石门路，重有金樽开？
秋波落泗水，海色明徂徕。飞蓬各自远，且尽手中杯。

两位诗人从此各奔东西，再也没能见面。但两人还有诗歌来往，李白想念自己的这位年轻朋友，写下了《沙丘城下寄杜甫》：

我来竟何事？高卧沙丘城。城边有古树，日夕连秋声。

鲁酒不可醉，齐歌空复情。思君若汶水，浩荡寄南征。

杜甫在长安也思念起李白，写下了名篇《春日忆李白》：

白也诗无敌，飘然思不群。清新庾开府，俊逸鲍参军。
渭北春天树，江东日暮云。何时一樽酒，重与细论文？

经过一段"醉眠秋共被，携手日同行"的生活，杜甫对李白的理解更深了。他称颂李白情思飘然流宕、卓异不凡，称赞他的诗歌已经到了"无敌"的境界。值得注意的是，杜甫准确地抓住了李诗的特点：清新、俊逸。诗中"庾开府"即南北朝北周的文学家庾信，擅长诗赋、骈文，作品清新艳丽，晚年风格转为苍凉沉雄。"鲍参军"即南朝宋时的文学家鲍照，长于乐府诗，特别是七言歌行写得酣畅感人，风格俊逸，影响很大。杜甫认为李诗清新有如庾信，俊逸类似鲍照，颇能把握李白诗歌的特点。杜甫不仅是李白的知己，也是李白诗歌的知音。两座高峰之间的距离总是最短。

　　杜甫此时在长安，长安在渭水边，故称"渭北"，景色是"渭北春天树"；李白此时所在的江浙一带，称为"江东"，杜甫想象他此时所见的情景是"江东日暮云"。两句看似平淡，却有新意：渭北的杜甫思念远方的李白，抬头远望，渭北春天的树伸向远方；他同时想象着江东的李白也正在想念自己，李白举目遥望，满天暮云正飘向西天。"春树暮云"后来就成了表达朋友思念的成语。

　　李白也很理解杜甫。据说他曾有一诗《戏赠杜甫》，诗曰：

饭颗山头逢杜甫，头戴笠子日卓午。借问别来太瘦生，总为从前作诗苦。

有人怀疑此诗是伪作，但诗中描写杜甫形象颇为生动，说杜甫由于"作诗苦"而"太瘦生"，可谓是抓住了杜甫的特点。李白天才俊逸，不拘约束，诗思泉涌，援笔立就，斗酒诗百篇；而杜甫作诗，态度谨严，字斟句酌，中年之后，心中抱负难以成就，于是便将"诗卷长留天地间"作为自己的人生目标，倾注心力集中于诗歌创作，呕心沥血，力求尽善尽美。杜甫作诗用心良苦，自称"语不惊人死不休"。两位具有强烈个性的大诗人相处在一起时，各自创作上的特点就更加鲜明了。对照自己下笔如注的写作，李白更能清楚地看到杜甫的"作诗苦"的特点。从这方面说，李白也是杜诗的知音。

　　李、杜个性不同，诗风各异，但是，两人深层的精神世界中却极为相似，颇有相通，都具有一种雄放、张扬、坦荡、执着的强大力量，这是他们彼此成为知己的基础。诗国的天才常常寂寞孤独，但李、杜同生于一个时代，又能相遇、相识，彼此成为知己，确实很幸运。

二、李杜诗风

　　李杜相识相遇之时，他们谁也不会意识到，两人不仅在文学史上被并称为"李杜"，而且被推为中国历史上伟大的诗人：杜甫被称为诗圣，李白被称为诗仙。两人共同成为中国古代诗人的杰出代表。

　　历代论者，在评价这两位诗人时，一直存在两种意见：一种意见是"李杜并重"，不分优劣。最典型的代表是韩愈，他说："李杜文章在，光焰万丈长。"即李杜两人诗歌成就各有所长，杜甫擅长格律诗，李白长于歌行。不分高下，也无法区分高下。

另一种意见则有所轩轾。或"抑李扬杜"，或"扬李抑杜"。多数论者认为杜甫诗更高一筹，尽管这一意见有时并没有明确地表示过，但意思就是杜甫的诗更值得推崇。从接受史上来说，杜甫诗歌的注释评论汗牛充栋，素有"千家注杜"之说。相比而言，李白诗歌的注释就没有出现这样的盛况。其中包含着某种文化的选择，人们普遍更容易接受杜诗，确实是事实。

历史上也有"扬李抑杜"之论，即认为李白诗胜于杜甫诗。但持有这派观点的论者似乎人数没有那么多，在文坛官场上的影响也比较小，"李白崇拜者中间做大官的很少"。

有一些论者，更推崇杜甫。叶燮《原诗》曰：

> 王世贞曰："十首以前，少陵较难入；百首以后，青莲较易厌。"斯言以蔽李杜，而轩轾自见矣。

王世贞的意思是李白不及杜甫。

杜甫在诗歌创作上达到极高的成就，其反映社会生活之广，观察之敏锐，情感之真挚，风格变化之丰富，对诗歌艺术手法贡献之大，创新开拓之多，都是毋庸置疑的；李白当然也有自身独特的诗歌风格与成就。对于这两位成就巨大、极富个性的诗人而言，人们已经很难加以比较。这就像一个长跑选手，一个短跑选手，两人都是顶级运动员，都富有实力，我们如何通过比赛来区分两人高下。李杜诗歌创作都达到了极致，二人之间已经到了没有可比性的程度。

通过欣赏杜甫的诗歌，我们可以形成一套阅读视角、分析方法、原则以及标准，用这套标准系统来读杜诗时，最能看出杜诗的特点、长处及其卓越的艺术成就。同样，通过欣赏李白的诗歌，我们可以形成另外一套阅读视角、分析方法、原则以及标准，用这套系统来品评李白诗歌时，也最能发现李白诗歌的特点、长处及其卓越的艺术成就。

这时，以评价李白诗歌的尺度来看杜甫，或者以评价杜甫诗歌的标准来看李白，都不尽合适。更重要的应该是看到他们各自诗歌不同的特点，而不是把两种不同的尺度，毫无理由地换算成统一的标准。

李白诗歌是我们现在已经不太熟悉的诗歌类型。它比杜诗更难分析，更难形成一套分析方法与法则。李白诗歌给人一阵阵强烈的情感感受，但你说不出它好在哪里。它通俗畅快、清澈透亮，而不像杜甫《秋兴八首》那样有很多内涵有待分析，但也因此，我们对李白诗歌除了几句天才豪放、雄奇俊逸等评价外，似乎就说不出更多什么道理来。我们能够说出李诗的主旨，但有些诗很难概括出清晰明确的意思脉络来，有些意象扑朔迷离。这或许是历代诗论能够形成千家注杜，而李诗的注释评说数量不及杜诗的原因。

在现代人看起来，李白杜甫两人的诗歌都差不多，但实际上有很大差别。但细致来看，对于精于诗歌创作的诗人来说，李白、杜甫所写的确乎是两种诗歌，两种很不相同的诗歌。李白长于歌行，杜甫精于格律，"太白以气韵胜，子美以格律胜"。

歌行乐府，就像诗骚、风雅，属于古老的诗歌传统。它们明显地来自共同体的艺术。作为共同体艺术，歌诗的功能，严格说来，并不在于个体对诗歌文辞形式的创造、阅读与欣赏，而是歌行对情感的激发。歌唱者能够聚集在一起歌唱，感受到共同的情感交流、融合以及情感凝聚力量，促进共同体成员之间的情感维系，这就是古代诗歌的目的。诗歌的意义不在于它的文学性，也不在于格律修辞上的高下，而在于共同体情感的满足。当然民歌乐府具有自身的文学性、艺术性传统，它有自身关注的题材，如情爱生活、女性生活中的可爱形象等，形式上强调意象的生动，对情感的激发、口语化、方言化的语言以及谐音双关手法等。但最重要的是，民歌乐府不是写出来让你感受到它的文字形式上的优美典雅，而是让你歌唱，通过歌唱而实现情感的激发与满足。

李白乐府歌行代表的正是这样一种古老的诗歌传统，一种共同体情感激发与满足的传统，而杜甫的格律诗代表的是一种新兴的诗歌样式，一种士人可欣赏咀嚼的文辞形式。李白是歌唱，杜甫是文学。

杜甫精于律诗，这种诗体，音调和谐，格律精严，需要在形式上细致雕琢，反复推敲，所以前人说杜甫诗以格律胜。南北朝时期开始盛行这种音韵格律形式方面的追求，并在杜甫手上达到了高峰，取得了举世瞩目的成就。诗歌创作欣赏由此进入自觉追求格律形式完美的时代。宋代江西诗派，推崇一祖三宗，崇尚杜甫字斟句酌、"语不惊人死不休"的精神，讲究诗歌的形式法。明清以降，诗人作者专注于诗文作法。方东树《昭昧詹言》卷十二曰："大约古人不可及，只是文法高妙。"诗歌形式技巧方面斟酌推敲受到很大的重视。自唐代以后，格律诗创作持续了上千年。

歌行的功能正在于激发人们的情感、感性，让人兴奋、起兴，方东树所谓"读之使人气王（旺）"。把所有在场的人都吸引到歌诗所带动起来的激情慷慨的流动当中，并且保持这种流动性，不受干扰，没有停顿，直到把情绪推向最高潮。所以，歌行不能停顿，不宜深思，句式不能复杂，像杜甫"香稻啄余鹦鹉粒，碧梧栖老凤凰枝"，肯定不符合歌行的格调。歌行的目的在于推动歌唱者、唱和者感性的兴奋流动，而不是理智的凝思。

所以，歌行必须写得相对通俗、浅率。很多论者都看到了李白"开出浅率一派"，认为李白虽"有神来之句，而粗劣浅率亦在此"。《诗辨坻》谓"歌行，李飘逸而失之轻率"，因为论者已经不认得这种共同体艺术的后裔，而把通俗、浅率、直白看成是李白歌诗的缺点。歌行需要的正是通俗简单，只是李白天资卓越，至性天真，故能把浅近写得富有韵味，耐人寻味。

讲究格律、形式上的雕琢，在写作上需要消耗更长的时间，即所谓"苦吟"。然而，诗人的激情、人的感受性都具有一定的时间性。在李白的诗歌中，我们至少可以感受到一种与情感同步的书写特征，即情感、激情涌动之时，诗人能够在与情感状态相协调的条件下从事写作。李白以及他人的描述，都说明他写诗很快，"立马赠别""十篇立就，文不加点"，都是强调诗人吟诗与自身的情感状态之间某种节奏上的协调。这样的诗歌，读者千载之下仍然能够感受到诗人情感的奔流。

如果是苦吟式写作，诗人此时所具有的某种强烈的感受，经过太长时间的推敲、苦吟，感受往往会发生变化，也许变成与诗歌所要表达的情感状态不甚关联的状态。这样，诗歌就不再是一种即时性的表达。

尽管现代理论并不主张诗歌情感表达的即时性，它强调的是理智的作用，并认为诗歌表达的并不是作者自身的情感，而是情感形式、情感概念。但重视格律形式、词语雕琢的写作，确实改变了诗歌与情感之间天然的协调关系，减弱了诗歌即时的抒情功能，降低了它与作者、朗读者、吟唱者情感之间的协同性。

推敲苦吟的诗歌更适合阅读，适合文本欣赏，它强调的是诗歌的文学性，而不是古老歌唱的抒情、助兴的功能。李白所代表的古代民歌乐府，正是古老的歌唱模式、歌唱传统。杜甫诗歌代表了一种新的文学接受模式，诗歌在此从音乐转变成文学。

三、入道仪式

离开京师之后，诗人情绪低落，非常失望。此时遁入道门成了他的选择。道门之内，人们以共同的信仰、价值取向相处，无论是士是庶，是男是女，都不太重要，世间上下尊卑的等级相对淡化，道观成了精神疗养之所。

天宝三载（744）李白离开京城，到达洛阳，与杜甫、高适"梁宋游"之后就到达了齐州。在齐州历城（今山东济南）的道观紫极宫，李白接受了受箓仪式。这意味着他正式成了道士。

李白年轻时辞亲远游，二十年来，一直渴望介入朝廷的政治活动，实现自己宏伟的理想。除科举之外，隐逸、献赋、求荐等各种寻求入仕的途径，他都尝试过，甚至已经作为近臣出现在天子的身边，但理想始终未能实现。这一路走来，他经历的磨难并不少，历经人间冷暖。但种种遭遇，从未压垮过他，他总是自比大鹏，欲重新振飞。

李白选择成为道士。这是他心中唯一可以"回去"的地方，尽管这不是世俗意义上的家，却是他精神的归处。少年时代，他便在大匡山的道观里学习和生活，道观供奉的神明，对李白而言，就像是家中的长辈一般，出远门或归家时总会前来拜一拜。在神明的注视下，心总是诚挚的，那些剪不断、理还乱的事情，总会慢慢寻得了方向，有了选择。

李白选择了一位自己中意的师父——安陵道士盖寰，前去求受法箓。他写有《访道安陵遇盖寰还为余造真箓临别留赠》一诗。

诗中称赞盖寰是一位有名的高道，中间述"为我草真箓"事，末尾赠言感慨。盖寰年幼时就得到道人的赏识。十岁之时，即能与九天的神明相通，能说出很多非小儿能说的至理大道，所谓"微言"。这引来了官至二千石的太守的注意，太守惊叹他的天赋能力。后来盖寰一心向道，投奔北海道士高如贵的门下，在"北海仙"高天师的道观中学习道书真箓的绝技。李白见到盖寰，为其气质所震撼，决定拜其为师。

授箓是成为道士必不可少的环节。颁发度牒是朝廷对道士身份的官方认可，但对道士而言，他们最看重的是道教神秘的符箓。符箓是符和箓的合称，道教中的一种法术。道士所书的符箓被认为具有特殊的功效，能够辅正祛邪，治病救人，是修道成仙的法宝。

箓文，通常写有"诸天曹官属佐吏之名"，即神灵名字，以供念诵，产生效力。"又有诸符，错在其间，文章诡怪，世所不识"。符箓术起源于巫术，始见于东汉。但在道教长期传习过程中，符箓术变得非常复杂，样式千奇百怪，由此演变成为一种"技艺"。汉代以来的典籍，符箓术常常被归入"术数"。

道教内如果不是亲信弟子，是不会传授符箓道法的。而传授过程，不仅需要得到师父认可的法箓地位，还要经过一个庄重的授箓仪式。因为这不是传箓者和受箓者两人的事情，中间有一个重要的媒介——神明，念诵法箓上神灵之名和匹配的咒语，可调遣天官功曹。这意味传授的过程，不仅仅是技艺的转移，还需要禀明神明，才能奏效。

盖寰让李白带着法箓前去齐州，找盖寰的师父天师高如贵，为其举行正式的受箓仪式。李阳冰《草堂集序》记李白"就从祖陈留采访大使彦允，请北海高天师授道箓于齐州紫极宫"。

李白到了齐州，等待传授仪式的举行。神圣的法事，需要择算良辰吉日，布置相应的法坛和旗幡，以告神明。在道教的仪式中，法箓是自然天成的，具有非同寻常的法力，是由元始天尊传授诸神仙，再授予俗世中人的。不同的符箓，吉凶不同，高天师翻开了法箓择日历，为李白选上一个吉日。

道教的仪式，虽然漫长，但讲究一个"心斋"。等到天师设好了道坛，备好法信——此次法事科仪需要陈设的供品、信物及法器，包括香果、剑器、符镜等物品，仪式所需的神圣空间便构筑妥当。仪式当天，李白比往时更有"谪仙人"仪态，他身着素色道袍，脚穿朱履，别了一根玉石簪，如一阵清风，缓缓走入道坛之中，神闲气定。天师身着青色道袍，手持香炉，口念咒语，向神灵申奏修斋建醮之旨意。迎神是重要的环节，也是法箓起作用的关键，如果没有神灵，法箓只是一张写满了符号的纸张而已。待到神明降临，李白叩拜，开始了传授仪式重要的环节——盟誓授经。

法箓并不轻易授予他人，受经诀只有经过了盟誓才能具有合法性。李白手持真香，上启神明，而后读盟文，以表示自己诚心接收这一道术的心意。盟誓之后，才开始正式的授经仪式。授经仪式漫长而枯燥，天师用手中的拂尘引导李白，李白坐在坛中，开始打坐冥思，将元神守在己身之内，等到内心达到清静、平和的境界，开始背诵经文，吟唱咒语。李白从口中一字一句地念出《道德经》，和天地万物的声音融为一体，像一首诗，像一首天地

228

之歌。围观仪式的人们，感受着李白周围的气息，恍惚间仿佛看见仙人一样。原本有些喧闹的环境，随着李白的吟诵，慢慢安静了下来，声音直抵人心。人们屏住呼吸，感觉仿佛有股暖流穿过身体，仪式上的人们也变得平和起来。

直到天师呼唤李白上前，将法箓交给李白，现场再度喧闹起来。完成了传经的仪式，便到了最后的送神环节。天师再度举起香炉，一边唱诵词章，一边围绕神座游走，通过"步虚旋绕"表达对于神明专程前来的礼敬。

仪式结束，李白缓缓走出道坛。他现在正式成为道士了。他在《奉饯高尊师如贵道士传道箓毕归北海》中曰：

> 道隐不可见，灵书藏洞天。吾师四万劫，历世递相传。
> 别杖留青竹，行歌蹑紫烟。离心无远近，长在玉京悬。

道教认为，符箓蕴含大道，经过漫长的岁月，世世传递，此时流传到李白的手中。符箓本身有着"传承"的意味。正式受箓以后，道士也受到符箓的保护，所以李白一直随身携带符箓，他在《留别曹南群官之江南》中说"身佩豁落图"，这个图大概就是符箓。

对于李白而言，他需要受箓仪式转变身份。传统时代强调士庶身份的区别，官人就是士，民众就是庶。官人具有一定的社会地位，拥有相应的特权，如免征税赋等。道士虽然不算是官，但在唐代也具有较高的社会地位。道士有道观，有道产，即维持他们生活的一些田产房产之类。唐代规定道士违规，州县官员不得擅自处罚鞭挞。所以李白成为道士，确实有身份保障方面的考虑。

但《留别曹南群官之江南》这首诗反映了诗人天宝以来的经历与心情。题中"曹南"即济阴郡曹州，今山东曹县。诗开首曰：

> 我昔钓白龙，放龙溪水傍。道成本欲去，挥手凌苍苍。
> 时来不关人，谈笑游轩皇。献纳少成事，归休辞建章。

就是说自己早年学道求仙，本来道成就要挥手仙去，可是时来运转，入京供奉翰林。虽然时有献纳，但是不蒙见听，只好离开朝廷而甘居林下。时运"不关人"，即不由人，非人力所能影响。"轩皇"本指黄帝，此借指天子所居的禁城，即翰林院。"钓白龙"，据《列仙传》说，陵阳子明喜好钓鱼，有一天在溪水当中钓得一条白龙，子明非常惊恐，赶紧把钓钩解开来，把龙放走。后来他又钓得一条白鱼，鱼腹中有书信，写着长生服食之法。于是子明到黄山采"五石脂"，用沸水服下。三年之后，白龙来迎他，成仙而去。诗人接着说：

> 十年罢西笑，览镜如秋霜。闭剑琉璃匣，炼丹紫翠房。
> 身佩豁落图，腰垂虎鞶囊。仙人借彩凤，志在穷遐荒。恋子
> 四五人，徘徊未翱翔。东流送白日，骤歌兰蕙芳。仙宫两无
> 从，人间久摧藏。

说这十年来，自己已无从仕的念头，只是双鬓如秋霜。本想驾彩凤以仙游，但"恋子四五人"，即标题中的"群官"，诗人放不下好友，所以迟迟未能翱翔远去，现在仙道与做官都没有着落，只是隐身人间。接下来，写江南风光物色、朋友思念之情以及云游

各地的感慨。诗人即将"之江南",游赏江南。登岳眺望百川,心中惆恨无限,唯有回到峨眉家乡,追随仙人骑羊子葛由游历仙境,才能抚慰内心。

受箓之后,李白回到鲁郡。杜甫来访,两人一同游历。送别杜甫之后不久,李白就大病一场。

四、绿珠红粉

歌行最关键在于情感的流畅,曲调与歌词意象是激发受众情绪的直接因素,所以歌行从不回避词语通俗、观念俗套、意象重复。特别是同类意象不断地重复、回旋、叠加,有如民歌的一唱三叹,使情感能够充分激发出来。卢照邻《长安古意》、张若虚《春江花月夜》都有这样的特点。

李白的《鲁郡尧祠送窦明府薄华还西京》一诗,正是通过某种意象的叠加、回旋、滚动,表现某种内在难以言传的感受:

> 朝策犁眉骊,举鞭力不堪。强扶愁疾向何处,角巾微服尧祠南。长杨扫地不见日,石门喷作金沙潭。笑夸故人指绝境,山光水色青于蓝。庙中往往来击鼓,尧本无心尔何苦。门前长跪双石人,有女如花日歌舞。银鞍绣毂往复回,簇林蹴石鸣风雷。远烟空翠时明灭,白鸥历乱长飞雪。红泥亭子赤栏干,碧流环转青锦湍。深沉百丈洞海底,那知不有蛟龙蟠。

这首诗写于天宝五载(746)秋,诗人大病初愈,诗题下注"时久病初起作",心情似乎有些低落。朋友窦薄华县令即将返回长安，诗人病起策马在三五少年陪同下，与窦明府同游鲁郡（今山东兖州）南郊的尧祠。登临览胜，因尧祠以寄慨，借送行以抒发悒郁不平之气。集中还有一首诗《鲁郡尧祠送吴五之琅琊》当是同时所作，都是游览尧祠兼送别。诗人喜欢尧祠一带的景色，所以"笑夸故人指绝境"，指点给友人看眼前山光水色的美景。这首诗几乎没有什么人称赞，只有《唐宋诗醇》卷六中称之为"神品"，评曰："起灭在手，变化从心。初曷尝沾沾于矩矱，而意之所到，无不应节合拍，歌行至此，岂非神品。"称赞此诗无拘无束而应节合拍，变化自然。犁眉骍指骏马，策，即策马。角巾微服，指普通的平民服装。金沙潭当是尧祠南面水池。但"尧本无心尔何苦"，究竟何指，颇令人费解。

中国古代一向认为尧舜之时是理想的黄金时代。夏、商、周三代，与之相比都有些逊色，更不用说后世了。孔子推崇唐尧，《论语·泰伯》载孔子曰："大哉尧之为君也！巍巍乎！唯天为大，唯尧则之。荡荡乎！民无能名焉。巍巍乎其有成功也；焕乎其有文章！"《礼记·礼运》中孔子所说的"大道之行，天下为公"的"大同"时代正是指尧舜的时代。大体儒道两家都崇尚尧舜之世，所以杜甫说："致君尧舜上，再使风俗淳。"可见尧"巍巍乎其有成功"，代表了古代的政治理想。李白认为实现唐虞之治，是"尧本无心"，无为而治，崇尚自然的结果。但"庙中往往来击鼓"的众人却并不懂政治，纷纷来尧祠祈福。"尧本无心"迎来的盛世并不是人们在诸如"尧祠"之类的地方祈求的结果。那么，李白所设想的精英辅政是否能有效，在这里也值得怀疑。在宫中的两年，他清楚地看到政治理想与现实有着多么大的差距。至少在尧祠游览之时，李白心中弥漫着一种多年追寻的理想瞬间幻灭之感。恰恰就是这种幻灭，让他感觉到眼前一切的不真实性："门前长跪双石人，有女如花日歌舞。银鞍绣毂往复回，箫林蹴石鸣风雷。远烟空翠时明灭，白鸥历乱长飞雪。红泥亭子赤栏干，碧流环转青锦湍。"鲜明生动清晰流转的意象不断地涌现，重叠在一起，营造出某种戏剧性。这几句诗诗家通常都不注释。在这里，单个意象本身的意思已经不太重要，重要的是连续的、不断重现的多个意象形成的整体效果。所以你问"远烟空翠时明灭，白鸥历乱长飞雪"这一句中远烟时散时聚，空翠的绿林时见时虚，白鸥群舞有如漫天飞雪，有什么深意，看起来确实没有。诗人似乎既没有用典用事，也没用什么修辞手法，就是纯粹描述。但它与其他意象综合起来，试图引发的就是意象缤纷、色彩斑斓、应接不暇之时对现实真实性的怀疑感受。

诗人不禁感叹往事如烟，繁盛皆为虚幻。他接着说：

> 君不见绿珠潭水流东海，绿珠红粉沉光彩。绿珠楼下花满园，今日曾无一枝在。昨夜秋声阊阖来，洞庭木落骚人哀。遂将三五少年辈，登高送望形神开。生前一笑轻九鼎，魏武何悲铜雀台。

诗人联想到洛阳昭仪寺前的池子，那本是西晋石崇的家池，或即诗中所称绿珠潭。潭水东流，钟情眷恋的一切都将变为陈迹。池南有绿珠楼，楼是石崇为绿珠所建。绿珠是石崇的爱妾，赵王司马伦欲夺之，绿珠泣曰："当效死于官前。"因自投楼而死，所谓"绿珠红粉沉光彩"。而当时楼下"花满园"，如今也是花无一枝在。诗人又联想到屈原，他洁身自好，高风亮节，辅佐国家，却被谗放逐，哀伤无比。"阊阖"此处指西风。屈原在《湘夫人》中唱到："嫋嫋兮秋风，洞庭波兮木叶下。"最后投江自尽。铜雀台，三国时曹操所建，遗址在今河北临漳西南。魏武帝曹操生前具有何等的权威，"笑轻九鼎"。一个王朝的权力他都能够轻蔑，生杀予夺，不可一世，但弥留之际，却要比常人还要悲伤。《文选》陆机《吊魏武帝文》中载武帝遗令曰："吾婕好妓人皆著铜雀台。于台上施六尺床繐帐，朝晡上脯糒之属。月朝十五，辄向帐作乐。汝等时登铜雀台，望吾西陵墓田。"他习惯了下命令来解决所有的问题，但即使他一辈子所有的命令都能被属下立刻执行，旋即奏效，此时下令自己的女人婕好妓人皆著铜雀台，遥望他的西陵墓田，又是何等徒劳。他已经习惯用权力解决人生中的一切，但面对自己的生死，他却像普通人一样无能为力。

最后与故人临别相期：

> 我歌白云倚窗牖，尔闻其声但挥手。长风吹月渡海来，遥劝仙人一杯酒。酒中乐酣宵向分，举觞醉尧尧可闻。何不令皋繇拥篲横八极，直上青天挥浮云。高阳小饮真琐琐，山公酩酊何如我。竹林七子去道赊，兰亭雄笔安足夸。尧祠笑杀五湖水，至今憔悴空荷花。尔向西秦我东越，暂向瀛洲访金阙。蓝田太白若可期，为余扫洒石上月。

白云指《白云谣》。《穆天子传》载，西王母宴饮穆天子于瑶池时，即唱《白云谣》："白云在天，山陵自出。道里悠远，山川间之。将子无死，尚复能来。"此处意思是期盼友人能够重逢。"尔闻其声但挥手"，看起来，本可以直接衔接下文"尔向西秦我东越"，即你准备到西京长安，而我准备往东越去，暂访海上仙山。但在"尔闻其声但挥手"与"尔向西秦我东越"两句之间，诗人穿插了一长串与前后似乎不太关联的诗句。这十二句诗，让人疑惑。明严羽、刘辰翁评点本《李太白集》载明人批语曰："'君不见'四句，……忽及绿珠，不知何谓。'但挥手'俗。'尧祠笑杀五湖水'句，'祠笑湖，亦是硬喝。'"

明朱谏《李诗辨疑》也说此诗："辞涉于诞，意无伦次。题云《鲁郡尧祠送窦明府薄华还西京》，前二十句只说自己到于尧祠，并尧祠景致，未曾见送别意。'君不见'以下却说绿珠潭及洞庭、铜雀等散话一场，与上尧祠又无相关。及至'举觞酹尧'及'尧祠笑杀五湖水'等句，与上文又不相蒙，'尔向西秦我东越'以下结语无所归著。徒尔夸诞，不相接续，又无照应，且中间句语多有粗俗，用字过于堆叠，恐非白之诗也。"不仅认为此诗艺术水准不高，甚至怀疑它不是李白的诗作。

诗人此时已有醉意，所以本是倚窗长歌《白云谣》，明府挥手作别。但诗人意犹未尽，诗兴再起："长风吹月渡海来。"在高亢兴致激发下的妙句，自然而来，水到渠成，可遇不可求。风月本无关，风吹不到月，但诗人眼里，却是海风吹明月，不是动了一点点，而是渡海而来。妙不可言。若是律诗，诗人还得构思与之对称的下一句，涌动的情思只好停下来，诗兴几为消散。而歌行正是要乘着这诗兴向前，于是脱口而出下一句："遥劝仙人一杯酒。"歌行并不在意这句说得多么普通，因为它意在让诗兴逗引诗句，让诗句温暖诗兴，长风海月，引来诗人求仙的梦想。奏乐和畅，众人酒酣意满，已是半夜，诗人举杯再祭尧帝，尧若听得到，应命皋陶手执扫帚，廓清宇内，扫清青天的浮云。诗人声称今日聚饮，豪纵狂放远远超过著名的襄阳高阳池的欢会，山简酩酊大醉，酒量何能与我相比？我沉醉的风度竹林七贤也追赶不上，王羲之所写《兰亭集序》的书法也没有什么可夸，这些基本上都是醉酒时说的大言。但最后一句，"尧祠笑杀五湖水，至今

235

憔悴空荷花"，又让人费解。学者认为其意是金沙潭水的清澈胜过太湖，但水边一带至今憔悴，只空余荷花。

但诗人到底想说什么呢？诗开头已经说唐虞之治是"尧本无心"，无为而治、崇尚自然的结果。那么如何来理解李白一直怀有的政治理想呢？如果天下治理只需要如尧本无心那样崇尚天道自然，那么如鲁仲连、谢安、诸葛亮那样在关键时刻安定天下的人才如何出现呢？如范蠡那样辅佐越王灭吴，成为霸主之后"遂乘轻舟以浮于五湖"、功成身退的故事也就不存在了。李白提到五湖多与范蠡功成身退的故事相对应："然后与陶朱、留侯，浮五湖，戏沧洲，不足为难矣"（《代寿山答孟少府移文书》）；"终与安社稷，功成去五湖"（《赠韦秘书子春》）；"不然五湖上，亦可乘扁舟"（《越中秋怀》）。所以尧帝要笑泛舟五湖的范蠡。范蠡憔悴，湖上空余荷花。朝中供奉翰林的经历，使李白对通过君主的知遇信任而实现伟大政治抱负的想法产生了深刻的怀疑。在这个意义上，李白是对自己多年以来坚信的政治理想展开了深刻的批判。

诗人李白在宫中两年之后，大病一场，尧祠游览确实在某种程度上引发出诗人内心的某种幻灭感。这是清晰的自我批判而带来的幻灭感。诗到最后，他再次与友人话别：你入西秦，我赴东越，往海上瀛洲寻访仙人之迹。将来你我在蓝田山、太白山隐居，你先帮我把月光下的石头清扫干净。在这种批判的基础上，诗人的隐逸上升到新的高度。

李白的歌行创作，需要我们用另外一种诗学标准、美学标准来看待，而不能用律诗的审美观点来衡量。它早已超越了通常格律范畴中所谓好诗的标准。诗歌不仅追求诗句形式、音韵格律上的严谨、均衡、匀称、优美，更重要的是强调情感的充沛，感受性的流动，并且借助诗歌自由灵活的形式，激发吟诵者的感性。诗中的意象随着情思、情感的流动、变幻、跳跃而变化，感性强烈，意脉流畅，形象夸张奇特，千变万化，充分展现了诗人丰富多样的想象。

五、梦游天姥

在《鲁郡尧祠送窦明府薄华还西京》一诗中，诗人就对窦薄华说："尔向西秦我东越，暂向瀛洲访金阙。"透露出准备游访越中的想法。很快，他来到宋城，又到了扬州。第二年即天宝六载（747），他从扬州、金陵转到越中。此后两年，多在金陵一带，直到天宝九载（750）秋冬返回鲁郡。

诗人寻仙访道，游览山水。《送杨燕之东鲁》曰："一辞金华殿，蹭蹬长江边。"虽名"长江"，亦指浪迹江湖各地。他在《草创大还赠柳官迪》中说："不向金阙游，思为玉皇客。"意思说，他现在不再想做官，而是热衷于修道炼丹，渴望达到神仙的境界。诗人早晨遥望海边的朝霞，挥动着双手："举手何所待？青龙白虎车。"（《早望海霞边》）他在期待什么呢？他渴望着真的有仙人所乘的青龙白虎车出现。

越中山水，令诗人激动不已，他写下了著名的《梦游天姥吟留别》长诗，诗开首曰：

> 海客谈瀛洲，烟涛微茫信难求；越人语天姥，云霞明灭或可睹。天姥连天向天横，势拔五岳掩赤城。天台四万八千丈，对此欲倒东南倾。

诗人说：海上仙境有瀛洲，四周波涛茫茫，无处可求。越人讲起天姥山，说是在或明或暗的云霞中只能依稀可见。天姥山，在越中剡溪附近，今浙江绍兴境内。传说人们在山里曾听到过仙人天姥的歌唱，山因此而得名。李白诗中说"天姥连天向天横，势拔五岳掩赤城。天台四万八千丈，对此欲倒东南倾"。天姥山并不高，但诗人却说天姥山的气势超过了五岳；天姥山本是天台山脉的分支，海拔当然不及，诗人却说天台山看起来仿佛倾倒在天姥山的脚下，天台山反倒成了天姥山的支脉。至于诗中说"天台四万八千丈"，与"白发三千丈"同样用了夸张的手法。

诗人总是充满想象，可是李白要比一般的诗人更具有想象的天赋。李白的诗中，梦幻般的情境、超越现实的景象如潮水般涌来。诗歌成了他脑海中幻境再现的形式，也是他满足因幻境而激动不已的心灵的主要手段。

让现代人费解的是，诗人竟然如此罔顾事实。诗人当然并没有完全不顾事实，只是这些事实往往是在强烈的情感感受状态下感知到的事实，此时，诗人往往会采用各种夸张、虚拟、比喻等手法。所以诗人说"天台四万八千丈""白发三千丈"就很容易理解了。诗人接着说：

> 我欲因之梦吴越，一夜飞度镜湖月。湖月照我影，送我至剡溪。谢公宿处今尚在，渌水荡漾清猿啼。脚著谢公屐，身登青云梯。半壁见海日，空中闻天鸡。千岩万转路不定，迷花倚石忽已暝。熊咆龙吟殷岩泉，栗深林兮惊层巅。云青青兮欲雨，水澹澹兮生烟。列缺霹雳，丘峦崩摧。洞天石扉，訇然中开。青冥浩荡不见底，日月照耀金银台。霓为衣兮风为马，云之君兮纷纷而来下。虎鼓瑟兮鸾回车，仙之人

分列如麻。

诗人梦见自己来到吴越的山水之间，在月光的映照下，飞过镜湖，来到剡溪边。南朝诗人谢灵运当年的住处分明还在，只听见附近流水潺潺，山猿清啼。他脚穿着谢灵运当年特制的登山木屐，沿着山路拾级而上，走到半山腰处，看见一轮红日正从海上升起，还听见天鸡高唱报晓。石径蜿蜒向上，诗人在花丛边倚石休息。忽然山谷变得昏暗起来，仿佛暮色降临。诗人不寒而栗，只听岩泉飞湍之音，熊咆龙吟之声，震荡在幽深的密林之中，回响在峡谷山崖之上。乌云涌动，水雾四起，好似山雨欲来。突然间，霹雳震响，峰峦岩石为之崩落。洞天的石门，轰然打开。一道强烈的光线直射出来，洞天福地之中光亮耀眼，金银台金碧辉煌，仿佛日月同时照耀。只见神仙纷然而下，"云之君"以彩虹为衣，长风为马，飘然而来。虎豹为之鼓琴弹琴，凤鸾为之驾车回旋，成群仙人排布得密密麻麻……可是，等到诗人惊醒，眼前烟霞四散，仙人也杳无踪迹。诗人最后感慨：

> 忽魂悸以魄动，恍惊起而长嗟。惟觉时之枕席，失向来之烟霞。世间行乐亦如此，古来万事东流水。别君去兮何时还？且放白鹿青崖间，须行即骑访名山。安能摧眉折腰事权贵，使我不得开心颜。

诗人不愿委曲求全，折腰逢迎那些权贵们，而是想骑着白鹿游访名山，过着无拘无束、悠闲自得的生活。有论者以为，此诗以天姥仙境喻朝廷宫阙，以梦游喻诗人入侍翰林，抒发失志去朝之情。

诗人经过扬州、金陵等地，最后到达越中。

六、不拘格律

他登天台山，拜访贺知章在四明的老家。几年前，贺知章还乡，李白作《送贺宾客归越》一诗送别。如今来到贺知章家中，却得知他回乡不久就病逝，于是作《对酒忆贺监二首》凭吊友人，其一、其二曰：

> 四明有狂客，风流贺季真。长安一相见，呼我谪仙人。
> 昔好杯中物，今为松下尘。金龟换酒处，却忆泪沾巾。

> 狂客归四明，山阴道士迎。敕赐镜湖水，为君台沼荣。
> 人亡余故宅，空有荷花生。念此杳如梦，凄然伤我情。

这两首是比较特殊的律诗，李白不仅乐府歌诗吟唱得自由，律诗也写得不受拘束。诗歌形式的表达服从感兴、情感的节奏。律诗每两句为一联，共有首联、颔联、颈联、尾联等四联。一般中间两联对仗。但这两首五律，李白写来，从头到尾都无对偶，如同古诗。有人说这是他受"选体"的影响。选体就是《文选》的诗体形式，那时格律尚未成形，自然没有定格可拘，因此形式上看起来就是"以古入律"。李白的很多五言诗，是古体还是律诗，很难区分归类，时而引起评论家的不满。

但李白天性豪放，这个豪放至少包含了两个特征，一是情感强烈。诗人感受到异常强大的内在情感的冲击。二是情感难以遏制。正因为情感强烈，所以难以遏制。一旦情感激发，诗人很难让自己的情感平静。要满足这种情感就是伴随着情感的起伏，顺应其节奏向前，并且激发语言表达，诉诸诗歌呈现这种情感。李白的诗歌就是与情感相辅相成的产物，情感喷涌勃发，诗歌脱口而出，虽有雕饰却完全依赖于自然天成。诗即情，情即诗。诗句形成之时，不干扰情感、感性的流动，所以前人称其诗"高畅"。"畅"就是情感的畅快。李白斗酒百篇，他激情澎湃之际，正是挥洒创作之时，文不加点，援笔立就。他不会停顿下来去斟酌对仗格律，他不会忽视内在的情感而去把诗歌创作变成一种更多理智权衡的工作。歌行乐府自不必说了，就是律诗写作，他也不喜欢让格律来处处束缚。保持情感勃发涌动，用古人的话说就是"以气为主"；创作之时，文不加点，脱口而出，就是"以自然为宗"；"其歌行之妙，咏之使人飘飘欲仙"，这是李白诗歌对他人的感染力。

对于情感体验而言，诗歌的文学性并不重要，格律形式的完美也不重要。相比体验的真实性而言，格律形式的完美只是一种抽象的存在。或者说相对于诗歌感兴、诗歌与情感之间的关系而言，诗歌的文学性欣赏是后来出现的潮流。《对酒忆贺监二首》，前人评曰"二诗皆平平，然情事足传"，李白重视的正是诗歌抒情传情的作用。这在《夜泊牛渚怀古》一诗中表现得更清楚，诗曰：

牛渚西江夜，青天无片云。登舟望秋月，空忆谢将军。余亦能高咏，斯人不可闻。明朝挂帆席，枫叶落纷纷。

牛渚又名采石矶，在今安徽马鞍山。此诗大约写于开元二十七年（739），诗人自杭州往楚地，溯江西上。南京以西到江西境内的长江段称"西江"。此诗写夜泊牛渚矶时怀古感慨，后来北宋苏轼《赤壁赋》的布局、意境与李白此诗很相似。

李白此诗也是不拘律诗形式的要求。律诗中间的两联通常都是对仗的句子，甚至首联、尾联都用对仗，但李诗八句全无对偶。按说它就是古诗，但全诗平仄皆合格律，前人称是"调律则律，属对非律"，意思是说从平仄声调上讲是律诗，从属对上讲不是律诗。诗人不拘格律更有利于传达出一种寥廓、澄明、空寂的意境与感觉，这是历史流逝的时间性的与空间地点的同一性交汇所带来的生命体验。诗题原注："此地即谢尚闻袁宏咏史处。"东晋谢将军谢尚，曾镇守牛渚，秋夜泛舟赏月，遇到书生袁宏在运租船中高声朗诵自己所作的《咏史》诗。谢尚大加赞赏，邀请袁宏前来，两人一直谈到天明。袁宏从此名声大振。诗人说我也能够咏诗，但谢尚将军已经听不到了。明朝挂帆远行，谢尚袁宏已不见，昨夜行舟望月也已成过去，唯有江岸枫叶飘零。王士禛《带经堂诗话》以为此诗"色相俱空，正如羚羊挂角，无迹可求。画家所谓逸品是也"。正是李白专注于自身内在的情感体验，文辞才得以更自由的形式与情感契合，飘逸隽永，令人神往。

李白天才，具有超凡的驾驭语言的天赋，又有青年时代的语言训练以及长期专注的诗文创作经历，所以语言表达在他那里仿佛是本能本性。一旦情感涌动，不论是强烈，还是深邃，诗句都能从他内心自然涌出，自然天成，出神入化。《唐宋诗醇》概括李白的诗歌倾向，是"以兴寄为主，而不屑屑以排偶声调。当其意合，真能化尽笔墨之迹，迥出尘埃之外"。兴就是感兴，就是我们说的感受、情绪、意脉的兴起与流动。兴寄，就是感兴情感寄寓于诗。当诗歌与感兴表达契合时，就看不到语言格律形式上的东西了，语言变成了透明。

古人认为，既然是诗，就要有格律规范。宋严羽《沧浪诗话》曰："有律诗彻首尾不对者，盛唐诸公有此体。……太白'牛渚西江夜'之篇，音韵铿锵，八句皆无对偶者。"明陆时雍《唐诗镜》卷二十曰："初唐以律行古，局缩不伸；盛唐以古行律，其体遂败。……《对酒忆贺监》《宿五松山下荀媪家》《宿巫山下》《夜泊牛渚怀古》，清音秀骨，夫岂不佳，第非律体所宜耳。"他们虽然肯定了李白这几首诗音韵铿锵，"清音秀骨"，但还是认为它们非律诗本色。

李白集中存诗约 1000 首，其中古诗将近 80%。格律诗中，五律约 90 首，七律只有 10 首，其中一首还只有六句。李白律诗数量少，一方面固然是律诗在形式上要求太多，与李白不喜欢受限制的个性不吻合。但更主要的是格律诗与李白的创作方向不吻合，格律把诗歌创作引向形式上过度雕琢打磨的方面去了。这样势必导致诗人感兴、寄兴、情感流动性不足或者消失了，至少李白不追求这样的诗歌。

李白在越中还写下其他的诗篇，如《越中秋怀》：

> 越水绕碧山，周回数千里。乃是天镜中，分明画相似。爱此从冥搜，永怀临湍游。一为沧波客，十见红蕖秋。观涛壮天险，望海令人愁。路遐迫西照，岁晚悲东流。何必探禹穴，逝将归蓬丘。不然五湖上，亦可乘扁舟。

此诗的特点在于诗人特别的句法，即上下两句构成一个完整的句子。如首句"越水绕碧山"，确实有一个相对完整的句义，但下句"周回数千里"，则非得联系上句，才形成完整的意思。当然，五言古诗自由灵活，往往需要联系上下两句一起来理解，但我们强调李白"十字一句"的特点主要是说，两句分开时，上下半句

243

就失去完整的意思了，如此诗中，"乃是天镜中，分明画相似""不然五湖上，亦可乘扁舟"，这两句中"乃是天镜中""不然五湖上"，句子只是说了一半，自身不能表达相对完整的意思，非得十字联在一起，才构成完整一句。这与五言诗通常上下两句各能读出一定语义的句式颇有区别，说明李白在诗歌形式上始终有各种探索尝试。

七、寒夜独酌

天宝六载（747）李白离开越中，准备启程回返鲁郡，但在金陵停留下来。

从去年秋冬离开东鲁的家，到现在已经有一年时间。他想念他的两个孩子。在《送杨燕之东鲁》诗中，他写道：

> 一辞金华殿，蹭蹬长江边。二子鲁门东，别来已经年。
> 因君此中去，不觉泪如泉。

李白的朋友回山东，他请求朋友代为回家看看："我家寄在沙丘旁，三年不归空断肠。君行既识伯禽子，应驾小车骑白羊。"他想象着几年不归，儿女都已经长大不少，爱子一定会驾着小车、骑着白羊在玩耍。想起自己的孩子时，这位狂放不羁的天才诗人终于显露出温情的一面。天宝八载（749），李白写了《寄东鲁二稚子》，更是充满了思念之情，诗曰：

> 吴地桑叶绿，吴蚕已三眠。我家寄东鲁，谁种龟阴田？
> 春事已不及，江行复茫然。南风吹归心，飞堕酒楼前。楼东

一株桃，枝叶拂青烟。此树我所种，别来向三年。桃今与楼齐，我行尚未旋。娇女字平阳，折花倚桃边。折花不见我，泪下如流泉。小儿名伯禽，与姊亦齐肩。双行桃树下，抚背复谁怜？念此失次第，肝肠日忧煎。裂素写远意，因之汶阳川。

李白看到吴地已经碧绿的桑叶，想起了他在山东家里的耕地"龟阴田"。山东泰山附近有龟山，山北曰阴，龟阴田即龟山北面的田地，此指李白在东鲁的田产。诗人想起临行前和孩子们一起种下的桃树。三年过去，桃树应当长高了，女儿平阳和儿子伯禽也日渐成长。他想象着平阳一手持桃花，一手牵着伯禽，盼着他回家的场景。抑制不住的思念，让李白感到肝肠寸断。"裂素"，指剪下丝帛来写信，表达自己在远方的心意。"汶阳"即曲阜。

金陵时期的生活，颇能显现出他矛盾、迷茫的内心世界。供奉翰林之前，李白胸怀大志，一心期望能够成就大业，然后归隐山林。这一时期他的人生目标非常明确，虽然多次遭遇挫折，但他始终充满自信，保持乐观的情绪。但两年多"近臣"的生活，一方面给他带来了荣耀，确立了他诗歌创作的重要地位，另一方面却摧毁了他早年的梦想，他所期望的政治理想根本就不可能实现。离开京城，他陷入迷茫的境地，失去了人生的方向。尽管他饮酒高歌，云游四方，寻仙访道，但这些似乎都不能使他躁动不安的心灵得以平静。

这一时期，李白有一首非常有名的诗，这就是《答王十二寒夜独酌有怀》。王十二当是李白亲密的朋友，他的名字现在已经不知道了。王十二写了一首诗《寒夜独酌有怀》，怀念李白。李白接到赠诗，也写一首诗回赠，所以诗题《答王十二寒夜独酌有怀》。诗开头是"昨夜吴中雪"，推测大约此诗写于金陵。

> 昨夜吴中雪，子猷佳兴发。万里浮云卷碧山，青天中道流孤月。孤月沧浪河汉清，北斗错落长庚明。怀余对酒夜霜白，玉床金井冰峥嵘。人生飘忽百年内，且须酣畅万古情。

诗人把王十二比作名士王子猷，点明寒夜独酌有怀的题义。王徽之（338-386），字子猷，是东晋书法家王羲之的第五个儿子。王子猷居于山阴（今浙江绍兴），一夜大雪，眠觉，开室，命酌酒，四望皎然，因起仿偟，咏左思《招隐诗》。忽然想起朋友戴逵，当时戴逵住在剡县，但王子猷还是连夜前往。船划了一夜方到，到了戴家门口，子猷没有进去就原路返回了。人问其故，子猷曰："吾本乘兴而行，兴尽而返，何必见戴？"李白说王十二就像王子猷一样有佳兴。接着诗人笔锋一转，抒发自己与王十二共有的不平与愤懑，斥责不合理、不公正的现象：不学无术、专横跋扈的人在朝廷得势，而正直的读书人、有才能的人不被重用，穷困潦倒。

> 君不能，狸膏金距学斗鸡，坐令鼻息吹虹霓。君不能，学哥舒，横行青海夜带刀，西屠石堡取紫袍。吟诗作赋北窗里，万言不直一杯水。世人闻此皆掉头，有如东风射马耳。

唐玄宗热衷于开边拓疆，天宝六载（747）谋划攻取吐蕃占据着石堡城。当时的陇右节度使王忠嗣劝谏，石堡城险固，吐蕃重兵坚守，攻之必死者数万。"今争一城，得之未制于敌，不得之未害于国，忠嗣岂以数万人之命易一官哉？"玄宗怒，贬王忠嗣为

246

汉阳太守。哥舒翰接替王宗嗣为陇右节度使。天宝八载（749）六月，以十万大军攻取石堡城。拔之，获吐蕃兵400人，唐士卒死者数万，果如王忠嗣所言。哥舒翰特进为正二品，唐制，三品以上服紫，故诗人说"取紫袍"。读书人正直理智，不会为邀宠而学浪荡子斗鸡，也不会为邀功，像哥舒翰那样不恤人命。这个世上，书生的主张无人理会，"万言不直一杯水"：

> 鱼目亦笑我，谓与明月同。骅骝拳跼不能食，蹇驴得志鸣春风。折杨皇华合流俗，晋君听琴枉清角。巴人谁肯和阳春，楚地由来贱奇璞。黄金散尽交不成，白首为儒身被轻。一谈一笑失颜色，苍蝇贝锦喧谤声。曾参岂是杀人者？谗言三及慈母惊。

自己曲高和寡，还遭人谗毁。"明月"谓明月珠，"鱼目亦笑我，谓与明月同"，即世间鱼目混珠。诗人接着感慨道：

> 与君论心握君手，荣辱于余亦何有？孔圣犹闻伤凤麟，董龙更是何鸡狗！一生傲岸苦不谐，恩疏媒劳志多乖。严陵高揖汉天子，何必长剑拄颐事玉阶。达亦不足贵，穷亦不足悲。韩信羞将绛灌比，祢衡耻逐屠沽儿。君不见，李北海，英风豪气今何在！君不见，裴尚书，土坟三尺蒿棘居！少年早欲五湖去，见此弥将钟鼎疏。

与友握手论心，引为同道，慨言荣辱穷达，不足牵动于心；贤愚富贵，皆是转瞬即逝，趁着年轻，早早隐于江湖。

这首诗感愤放达，纵逸豪畅，是李白的代表作。然而却有论者认为"此篇造语用事。错乱颠倒，绝无伦理，董龙一事，尤为可笑，绝非太白之作"。李白诗歌只要写得独特一点，通俗一点，元明一些论者就会以为是伪作，他们不能接受李白这类诗歌的特点，表明了他们还不能真正懂得李白。李白激愤无比，"董龙更是何鸡狗"，脱口而出，这种接近街头骂语的句子，读者立刻就感受到了诗人鄙视愤怒的情绪，真可谓特别"过瘾""得劲"，但这样的句子颇令深受儒家温柔敦厚诗教熏陶的诗家不知所措，所以他们坚信这样的诗绝非李白所作。董龙即董荣，前秦佞臣，典出《资治通鉴·晋纪》。

李白歌行都强调情感的抒发，意思相对通俗，语言也通俗，它要保持情感的舒畅。即使抒发激愤的情感，它在表达上也要求流畅。它不回避重复，意义上的重复，情绪上的重复。在《诗经》中，一唱三叹，三叹基本上还是原来的句式，只是改变一两个词语。但到李白这里，三叹意味着情绪没有结束，还在诗歌当中回旋荡漾，所以诗句意思相近，意象完全不同，纷至沓来，让人应接不暇，使人能够真切地感受到诗人情感的涌动。

八、梁园再婚

天宝九载（750）秋冬，滞留江南一段时间之后，五十一岁的李白回到东鲁，与孩子们团聚。大约在此前后，他来到梁园，与宗楚客的孙女结婚。宗楚客是皇后武则天同族姐妹之子，曾经三次做宰相，地位很高，但处于政治漩涡之中，因权力纷争被杀。

李白与第一任夫人许氏，生一女一子，女儿叫平阳，儿子叫伯禽，小名明月奴。许氏去世后，李白带孩子来到鲁郡，"合于刘"，大约是与刘姓女子同居。分手后，又"合于鲁一妇人，生子曰颇黎"。鲁妇在鲁郡照顾李白的孩子。五十岁时，李白与宗氏结婚。

鲁妇大约没有什么文化，但做饭、洗衣、家中内外都收拾得井井有条，打理家中的事务和照顾小孩颇有耐心，很受李白称赞。李白是读书人，无法明媒正娶她为妻，她所生的孩子颇黎，无法与平阳、伯禽相比，属于庶子。李白还是很看重自己这个儿子，取名颇黎。颇黎就是玻璃，玻璃在古代是稀世宝物。颇黎之名，说明诗人有心希望颇黎能成为卓尔不凡的人物。

当初李白游梁园的时候，留下的题壁诗打动了宗氏，宗氏不惜"千金买壁"，李白听说后，专程访问了这位女子。宗家此时虽然繁华不再，正如李白后来的诗中所称："妾家三作相，失势去西秦。"宗楚客三任宰相，家道中落后，宗家离开长安，在梁园定居。宗家的士族文化传统培养了宗氏知书达理，李白遇到宗氏，颇为称心如意。宗氏与李白一见，也是十分倾心。李白好道，诗名远扬，又是皇帝亲自"赐金放还"的人物，而宗氏女富有文化素养，热衷于学道，两人在诗文和道学上可谓是"知音"，情投意合。从婚后生活来看，二人感情上确实非常契合。李白落难，夫人四处奔走，试图营救。夫人要去庐山寻访女道士李腾空，李白非常赞同。

李腾空是李林甫的女儿，出生显贵，但她喜好清静，行为超凡脱俗。她对京城的喧嚣心生厌倦，于是远离家族，前往庐山隐迹修真。她潜心修炼，医术高明，又掌握了养生之道，由于她常常布道行医、济生救民，成了远近闻名的道医，许多人都不远千里前来看病。

李白有《送内寻庐山女道士李腾空二首》赠妻子，其一、其二曰：

> 君寻腾空子，应到碧山家。水春云母碓，风扫石楠花。
> 若爱幽居好，相邀弄紫霞。
>
> 多君相门女，学道爱神仙。素手掬青霭，罗衣曳紫烟。
> 一往屏风叠，乘鸾着玉鞭。

李白想象宗氏翻山越岭，来到庐山李腾空的隐居之所。周围群峰，云雾缭绕，幽谷流泉，小院种着石楠花，李腾空一袭素衣，用水春提炼云母，炼制丹药。李白幻想着自己的妻子得道之后，与李腾空一起乘鸾飞天的场景。

李白《题嵩山逸人元丹丘山居》诗云"拙妻好乘鸾"。此"拙妻"即宗氏，"乘鸾"指代求仙学道。可知此时李白已经和宗氏夫人结婚，而且宗氏也热衷于仙道。这首诗的诗序中，李白曰：

> 白久在庐霍，元公近游嵩山，故交深情，出处无间，岩信频及，许为主人。欣然适会本意，当冀长往不返，欲便举家就之，兼书共游，因有此赠。

元丹丘多次来信邀请李白到自己的隐居之所居住，这正合乎李白的心愿，所谓"适会本意"，李白希望"长往不返，欲便举家就之，兼书共游"，准备举家都住在那里，不回去了。"兼书"就是共同读书。正因为宗氏"好乘鸾"，一心向道，李白才萌生举家就之的念头。此诗的标题是《题嵩山逸人元丹丘山居》，诗是题写在元丹丘山居的墙壁上的。古时没有报纸，没有杂志，诗歌

"发表"最好的地方就是寺院、客栈的墙壁上。人来人往，粉墙上的题诗，很容易吸引人们的注意。士人吟诵评论，背诵下来，再背诵给其他人听，所谓播在人口。元丹丘是当时名人，来他山居中聚会、拜访的人很多，来访之际，人们很容易就欣赏到了李白的诗歌。李白早年辞家远游，经过三峡时，也是在客栈住处题壁，题曰《自巴东舟行经瞿塘峡登巫山最高峰晚还题壁》，诗写在墙壁上，就是期待过往行人能够得到自己的作品。题壁是唐代诗歌的一种传播方式。

但这会儿李白还没有去嵩山，所以郭沫若说，此"诗题与诗序不相应，序只言有意应邀，诗题却是已经到了山居，题诗壁上。看来，诗题是后人误加的，诗序即是诗的长题"。的确如此。

在后来的日子里，李白写有不少诗歌赠送妻子，抒写他的眷恋之情；有时又以妻子的口吻来写诗，想象妻子如何思念他，李白《自代内赠》，诗题的意思是代替内人即妻子写诗赠自己。诗曰：

> 宝刀截流水，无有断绝时。妾意逐君行，缠绵亦如之。别来门前草，春尽秋转碧。扫尽更还生，萋萋满行迹。鸣凤始相得，雄惊雌各飞。游云落何山？一往不见归。估客发大楼，知君在秋浦。梁苑空锦衾，阳台梦行雨。妾家三作相，失势去西秦。犹有旧歌管，凄清闻四邻。曲度入紫云，啼无眼中人。女弟争笑弄，悲羞泪盈巾。妾似井底桃，开花向谁笑？君如天上月，不肯一回照。窥镜不自识，别多憔悴深。安得秦吉了，为人道寸心。

李白模拟宗氏的口吻，诉说自己思念丈夫的心情。诗中说宗氏听到优美的琴声，相思之情顿时涌上心头，夫君已经远行，不觉泪下。这一幕正巧被自家妹妹看到，宗氏害羞又窘迫，热泪落在香帕上。"大楼"，此指宣城秋浦的大楼山。"井底"此指旧式四合院式建筑中间的小院，即天井。"秦吉了"，如鹦鹉般能言的鸟。末句说从哪里能够获得能言的秦吉了，来表达心中的想法。

这首诗实际上是模仿古乐府的形式。"宝刀截流水，无有断绝时""游云落何山？一往不见归"，诗句生动形象，通俗浅白，完全是民歌中所无而又富有民歌精神的句子，"梁苑空锦衾，阳台梦行雨"，直白大胆而略有夸张，即使是戏作，也很少有士人敢于这样写，与通常严肃诗歌的表达手法颇有区别。有论者以为它"鄙俗"，恰恰是他们不能欣赏民众热烈直接的情感表达方式。

后来李白获罪长流夜郎，宗氏寓居豫章（今江西南昌），两人分别已久，李白作《南流夜郎寄内》诗，以抒思念之情。诗曰：

> 夜郎天外怨离居，明月楼中音信疏。北雁春归看欲尽，南来不得豫章书。

夜郎（今贵州桐梓）唐时属蛮夷之地。李白身在流放路上，望断雁归，期盼豫章书来。李白虽然五十岁与宗氏结婚，却也是患难夫妻。

九、幽州北风

天宝十载（751）这一年秋天，幽州节度使幕府判官何昌浩来访，欲邀李白入幕。当时统辖幽州的安禄山有图谋不轨之心。

他看到玄宗年事日高，纵情声色，朝廷奸邪当道，盛极而衰，便暗自招兵买马，等待时机。李白在《赠何七判官昌浩》诗中虽然表达了渴望加入军幕、建功立业的愿望，但此时，他对安禄山图谋不轨，已有所闻。

诗人决定，先到军中了解事实的真相，再作决定，所以还是北上幽州。到了开封，准备渡河，李白写道："且探虎穴向沙漠，鸣鞭走马凌黄河。"此处"虎穴"是指安禄山的老巢，"沙漠"即指幽州。

他在《经乱离后天恩流夜郎忆旧游书怀赠江夏韦太守良宰》诗中说："十月到幽州。"天宝十一载（752）十月，李白抵达幽州。很快就对北方形势有所了解。他写的《北风行》，表现了他的见闻与感触。诗曰：

> 烛龙栖寒门，光耀犹旦开。日月照之何不及此？惟有北风号怒天上来。燕山雪花大如席，片片吹落轩辕台。幽州思妇十二月，停歌罢笑双蛾摧。倚门望行人，念君长城苦寒良可哀。别时提剑救边去，遗此虎文金鞞靫。中有一双白羽箭，蜘蛛结网生尘埃。箭空在，人今战死不复回。不忍见此物，焚之已成灰。黄河捧土尚可塞，北风雨雪恨难裁。

学者多认为此诗虽然依照乐府古题，但确有暗指幽州危机的意思。传说中说，烛龙身长千里，衔烛以照太阴，它睁开眼睛的时候，就是白昼；合上眼睛的时候，就是黑夜。它栖息在寒门，即北极之山。诗人说，烛龙所在之地，它睁开眼时还能是个白天，但北方幽燕之地连日月都照不到，只有北风怒号。诗中"燕山"与幽州相邻，指安禄山所在之地。"雪花大如席"明写其地苦寒，暗喻当时危机深重。"轩辕台"借指中原，意思是战乱将及，中原陷入危机。李白已经看出安禄山将会谋反，心中十分担忧，打算向朝廷献计献策，提出解决危机的办法。但这件事情并未实行，当时许多通报安禄山谋反的人都被玄宗遣送到幽州让安禄山处置。李白无能为力，只得悄悄南返，最后到了宣城。

宣城附近，水光山色，风景颇佳，南朝诗人谢朓曾在这里做官。李白十分喜爱这里，流连忘返。李白对魏晋南北朝诗人的文采风流，极为神往，对谢朓的诗歌更是情有独钟，常在诗中表示倾慕，《宣城谢朓楼饯别校书叔云》曰：

> 弃我去者，昨日之日不可留；乱我心者，今日之日多烦忧。长风万里送秋雁，对此可以酣高楼。蓬莱文章建安骨，中间小谢又清发。俱怀逸兴壮思飞，欲上青天揽明月。抽刀断水水更流，举杯消愁愁更愁。人生在世不称意，明朝散发弄扁舟。

谢朓做过宣城太守，当地有一座楼，人称谢朓楼。这首诗写得酣畅淋漓，发兴无端，来无踪，去无影，但读者隔着诗句却能真切感受到诗人内在情绪的起伏变化。方东树说："起二句发兴无端，'长风'二句落入，如此落法，非寻常所知。"确实，"弃我去者，昨日之日不可留；乱我心者，今日之日多烦忧"，我们不知道诗人怎么突然冒出来这两句，所谓"发兴无端"。要知道这两句确切的含义，你肯定觉得有点为难；但这两句没有一个生僻字，没有一个典故，要说你完全不知道它的意思，似乎说不过去。我们似乎能理解一点，但又不知道它确切的含义。更为奇特的地方在于，"弃我去者，昨日之日不可留；乱我心者，今日之日多烦忧"，这两句在我们目前能够了解的诗歌史、文学史上几乎找不到与"弃我去者""乱我心者""昨日之日""今日之日"相关联、有承继的文本，真所谓"发兴无端"。所以，李白诗歌的主要注本对这两句几乎都没有解释。

昨日已去，今日仍多烦扰。本是各种烦扰、忧愁，但在高楼之上，面对长风秋雁，正可以开怀畅饮，诗人的情绪重新振作起来。前二句兴起无端，不知从何而来，接下来"长风万里"又不知落在哪端。所以方东树说"长风"二句"落法"非常，根本不是通常诗歌意脉构思的章法。"蓬莱文章"即指汉代文学。诗人登谢朓楼，联想起谢朓，从汉代文学、建安七子，直到近代的诗文，谢朓诗的风格清秀，引人瞩目。由小谢的诗，诗人想到了自己。那些杰出的诗人都具有"欲上青天揽明月"的壮思。正当激情上扬之时，诗人又破空而来一句，抽刀截水，借酒浇愁。一旦点出慰藉的徒然，诗人的情绪再次跌落谷底。最后，在给出了"人生在世不称意，明朝散发弄扁舟"这一无可奈何、不是答案的答案之后，诗人消退在无边的宁静之中。

十、帝国颓势

离开幽州后，李白陷入深思。大唐王朝，显然已经陷入危机，如何解救大唐隐藏的危机，确实值得思考。但人们似乎并没觉察到什么变化，民众过着自己的日子，朝廷仍然歌舞升平。

李白年少时，皇帝励精图治，那时候天下太平，繁华的大唐像一幅精美的画卷，在他的眼前徐徐展开。李白应诏翰林，皇帝此时已经对政治无所用心。

唐玄宗李隆基（685-762），高宗李治与武则天之孙，唐睿宗李旦的第三子，故称李三郎，母窦德妃。整个唐朝，他在位时间最长（712–756），做了44年皇帝。玄宗英明果断，多才多艺，又善骑射，通音律和历象之学。早年与联手太平公主发动"唐隆政变"，诛杀韦后集团，登基称帝。在位前期励精图治，任用姚崇、宋璟等贤相，开创开元盛世。他热衷于开拓边疆。封粟末靺鞨的大祚荣为"渤海郡王"，设渤海都督府和黑水都督府，封南诏的皮罗阁为云南王，封回纥的骨力裴罗为"怀仁可汗"，巩固了多民族国家的统一。但在位后期，有所懈怠，任用李林甫、杨国忠等人，宠溺杨贵妃。天宝四载（745），就在李白辞京的第二年，皇帝册封杨太真为贵妃。沉迷于美色的皇帝，不仅忘记了自己本来的责任，还做出了许多荒唐的事情，杨贵妃就像笼中的金丝雀，成为皇帝彰显权力的工具。

杨贵妃喜吃荔枝，可是这种水果产自岭南，能够保持新鲜的时间又不过几天。贵妃身处的西北长安，要吃上这种远在千里之外的南方水果简直天方夜谭。但皇帝命令地方上每年驰驿进贡，真是劳民伤财的事情。

驰驿依赖的是驿站系统。唐代驿递系统非常完善，全国共有水马驿一千六百多所，其中路驿一千二百多所，水驿二百多所，八十多所水陆兼有。正因为唐代有完备的驿递机制，所以驰驿进贡荔枝客观上才有可能。

驿站本身主要用于信息与物资的传送。它不是公共交通系统，而是国家行政系统的组成部分。官员外出、宣达王命、传递官方文书、运送官物等都依靠这个驿站系统。秦代就以首都为中心，修建交通干道通向全国各地。干道沿途，通常间隔30里就设有驿站。驿站有邮、亭、馆、驿等不同种类。"邮"依靠邮人步行传送。"驿"是派遣使者骑马专送公文急件。唐代规定，驿使有"乘驿"和"给传"即骑马和乘车的分别。驿使可以骑马，也可以乘车。骑马较快，乘车较慢。"乘驿"和"给传"视官阶高低配备马匹。驿站备有马匹。长安城区的都亭驿有马70多匹，多时达100匹以上，它是根据驿站繁忙程度来核定马匹数量的。驿站还设有传舍，供驿使住宿。又备有车辆，供官员或者使者乘坐。

常例，乘驿马日行六驿，大约换马六次，每天走180里，乘传马日行四驿，大约换马四次，每天走120里。特例，贬官日行300里，赦书日行500里，紧急军报日行500里。

岭南（以广州为起点）到长安直线距离1300多公里，折合唐时里程，3200多里。军报之急，不过日行500里，驿站换马大约十六七次，而驰驿送荔枝，我们估算最多必须4天之内送达京师。这样，驿马每天必须加急跑800里，换马次数多达27次。驿站是用于军国政务的通道，送荔枝根本谈不上政事，却要耗费如此大量的资源，实在荒唐。晚唐诗人杜牧有《过华清宫》诗咏其事："长安回望绣成堆，山顶千门次第开。一骑红尘妃子笑，无人知是荔支来。"驿马疾驰，宫门大开，送来的只是贵妃想吃的水果。

唐玄宗整日流连于声色享乐之中，将朝政交给了大臣。当时执政的李林甫看准了这点，一心迎合皇帝的心意，口蜜腹剑，屡兴冤狱，诛锄异己。李白的一些好友和敬仰的对象，如崔成甫、李适之、李邕等，或遭贬，或被杀。为了维护自己的权力，阻塞天下英才的发展，在后来的几年，李林甫设置重重障碍，阻断贤路，天宝六年（747），皇帝本欲广求杰出之士，命各地有才能的人都到京城参加专门的考试，以获得选拔，然而李林甫从中作梗，最后竟没有一个人被选中。可笑的是，他上表祝贺皇帝，说朝野上下已经没有被遗漏的贤才了，却不想如此拙劣的谎言，昏聩的皇帝竟然丝毫不觉得其中有问题。

更有甚者，一人得道，鸡犬升天。贵妃受宠，她的亲戚都纷纷加官晋爵，族兄杨国忠便是其中的暴发户。贵妃的这位族兄，原先是一个嗜酒赌博、品行不端的登徒子。不到十年的功夫，就青云直上，做到了宰相，权倾天下，声名显赫，与李林甫平起平坐。李林甫虽然奸诈，但是确有担任宰相的能力。这个杨国忠，浅陋粗疏，却要在朝廷上一手遮天。

李林甫、杨国忠、安禄山都想在朝廷巩固自己的地位，争得更高的权力。玄宗纵容，不免使矛盾激化。过度倚重安禄山，让安禄山得以长期控制河北。混乱的朝政，一步步演变成今天的乱局。结果导致后来长达八年的安史之乱，为唐朝由盛转衰埋下伏笔。

李白离开幽州后，南返，经魏州，到宋城，过曹州，在宣城停留。天宝十三载（754），李白从宣城来金陵，游溧阳，又到了广陵（今江苏扬州）。李白此时遇到了一位著名的崇拜者，因为崇拜李白的诗歌而每每被后人提起。他就是魏万，一位青年诗人。魏万后改名魏颢，隐居在王屋山（今河南济源境内），号王屋山人。他十分仰慕李白，连续两三年，都在追寻李白的游踪。他赶到开封，又追到山东，才知道李白早已南下，再寻到吴越，李白却已经离开，一直到广陵才得以相见。李白《送王屋山人魏万还王屋》中说魏颢"东浮汴河水，访我三千里"，并非虚言。李白看魏颢，身着日本裘，精神抖擞；魏颢看李白，目光炯然，风流蕴藉。两人相谈，十分投机。魏颢穿的日本裘是日本奈良时代遣唐的留学生晁衡送的，晁衡，原名阿倍仲麻吕，后来一直住在中国。魏颢穿着日本裘，给李白留下很深的印象。李白此时已经五十四岁，而魏颢则很年轻，但两人志趣相合，一道游览，十分相得。李白相信他今后一定会成名，还将自己的诗文稿交给他，请他编辑。后来，魏颢果然中了进士，编好了《李翰林集》，还写了一篇序言。这是李白最早的诗集，但现在已经散佚，只留下那篇序言。两人随后同舟来到金陵共游，并在金陵分手。李白对他说："黄河若不断，白首长相思。"魏颢《金陵酬翰林谪仙子》也说："此别未远别。"但两人此后再也没能重逢。

千里追寻不止魏万，还有一位博平郑太守也是寻访很久才在江夏见到李白。李白有诗《博平郑太守自庐山千里相寻入江夏北市门见访却之武陵立马赠别》为证。博平即河北道博州，在今山东聊城。原来郑太守从庐山千里相寻，追到江夏，刚一见面，郑太守却又要到武陵（今湖南常德），大约是上任，诗人于是"立马赠别"，草就此诗。这年秋冬，诗人往来于宣州之当涂、秋浦等地。

正当李白在宣州一带逗留时，一场大内乱终于爆发。

第八章 动荡岁月

离京七年，李白漂泊东西，求道访仙。表面看起来，他好像对政治不再抱有兴趣，但是他的内心深处却并非如此。翰林经历确实使他对现实政治颇多失望，屡屡心生隐退江湖的想法，可是，当他栖身林泉、游历江湖时，又觉得非常失落。在痛饮高歌的生活中，他保持着某种很难实现的幻想；在远离政治的轨迹中，他始终暗藏着某种一般人根本无法期待的期待。

面对盛世乱象，他从未想过退避三舍。只要有一丝希望，他都会舍弃原本安逸的生活，再一次去努力，去尝试，去拯救这个世界。他早年的理想，如今以一种更加复杂的形式出现了。

一、战鼓惊山欲倾倒

天宝十四载（755）十一月，平卢、范阳、河东三镇节度使安禄山，以奉密诏讨杨国忠为名，在范阳（治在今北京）起兵。他率领所部以及契丹等盟军，号称二十万"步骑精锐"的大军，烟尘千里，鼓噪震天，浩浩荡荡地向洛阳进发。

玄宗晚年以为天下稳固，对政治无所用心。边疆防御完全指望宠幸的将领，以为天子的恩宠可以换来无比的政治忠诚。天宝时一共十个军镇，安禄山一人就担任了三个军镇的节度使，形成尾大不掉的局面。这在很大程度上刺激了安禄山的权力野心。朝政方面，玄宗也是荣宠一两个大臣，将政务交给他们，自己则沉溺于声色享乐之中。由此造成大臣专权任性，肆意妄为。朝政的混乱在很大程度上促使了安史之乱的爆发。

一场持续八年的战乱"安史之乱"拉开了序幕。所谓"安史"，即叛军的两个头领安禄山、史思明。

安禄山（703-757）本是营州柳城（今辽宁朝阳）的混血胡人。父亲胡人；母亲突厥人，以卜为业。安禄山天生勇猛好斗，突厥语中称战神为"轧荦山"，所以就取名轧荦山。后来冒姓安，轧荦山谐音就叫作安禄山。安禄山从小死了父亲，少年时代浪迹天涯。长大后，能通六蕃语，他做起商人，从事中介贸易，时而干些鸡鸣狗盗的事情，终于有一次因为盗羊而被幽州节度使张守珪抓住。张守珪令人扒了他的衣服，就要杖杀。眼看着命就要没了，安禄山急着大叫："大夫不欲灭两蕃耶？何为打杀禄山！"节度使一看这人长得肥壮，有些模样，说话也不同寻常，于是就给他松绑，免了死罪。不久，让他与史思明一起在手下做了小将。

史思明也是营州混血胡人，两人同乡，自幼相识，一同做过生意。安禄山长得肥硕，史思明长得精瘦，两人在张守珪手下干得十分卖力，不久升为偏将。安禄山生性狡黠，善揣人情，张守珪很喜欢他，养为义子。有一次安禄山吃了败战，按军法当斩，张守珪不忍杀他，但不杀诸将不服，十分为难，没有办法，只好将安禄山押送京师，让皇帝亲自处置，或许皇帝爱其才力，还能免他一死。果然，好武的皇帝一见安禄山，认为此人是个不可多得的将才，最终赦免了安禄山的死罪。安禄山回到幽州后，小心经营，朝中有使者来，他好生款待，并厚赂他们，到朝中为自己说些好话。久而久之，玄宗渐渐看重安禄山，任命他为平卢节度使、范阳节度使等。

玄宗晚年于国事无所用心，只想能有几个效死力的边将，为他守住边疆，因此对安禄山恩宠有加，不是厚赐，就是加官晋爵。天宝九年（750）赐安禄山爵东平郡王。大唐将帅封王就是从安禄山开始的。随着军权增大，安禄山越发无所顾忌。

安禄山体肥无比，自称腹重三百斤，他那肥胖笨拙的外表，常常给人忠实憨厚的印象，再加上应对敏捷，生性诙谐，更是得到皇帝及其周围人的喜爱。皇帝有一次指着他的肚皮开玩笑说："你的肚皮中装着什么东西，弄得这么大？"安禄山反应迅速，应声答道："没有别的东西，只有一片赤心而已！"皇帝听了，无比开心。实在让人难以捉摸，安禄山是装成这种"外若痴直"的样子，还是本来如此。玄宗曾让他见太子，安禄山竟然不拜。旁边的人都拜了，安禄山这才拱手说："臣是个胡人，不熟悉朝中礼仪，不知太子是什么官？"玄宗说："太子就是皇储，朕千秋万岁后，将由他代替朕，君临天下。"禄山曰："臣实在愚昧，以前只知有陛下一人，不知道还有太子。"这才拜见太子。皇帝看到这情形，更加喜欢他了。杨贵妃得宠，安禄山也尽其所能，向这位皇妃大献殷勤。安禄山生日，皇帝及贵妃送了许多名贵的衣服、宝器、酒食。过了三天，召禄山入禁中。杨贵妃用锦绣做成大襁褓，裹着安禄山，使宫人抬着，号称"贵妃三日洗禄儿"。玄宗看了，大喜，赐贵妃洗儿金银钱，又厚赐安禄山。自此，安禄山便可以自由出入宫中。

唐兴以来，节度使起初都是由朝廷的文臣担任，文臣手下再设蕃将、汉将，这样中央政府就能够直接掌握兵权，有效地控制边塞军事力量的调动。边将重用忠厚名臣，并且不得久任，遥领（担任方镇节度使而不亲往到任），不兼统（兼任其他方镇的节度使）。功名显著，方镇节度使可以入为宰相以作为褒奖。但玄宗后期，有些规矩变得无法遵循。安禄山天宝元年（742）时担任平卢节度使（治所在营州，今辽宁朝阳），三载（744），兼范阳节度使（治所在幽州），十载（751），再兼河东节度使（治所在太原），一身兼制三镇，拥众二十万，畜单于护真大马三万匹，牛羊五万头，其势遂不可制。当时大唐整个十节度士兵也就49万人，戎马8万匹。安禄山的兵马占了三分之一。安禄山日益骄恣，提出要任宰相，李林甫担心这会对己不利，竭力反对，此事才罢。皇太子与宰相屡称安禄山要谋反，玄宗不信。后来诸多迹象表明安禄山确实图谋不轨，朝廷想诱使其来京，但安禄山死活不来。玄宗赐安禄山长子安庆宗娶宗室女，手诏安禄山来京城观礼，安禄山称病得厉害不能前来。玄宗赐书曰："为卿别治一汤，可会十月，朕待卿华清宫。"即使如此宠遇，安禄山也不来。

安禄山心里明白，皇上年事已高，一旦晏驾，皇太子、宰相没有不想置其于死地的。一旦前去，等待他的只有杀身之祸，他内心十分畏惧，在幽州暗地密谋，本计划在玄宗驾崩之后举事。但此时杨国忠从他处搜查出安禄山谋反的证据，十一月，安禄山起兵于范阳。

安禄山的军队基本上是游牧族的军事战术，快速、勇猛、灵活，主力部队正面进攻，没有迂回，也不用左右侧翼的掩护，自范阳出发，直扑洛阳。所到之处，基本上没有遇到什么抵抗，直到河南洛阳、开封一带，叛军才遇到一些抵抗。唐玄宗任命封常清为范阳节度使，令他在东京、河东募兵抵抗安禄山。他在洛阳临时招募起一支六万人的军队，阻挡叛军的推进。中原士卒几十年不见兵甲，毫无准备。新招来的"白徒"更是无法与安禄山率领的身经百战的精兵对阵，很快就溃败了。

安禄山的兵马多年来连续与奚、契丹、突厥征战，富有战场经验，大唐各地的守军根本抵挡不住叛军的攻势，屡战屡败。开战一个月，即十二月，河南、河北沦陷，洛阳失守。

封常清一直退到陕州，在陕州还集结着右金吾大将军高仙芝的部队。在封常清的建议下，高仙芝移兵死守潼关。

潼关是进入关中、长安的必经之路，地势险要，易守难攻，实际上，这是当时唐军阻挡叛军西进的最后一个可以坚守的关隘。安禄山的军队一时被挡在了关外。安禄山西进攻势受到了遏制，一步攻占长安的企图没有得逞。

安禄山将部队驻扎在陕州，自己回到洛阳准备登基做皇帝。天宝十五载（756）正月，安禄山自称大燕皇帝，改元圣武，同时任命一批文武大臣，组建起中央政府。

封常清和高仙芝把守潼关，玄宗听信宦官监军的谗言，斩了两位将军。命哥舒翰守潼关。杨国忠催他出战，哥舒翰与叛军大战于灵宝，惨遭失败，潼关失守。玄宗出奔四川。天宝十五载（756）六月，叛军用了八个月时间，就攻破潼关。

听说玄宗出逃，安禄山遣将进入长安。长安城内一片混乱。动乱以来，各地军民虽然力弱，但并未丧失斗志，仍在奋力抵抗叛军。东平太守嗣吴王祗、济南太守李随、平原太守颜真卿等皆起兵抗击安禄山军队。常山太守颜杲卿起兵，杀安禄山将吏，河北十七郡皆响应。又有人聚众杀掉安禄山的宣慰使，进攻叛军，杀掉叛将。又有人坚守城池，至死不降。此时，回纥、吐蕃都遣使请求助讨安禄山。

在入蜀的路上，经过马嵬驿，天子的禁卫部队和亲近臣僚不肯前行，要求杀了杨国忠、杨贵妃以谢罪天下。皇帝无奈，只能允准。军士杀杨国忠等，杨贵妃自缢。玄宗一路艰辛，逃到四川。

太子李亨本来是与父皇一起奔蜀，走到半道，就悄悄不见了，一纵人马到达灵武。七月，在众人恳求下，登基为皇帝，改元至德元载（756），是为肃宗。新皇帝随即接手指挥军队，开展艰苦的平乱战役。

二、三川北虏乱如麻

安史乱起，李白正在宣城。听闻战乱兴起，赶紧跑到梁园（今河南商丘）接妻子宗氏，双双逃往江南，此时大约是天宝十四载（755）冬或者十五载（756）春。接上妻子，李白又担心起在山东的爱子伯禽。战乱爆发，一个月洛阳就沦陷了，山东危在旦夕。诗人深感不安，不知如何能帮助儿子脱离险境，正在这时，幸好有门人武谔前来帮助。

李白非常感激，作《赠武十七谔》一诗赠之，序曰：

> 门人武谔，深于义者也。质木沉悍，慕要离之风，潜钓川海，不数数于世间事，闻中原作难，西来访余。余爱子伯禽在鲁，许将冒胡兵以致之。酒酣感激，援笔而赠。

要离是春秋的侠义刺客，序中称"慕要离之风"，则武谔其人当是游侠一类人物。从西而来本欲是"报恩"，当是李白先前曾帮助过他，故此时武谔愿冒胡兵之险而到鲁地带回伯禽。诗曰：

> 马如一匹练，明日过吴门。乃是要离客，西来欲报恩。笑开燕匕首，拂拭竟无言。狄犬吠清洛，天津成塞垣。爱子隔东鲁，空悲断肠猿。林回弃白璧，千里阻同奔。君为我致

之，轻赍涉淮源。精诚合天道，不愧远游魂。

李白少年崇侠，如今半百，写来仍是犀利、爽快、坦诚。"笑开燕匕首，拂拭竟无言"，描写如在目前，而洞察深刻，已非少作可比。前人以为首二句，"忽然驰入，没间架套子气"。诚如所评。

诗人携妻逃往江南时，写了《奔亡道中五首》，颇能反映当时的状况。其一曰：

苏武天山上，田横海岛边。万重关塞断，何日是归年？

诗人奔逃之际，以苏武、田横自比，感慨难以返回家园。苏武是西汉大臣，出使匈奴，被匈奴扣留十九年，于北海边牧羊，后获释归汉。田横原为齐国贵族，秦末自立齐王。汉高祖刘邦统一天下后，田横不肯称臣于汉，率五百门客逃往海岛，刘邦派人招抚，田横在赴洛阳途中，在距洛阳三十里的偃师首阳山自杀，海岛五百部属闻田横死，也全部自杀。其二曰：

亭伯去安在？李陵降未归。愁容变海色，短服改胡衣。

西汉李陵、后汉崔骃皆因上不容而有官不能任，有家不能回。人为错误致使天下嚣然。海色即晓色，天晓之时本是民众晨起欣然之时，如今变成愁容。原先街市上到处都是身着短服的普通百姓，如今中原沦陷，街上胡兵充斥，满眼胡衣。

有学者说，这首诗是描写逃出沦陷区。意思是说，有些官员像崔骃那样弃职而逃，有些官员则像李陵那样投降了安禄山，而李白则改换成胡人装束逃亡。我们以为这种解释颇为牵强。此诗后两句的意思大体即《古风》第十七首"西上莲花山"中"俯视洛阳川，茫茫走胡兵"的意思。说李白改扮胡人装束出逃，实在难以想象：一则李白夫妇汉人，仓促之际如何准备胡服。难道汉民家里都提前准备好一两套胡服？二则胡人深目高鼻，装扮胡人并非换个衣服那么简单，他们的发型、服饰与汉民都有很大差异。此诗大体是说，诗人进入中原梁园（今河南商丘）接夫人，已经看到有胡兵了。其三曰：

> 谈笑三军却，交游七贵疏。仍留一只箭，未射鲁连书。

诗人还是渴望着自己能够像鲁仲连那样在危急时刻，安定天下。其四曰：

> 函谷如玉关，几时可生还？洛阳为易水，嵩岳是燕山。
> 俗变羌胡语，人多沙塞颜。申包惟恸哭，七日鬓毛斑。

此既是逃难中的经历，又是对乱军进入中原后混乱景象的想象。中原部分区域都已经沦陷，南下路上多有逃难民众。安居在此的人们还没有来得及反应，富庶之地瞬间成了塞外的战场。在李白看来，离梁园不远的函谷关，变成了西域的玉门关；洛阳边上的洛川变成了燕太子丹与荆轲诀别的易水。嵩山也仿佛是边陲的燕山，到处都是胡语，到处都是胡兵的"沙塞颜"。其五曰：

> 森森望湖水，青青芦叶齐。归心落何处，日没大江西。
> 歇马傍春草，欲行远道迷。谁忍子规鸟，连声向我啼。

描写逃亡路上走投无路、悲苦的愁绪。

战火连天，民众流离失所，信件很难送达远在京城的族人手中。一夜之间，李白几乎和远方的朋友们都失去联系，不知道他们的安危，更不知道京城的局势。李白将妻儿安顿在了当涂，这里远离战场，还有任县官的族叔李阳冰可以庇佑家人。一路奔波，李白刚刚抵达当涂，就从李阳冰那里听说东都洛阳失守、安禄山称帝的消息。

面对生灵涂炭，李白心急如焚，安顿了家人，来不及休息，便起身前去宣城，那里有他的朋友，总能打听到一些前线的消息。李白四处搜集讯息，辗转了好几个地方，生怕自己遗漏了什么。不久他又去金陵附近的溧阳，与故友张旭商议。一路上，李白都在向密友探听战乱前方的消息，与他们讨论时局。他将自己所听、所想、所思，写成了《猛虎行》，表现出对时局的密切关注：

> 旌旗缤纷两河道，战鼓惊山欲倾倒。秦人半作燕地囚，胡马翻衔洛阳草。一输一失关下兵，朝降夕叛幽蓟城。巨鳌未斩海水动，鱼龙奔走安得宁？颇似楚汉时，翻覆无定止。

安禄山从燕地发动叛乱，战鼓惊天动地，河北、河南两道（道，唐时行政区划）相继陷落。唐军多为关中子弟组成，故诗中称为"秦人"。他们多不习战，大半成了安史乱军的俘虏；叛军在各占领区，大肆掠夺子女玉帛，然后送到范阳，即所谓"燕地囚"。

朝廷起初派范阳节度使封常清坚守东京洛阳，其时，大唐精锐部队多在西北边疆驻守，中原没有多少军队。封常清一到洛阳，开府库，取钱财，招募士兵六万人。然而，这些士兵都没有时间训练，如何能抵挡安史的铁骑？血战数日，洛阳沦陷，胡骑充斥郊野，所谓"胡马翻衔洛阳草"。长安在西，洛阳在东，相距几百公里，中间是潼关、陕州。洛阳失守，长安危在旦夕。朝廷于是派遣高仙芝将兵五万，命宦官边令诚任监军，从长安出发，驻扎陕州。此时，封常清正率余众，溃退到了陕州。封常清建议，叛军攻势猛烈，不如退守潼关，以保长安。唐军撤退途中，叛军追至，唐军一片混乱，士马践踏，狼狈奔走，伤亡惨重，此即李白诗中所谓"一输"。

附近州县闻讯，很快投降叛军。宦官边令诚入奏皇帝，称高仙芝弃陕地数百里，盗减军粮。玄宗大怒，命令军中立斩两员大将。可怜高仙芝自上任到被杀仅仅十八日，手下士兵多为新募，前人称"驱乌合之众，当鸥张之虏"，能够守住潼关已是上策，而玄宗不察当时艰难情势，徒以宦者之一言，而杀干城之将，后人闻此，莫不扼腕叹息！此即李白诗中所谓"一失"。

唐军凭借潼关的险势，终于暂时抵挡住叛军，叛军攻不下关隘，只得暂时放弃。能够保住潼关，确是高仙芝之力。"朝降夕叛幽蓟城"，说的是常山太守颜杲卿的事。安禄山反叛，河北诸郡，所谓"幽蓟城"，大都投降叛军，只有颜杲卿起兵抗击叛军。他通告各郡，称唐大军即将平定河北，河北十七郡闻讯皆归顺朝廷。史思明得知随即引兵攻颜杲卿，颜杲卿起兵八天，因守城战备不充分，很快城陷。归顺朝廷的郡县立刻又投降叛军，此所谓"朝降夕叛"。

当时"巨鳌未斩"，四海动荡，官民四处奔逃，国家处于危机之中。诗人将这种天下混乱不定的局势比作秦末楚汉相争之势。诗人为什么会想到楚汉相争呢？因为那也是一个天下大乱的年代，而刘邦定天下，主要依靠两个人：张良和韩信，"刘项存亡在两臣"。但是两人未遇刘邦之前，又有谁能看出来他们是安邦定国的大才呢？诗人关注的是乱世当中的英雄奇才，他把自己比作未遇之前的张良、韩信。所以他接着说：

> 贤哲栖栖古如此，今时亦弃青云士。有策不敢犯龙鳞，窜身南国避胡尘。宝书玉剑挂高阁，金鞍骏马散故人。昨日方为宣城客，掣铃交通二千石。有时六博快壮心，绕床三匝呼一掷。

李白自叹怀长策而被弃，只有窜身南国，流寓宣城，骏马赠送友人，书剑束之高阁。但他并不甘心无所作为，一到宣城，就"掣铃交通二千石"，拜会地方长官，以求有用武之地。然而多少激愤、无限壮心，何处能消，只有在赌博游戏之中绕坐榻大呼稍能得到宣泄。

从诗中可以看出两点。一是，李白非常关心时局，相当了解战乱的形势。二是，李白认为国家处于危难之中，正是英才俊杰安定天下、施展才能的重要关头。因此，他一方面隐居深山，躲避战乱，他曾上庐山，隐居于屏风叠。另一方面他来去匆匆，席不暇暖，辗转各地，寻找用世的机会。《猛虎行》中他说："我从此去钓东海。"《扶风豪士歌》中又说："张良未逐赤松去。"《赠王判官时余隐居庐山屏风叠》中说："吾非济代（济世）人，且隐屏风叠。"又说："苦笑我夸诞，知音安在哉？"《赠常侍御》中又说："匡复属何人？君为知音者。"他奔走四方，求人汲引，以图报效国家。罗大经《鹤林玉露》中谓李白在国家面临灾难之际，所作诗歌，不过豪侠使气、狂醉于花月之间。对天下百姓苍

270

生，往往不系于心，与杜甫忧国忧民完全不可同日而语。这实在是误解了李白。

国家面临危难之际，没有任何官职的李白，心怀忧虑与无奈。与那些手握重权的官员不同，李白有忧国忧民的心，却又无处施展。很多人说李白在战火纷飞时流连歌舞、幻想隐居。然而只有身处其中才知道，李白一直在寻找机会，只是能施展才华的机会并不是那么容易出现。他的心境，一会儿豪侠使气，一会儿灰心丧气，如同此时的诗歌一样，充满了矛盾与挣扎。

三、为君谈笑静胡沙

天宝十四载（755）十一月，安史乱起，第二年六月，唐玄宗逃往蜀地，永王李璘跟随着父亲奔逃。七月，太子李亨在灵武登基称帝，是为唐肃宗，遥尊唐玄宗为太上皇。唐玄宗逃到四川，并不知道太子李亨继位登基，仍下令实行"诸王分镇"，即让自己的几个儿子分别坐镇各大区域，领兵出战，平定叛乱。

唐代早期为了应对边陲外族侵扰，开边拓土，强化军事力量，在边境地区设立军镇，军镇的军事长官起初叫大总管、都督。唐睿宗景云二年（711）贺拔延嗣除凉州都督，充河西节度，从此始有节度之号。后来朝廷赐给旌节，可以节制所辖区之军政，称为节度使。军镇即方镇，亦称藩镇。藩有"保卫"之意。藩镇的理念来源于"封建"。周武王克商后，归属于自己名下的疆域顿时变大，领土辽阔，部族众多，矛盾重重，到处隐藏着各种潜在的冲突危机。无论是武王个人，还是中央机构，周王朝都很难直接处理这片疆域。客观地说，当时辽阔的疆域，超大规模的空间，远远超过了王朝中央直接管辖的能力。于是周人创立了一种办法：西周的封建。就是天子将自己控制或企图控制的区域划分为若干较小的区域，分别赐封给自己的同姓亲戚以及异姓功臣，从而形成主要以血缘关系为纽带的政治体制。周王朝除了保留方圆千里的王畿作为自己实际控制的领地之外，将其他的地方，分封给同姓与异姓的诸侯，使他们各自为政，治理自己的封地。用春秋时周襄王的大夫富辰的话说就是"封建亲戚，以藩屏周"。"藩"就是篱笆，"以藩屏周"，就是以"篱笆"形成屏障来保卫周室。这里的"篱笆"就是封建亲戚，各诸侯国。无事时，诸侯各自管理自己的国家，有事时，就得出兵捍卫王室。

藩镇的意思正是如此，它能在危急时刻扶助中央王朝。玄宗开元年间，朔方、陇右、河东、河西诸镇都设节度使。天宝时，共设九个节度使和一个经略使，时称"天宝十节度"。这些节度使往往统辖数州，如范阳节度使领九州；河东节度使统领忻州、代州、岚州三州、天兵军、大同军、横野军、岢岚军四军以及云中守捉。此时，州刺史成为其下属官员。节度使又多兼按察、安抚、度支等使，统管军事、民政、财政各方面事务，位高权重。王朝本是想通过军镇藩属形成一个拱卫，捍卫王朝，但边镇节度使位高权重，就会形成尾大不掉、割据之势，引发地方与中央之间的权力对抗。春秋战国时代就是封建诸侯的力量过大，超过了中央王朝，中央王朝失去了制衡诸侯国的力量。天下纷争，王朝崩溃。所以诸侯或藩镇，在历代王朝的统治中变得非常敏感。

安史之乱爆发，玄宗也没有什么更好的办法，他想到的还是诸王分镇，各地合力，平定叛乱。太子李亨任"天下兵马元帅"，坐镇北方、东北地区，南取长安、洛阳。永王李璘负责南方区域，盛王李琦分管中部及东南一带，丰王李珙领导西北辖区。四王之中，盛王、丰王并未出阁；太子李亨本在北方统帅；实际上只有永王璘一人出来领兵。玄宗命令，各路诸王可以自行任命官属，自行筹措粮草。

七月，唐玄宗奔逃蜀中，行至汉中郡，诏令诸子分领天下节度使。谏议大夫高适就进谏说不可行，唐玄宗没有听从，仍然任命李璘为山南东路、岭南、黔中、江南西路四道节度使，江陵郡大都督，坐镇江陵，即日前往镇所。实际上，玄宗下达这一诏令三十天以后，才接到肃宗即位的消息。面对太子已经登基的事实，他只有认可。但"诸王分镇"的诏令已经下达，他不想改变。

唐代皇位的继承并没有十分固定的成规。虽然按照传统是嫡长子立为太子继位，但太子常有被废的情况。从太宗李世民、玄宗李隆基继承皇位的例子看，李唐颇重"竞争"，谁有本事谁上。唐玄宗并非嫡长，他所立的太子也是几经变更，最后才立了第三子李亨。所以，玄宗下令诸王分镇，一方面固然是平乱之策，另一方面也是给予诸王奋力竞争、各自建立自己威望的机会。

从竞争上讲，太子更有优势。太子李亨在随同父皇奔蜀的途中，悄悄分兵北上，到达灵武（今宁夏中卫）自立为皇帝。玄宗帝还在位上，他也没有与父皇商量，就自立为帝，继位的合法性也不是完全没有疑问。

但永王自身并无什么特异之才。他是玄宗第十六子，从小长于深宫之中，不懂人间世事，更不用说能在这种历史紧要关头做出正确的决断。反倒是他的儿子襄城郡王李𝓈勇武有力，喜好用兵，纠合了韦子春等一帮谋臣，准备大有作为一番。他们自认为当今天下动荡，只有他们所在的南方富有，未遭破坏，而李璘手握四道重兵，疆土数千里。占据金陵，保有江东，像东晋王朝那样割据一方根本不是问题。

接到玄宗分镇的诏令，九月，李璘到达江陵，招募数万将士，组建水师。至德元载（756）十一月，唐肃宗得知后，下敕让李璘前往蜀地觐见玄宗，李璘不听。很快引兵沿江东下，军容甚盛，直抵金陵。起初，永王以平乱为号召，犹未露割据之谋。吴郡太守李希言呈公文信件给永王李璘，质询引兵东下之意。李希言是以"平牒"的样式写的信，这是职级相当的部门之间互通文书的形式，李璘大怒："寡人上皇子，皇帝弟，地尊礼绝。今希言乃平牒抗威，落笔署字，何邪？"发兵进攻吴郡李希言以及广陵李成式，吴郡、广陵兵败投降，江淮大震。唐肃宗命高适为淮南节度使，集合淮南西道节度使、江东节度使共同对付李璘。

本来，永王李璘拥兵江陵，应该以平定叛乱为首要目标，借此建立自己的功勋，扩大自己集团的势力，提高自己的声誉与威望。但他急功近利，有割据江东之势，这就为自己带来了很大的麻烦。

永王李璘一路东下，以平乱为号召，广招贤才，招募将士，而当时东南民众都希望能有更多的抗敌军队，尽早平定叛乱，不少人便投入永王的幕下。就是在这种形势下，李白应邀成为永王李璘的幕佐。

李白被"赐金放还"，离开翰林院后，虽然浪迹江湖，寻仙访道，看似过着今朝有酒今朝醉的生活，但他的心灵深处，却始终向往政治，渴望再度出现奇迹般的机遇，使他得以施展平治天下的才能。

李白一向自视为奇士高人，面对国家深重的灾难，他自信有能力帮助国家解决大问题、大危难。然而，翰林院的经历使李白了解到这种介入政治方式的困难。他清楚地知道自己的梦想，几乎无人能够理解，也几乎从没有人把它当真。离开京师以后，他

274

已经不像以前那样，经常连篇累牍地在诗中抒发理想。他常常说饮酒访仙，说湖光山色，但他的那份渴望还在，他的那段梦想还在，丝毫也没有从他天真的心灵中消失。不过，它们常常通过曲折委婉的方式表现出来。他在《单父东楼秋夜送族弟沉之秦》中说："遥望长安日，不见长安人。长安宫阙九天上，此地曾经为近臣。一朝复一朝，发白心不改。"《鲁中送二从弟赴举之西京》中也说："霜凋逐臣发，日忆明光宫。"都表达了诗人内心深处隐藏着的这种愿望。

正是在这种内心状况下，李白接受了永王李璘的邀请。永王李璘起兵后，东巡到浔阳（今江西九江），三次派遣使者，重礼请李白出山做他的幕佐。第三位使者是韦子春，曾官秘书省著作郎，是永王的谋臣之一。永王再三请求，又以平定动乱、安定天下为号召，李白就同意入幕了。他在《赠韦秘书子春》一诗中说："苟无济代心，独善亦何益？……谈天信浩荡，说剑纷纵横。谢公不徒然，起来为苍生。……终与安社稷，功成去五湖。"中国向来有"达则兼济天下，穷则独善其身"的说法，李白认为，如果没有济世之心，只是自己做一个高洁的人又有什么益处呢？李白称赞韦子春渊博而善辩，谈经论道，滔滔不绝，与战国时期号称"谈天衍"的邹衍一样；论兵说剑，侃侃而谈，可与战国纵横家相媲美。诗人何曾不是在说自己呢？"谢公"即东晋谢安。谢安屡违朝廷旨意，高卧东山，然胸怀济世之志，最终他出来做了官，拯济天下苍生。诗借谢安说出了自己的理想。

李白入幕，与他早年跟随赵蕤学习纵横术有关。战国征战，正是纵横术大行其道之时。安史乱起，国家陷入危难，在李白看来，也正是用得着纵横术的时候。安史之乱爆发前不久，李白在《赠宣城赵太守悦》诗中说："溟海不震荡，何由纵鹏鲲？"天下太平之时，像他这样的纵横奇才，自然无法施展才能；只有遇到震荡四海的"海运"，一举千里的大鹏，才能展翅高飞。他认为，实现自己抱负的机会到了。

在永王幕下，李白是唯一举国皆知的大名士。永王隆重欢迎，设宴款待。李白随永王一路东下，"诗因鼓吹发，酒为剑歌雄"，意气风发，踌躇满志。到达金陵后，作《永王东巡歌》十一首，抒发他的抱负和欣喜之情。第二首说：

> 三川北虏乱如麻，四海南奔似永嘉。但用东山谢安石，为君谈笑静胡沙。

洛阳一带有黄河、洛水、伊水，故称"三川"，三川当时为叛军所占，一片狼藉。士民惊恐南逃，一如西晋末永嘉之乱时。李白自比谢安，认为只要能用自己，即可"为君谈笑静胡沙"。第十一首曰：

> 试借君王玉马鞭，指挥戎虏坐琼筵。南风一扫胡尘静，西入长安到日边。

"玉马鞭"比喻军权，李白表示，只要任用他，即可使永王军队像南风一样清扫乱军，顺利西进，收复长安。第九首诗中，李白提出了他的战略计划，主张永王军队以金陵为根据地，派遣舟师从海上行进，直取幽燕安禄山的老巢。这或许就是李白最为看重的长策。

永王在江陵领南方四道节度都使，总握兵权，封疆数千里，加上南方未受战争影响，经济富裕，他似乎可以坐拥金陵，保有

276

江南。这是永王的谋臣为他设计好的蓝图以及行动路线。肃宗自然看到了这一点，因此，永王招募兵马，组成水师，形势即刻变得紧张起来。

精明之士都在掂量肃宗与永王两者的分量。玄宗下达分镇诏书的时候，即任命长沙太守李岘为永王的都副大使，但过不多久，李岘声称自己生病而辞了官，很快投奔到肃宗那里。李璘统兵东下时，文学家萧颖士正在江东避难，永王写信请他出山，他赶紧逃走。可是不久萧颖士却接受了肃宗方面的广陵长史李成式的聘请，成了广陵幕府中的僚属。李白的朋友孔巢父抱着避祸的态度，隐藏起来，没有接受李璘的聘请。李白未必不知道其中的风险，但他一心想着实现自己宏伟的理想，实在无暇顾及许多复杂细微的现实因素。但历史从不迁就人的愿望，各种现实因素都足以从任何地方改写人们的理想方案和历史进程。

至德二载（757）二月，李亨派军前往广陵招讨李璘，永王军队在金陵附近的丹阳（润州，今江苏镇江），不战自溃。永王李璘携带儿女及亲信连夜奔逃，被地方部队擒住杀害。

永王军队溃败，李白从丹阳慌忙向南奔逃，途中作《南奔书怀》：

> 主将动谗疑，王师忽离叛。自来白沙上，鼓噪丹阳岸。宾御如浮云，从风各消散。舟中指可掬，城上骸争爨。草草出近关，行行昧前算。南奔剧星火，北寇无涯畔。顾乏七宝鞭，留连道傍玩。

李白愤怒了。他称永王的军队为"王师"，称肃宗的军队为"北寇"，可见他拥戴永王的坚定态度，但确实是"天真"了。李白认为，这是一场不顾百姓安危，只为了权力而残害手足的悲剧，他说"兄九江兮弟三峡，悲羽化之难齐"（《万愤词投魏郎中》）。但是，在肃宗眼中，这是李白站错了立场。

李白打算回到庐山，但逃到彭泽后，就被捕入狱了。在当时的情势下，永王余党皆当死罪，杜甫得知李白被捕，在《不见》诗中说："世人皆欲杀，吾意独怜才。"对李白这样的诗歌天才，杜甫感到十分惋惜。

四、锒铛入狱

李白入狱之后，心中忧郁。

站在昏暗不见天日的牢中，望着铁栅栏，李白感到前所未有的绝望。这些天他不顾劳累，日日夜夜竭尽全力分析局势，希望早日平定动乱，眼看着有了一些希望，却在下一秒，卷入了同室操戈的政治斗争中。

永王分镇领兵是玄宗的旨意，自己出于救国的至诚，参加永王幕府，渴望在平乱中建立奇功，本是好事，可转眼之间，却成为罪人身陷牢狱，生死未卜。想到这里，不由满怀激愤。他呈诗过去的友人——此时已是扬州大都督长史、淮南节度使的高适，请他解救自己。又上书鸣冤叫屈，为自己辩护，声称自己清白如白璧，诬陷他谋逆的言论都是不实之词。在《与贾少公书》中，李白说："（永王）辟书三至，人轻礼重。严期迫切，难以固辞。扶力一行，前观进退。"他辩说入永王幕是情势所迫，在当时实属不得已。他在《经乱离后天恩流夜郎忆旧游书怀赠江夏韦太守良宰》这首诗中说："半夜水军来，浔阳满旌旃。空名适自误，迫胁上楼船。"一再强调自己是被胁迫的。

278

李白系狱后，给妻子宗氏写《在寻阳非所寄内》诗：

　　　闻难知恸哭，行啼入府中。多君同蔡琰，流泪请曹公。知登吴章岭，昔与死无分。崎岖行石道，外折入青云。相见若悲叹，哀声那可闻？

李白是在庐山受聘于永王，妻子宗氏劝阻。诗中又有句"知登吴章岭"，吴章岭与庐山相接，在九江与南康府交界处，说明宗氏当时在庐山一带，听说李白被捕入狱，"闻难知恸哭，行啼入府中"，惶恐悲伤，四处奔走，希望丈夫早日解救。李白把宗氏比作蔡琰，前人评论"用事妙甚"，对照蔡文姬故事，诗人确实引用非常恰当。

东汉末蔡邕的女儿蔡琰，即蔡文姬，博学有才辨，又妙于音律，她的丈夫董祀为屯田都尉，犯法当死。蔡文姬于是向曹操求情。当时曹操正会见众宾客，公卿名士及远方使驿，坐者满堂。曹操对宾客说："蔡伯喈女儿在外，今为诸君见之。"文姬求见，正常情况下，曹操当是单独接见，可他却让文姬在坐者满堂的地方为丈夫求情，在公卿名士及远方使驿的面前抛头露面，实在为难了她。那时有身份的女性是不会随便见家庭成员之外的男性的。山涛妻子韩氏即使想一睹嵇康、阮籍风采，也不敢宾主相见，只能捅破一点窗户纸，偷偷张望。事后，曹操问蔡文姬："闻夫人家先多坟籍，犹能忆识之不？"蔡邕是东汉著名文士，家多藏书，曹操知道经过战乱，蔡邕藏书早已荡然无存，故问她那些书还能记得否。古人读书，就是背诵。文姬曰："昔亡父赐书四千许卷，流离涂炭，罔有存者。今所诵忆，裁四百余篇耳。"曹操说："今当使十吏就夫人写之。"给夫人十个小吏，让他们把夫人背诵的内容写下来。文姬谢绝了，说："妾闻男女之别，礼不亲授。乞给纸笔，真草唯命。"可见当时，尊贵的女性不会随意与外界有接触，文姬夫人更不愿抛头露面。

话说文姬是为营救丈夫的性命，才吞声忍辱，蓬首徒行，进入厅堂，叩头请罪，音辞清辩，旨甚酸哀，众人听后都为之动容。曹操说："我也想解救他，可是文状已经发出，为之奈何？"蔡文姬说："明公厩马万匹，虎士成林，何惜疾足一骑，而不济垂死之命乎！"曹操感其言，乃追原董祀之罪。宗氏夫人出身相门，此时四处奔走，也是极其为难的事情。李白用文姬故事，表明他对夫人的理解与感激。

南宋诗论家严羽评说"闻难知恸哭，行啼入府中"两句"似杜"，确实。杜甫多写悲苦，李白擅写豪情。李白偶诉哀伤，颇似杜甫的诗句，正是感受极度愁苦时刻人情相同；杜甫偶入酣畅，接近李白的豪放，正是人到慷慨激昂处心灵相通。严羽又谓："'相见若悲叹'，'若'字一想必然者，却作或然，更动情。"这番情景下再相见，肯定是悲叹无比，但诗人不作必然肯定之词，而是作或然之想，强烈的情感而稍加抑制，更令人感动。

诗人有《万愤词投魏郎中》一诗，魏郎中，有学者说当是魏少游，江南西道采访使宋若思的同僚，诗中陈述他身遭囚禁，一些人非但不为之辩解，反而落井下石，令他痛苦万分。诗人喊出了："好我者恤我，不好我者何忍临危而相挤！"可见处境。在狱中，诗人回想自己的父母"高堂"，又想念自己九江的兄与三峡的弟，思念自己的爱子与老妻。诗人前程未卜，把自己的亲人都想了一遍，这在他的其他诗作中几乎从来没有过。前人评此诗曰："百忧万愤，情哀词迫。"诚如所言。

李白又多次写诗，求助宰相崔涣和御史中丞宋若思，他呼天抢地，申述自己的痛苦，希望崔、宋能为自己申诉冤屈。

宰相崔涣出身名门，祖父玄暐，神龙年间（705—706）功臣，封为博陵郡王。父亲璩，以文学知名，官至礼部侍郎。涣年少以操行清厉闻名，博综经籍，尤其擅长谈论，累迁尚书司门员外郎。天宝末，杨国忠排挤不依附自己的人，涣出为剑州刺史。天宝十五载（756）七月，玄宗驾幸于蜀，涣在路旁迎接谒见，言辞刚正忠恳，切中道理，玄宗赞赏，以为得涣恨晚。宰相房绾又加推荐，崔涣即日升为黄门侍郎、同中书门下平章事，扈从皇上到成都。

李白作《系寻阳上崔相涣三首》其一曰：

邯郸四十万，同日陷长平。能回造化笔，或冀一人生。

这首诗字数虽少，意思却颇难捉摸。严羽、刘辰翁评点《李太白集》载明人批曰："虽未雅，却有一种奇快意，可喜。"这话似乎更难捉摸。李白将死，求情之作当是无比悲伤，苦苦哀求，此作何以是"一种奇快意"且"可喜"？南宋葛立方《韵语阳秋》卷三曰："自古文人，虽在艰危困踣之中，亦不忘于制述。盖性之所嗜，虽鼎镬在前不恤也，况下于此者乎？李白在狱中作诗上崔相云'贤相燮元气，再欣海县康。……应念覆盆下，雪泣拜天光'。犹有所诉而作。"葛立方的意思是说自古文人就是身处危难的时刻，也不忘写诗，大约是嗜好如此，虽是死难在前也不在乎。其实诗人并非"鼎镬在前而不恤"，而是想以诗之新奇吸引被求助者，令其心有所感，免自己一死。

此诗四句二十字，确实新奇。诗人不说眼前，而是说秦王长平坑赵卒事。这是什么意思？古人认为，死生有命，富贵在天。《列子·力命》曰："可以生而生，天福也；可以死而死，天福也。可以生而不生，天罚也；可以死而不死，天罚也。可以生，可以死，得生得死有矣；不可以生，不可以死，或死或生有矣。然而生生死死，非物非我，皆命也，智之所无奈何。"明确说明生死由命，"非物非我"，"智之所无奈何"，可是，长平坑卒四十万，难道不论贤愚长幼，四十万人皆有"同日陷长平"的命吗？这正是力与命相争之际，也正是崔相回天之笔能够发挥作用之时。崔涣出身名门，博综经籍，擅长文学谈论，巨笔如椽，李白以"能回造化笔"期之，崔涣断然不想气馁。换言之，诗人求情必须找到一个文学上非常巧妙的说辞与理由，葛立方所谓"制述"，李白做到了，故明人以为此诗有"一种奇快意"，并且"可喜"。其二曰：

> 毛遂不堕井，曾参宁杀人。虚言误公子，投杼惑慈亲。
> 白璧双明月，方知一玉真。

前四句讲了两个故事，一是战国时赵国平原君的一个叫毛遂的门客，落井而亡，平原君听说后很伤心。后来人们告诉他那是另一个同名的人落井了。曾参的母亲听说曾参杀人了，初不相信，来告诉她的人多了，曾参母亲也不得不相信。这两个故事都说虚言假话不足信。诗人说，江湖上有关我的说法都不可信。"白璧双明月"，谓白璧如明月，明月如白璧，但真玉只有一个。"毛遂"四句，句法很有特点。南宋葛立方《韵语阳秋》卷一曰："老杜诗以后二句续前二句处甚多……李太白诗亦时有此格，如'毛遂不堕井，曾参宁杀人。虚言误公子，投杼惑慈亲'是也。"按照意思来说，诗句的顺序应该是"毛遂不堕井，虚言误公子。曾参宁杀人，投杼惑慈亲"，但诗人变换了顺序，诗句新颖齐整。

幸有崔涣、宋若思等人的营救，李白才获释出狱，免于一死。宋若思对李白很照顾，还让他担任幕僚并跟随自己前往武昌。李白十分兴奋，重新鼓起勇气。他在《自荐表》中称自己"怀经济之才，抗巢由之节，文可以变风俗，学可以究天人。……特请拜一京官，献可替否，以光朝列"。李白称自己像古代高士巢由一样具有高洁的品行，文章学术成就卓著，具有行政才能，恳请朝廷让自己担任一定的官职，为国效力。

就在李白重新展望前程的时候，厄运再次袭来。

五、长流夜郎

结束了快一年的牢狱生活，李白好不容易等来了重新奔赴前程的机会，厄运再次袭来。朝廷重新追究前事，李白以"附逆"的罪名被判流放夜郎（今贵州桐梓）。

至德二载（757）年底，李白只得从浔阳启程，奔赴夜郎。宗夫人与弟宗璟前来送行，码头边，宗氏甚是伤感，因前去夜郎路途遥远，这一别，意味着可能再也无法相见。

面对家人，李白十分愧疚。《窜夜郎于乌江留别宗十六璟》一诗中，诗人自称"浪迹未出世，空名动京师。适遭云罗解，翻谪夜郎悲"。诗人虽然名动京师，可此时却于事无补，不得不戴着罪名，流放远方，真是令人心悲！诗人"遥瞻明月峡，西去益相思"，确是一番凄苦的景象。

多年以前，王昌龄被贬夜郎时，李白写"我寄愁心与明月，随风直到夜郎西"安慰。如今自己前往夜郎，已经全无诗意。夜郎并非他想要度过余生的地方。李白眼中再无风、无花、无雪、无月，只是一条又一条通向渺茫的道路。

不幸中的万幸，作为著名诗人，李白在流放路上没有遭到什么虐待。地方官员、各地朋友都还乐意接待他，李白一路赋诗，答谢主人。但毕竟身为罪人，心中满怀悲凉。

乾元元年（758）春末夏初，李白路过江夏，他的好朋友史郎中接待了他，留他休息两个月。李白一生中，多次路过江夏，到过黄鹤楼，此番故地重游，他想起了出川时陪自己游历的吴指南，想起了诗友孟浩然。路过江夏的修静寺，此寺曾是李邕的旧宅，诗人想起了曾在这里居住的李邕，作诗《题江夏修静寺》：

我家北海宅，作寺南江滨。空庭无玉树，高殿坐幽人。
书带留青草，琴堂幂素尘。平生种桃李，寂灭不成春。

北海即李邕，其旧宅改作寺院，故空庭再无"玉树"李邕，而高殿时有静坐的僧侣幽人。诗人深切地怀念这位故人，深有感慨。斯人早已仙去，李白满怀悲凉。

秋日，李白经过了江陵。一路上，他不停地回望曾经的自己，少年时是如何漫游出川的，晚年时又如何走向贬谪之地。江陵，是他因司马承祯"仙风道骨"的称赞而小有名气之地，也是永王李璘起兵之地，命运的轮回如此奇妙。那时，司马承祯特意点拨过李白，劝他不可执着于仕途、懂得退隐。只是多年来，李白总想着功成之后身退。

走走停停，沿着长江逆流而上，冬日李白才进入三峡。江面越来越窄，两岸的高山越来越险峻。久违的巴蜀雄奇之景，再一次映入李白的眼帘。朝着西方望去，一道又一道的江湾，一重又一重的山峦，仿佛永远望不尽。只是李白没想到，再次见到曾经诗中的"故乡水"时，竟然不是梦过无数次的衣锦还乡，而是朝廷的罪人。诗人经过三峡，作《上三峡》曰：

> 巫山夹青天，巴水流若兹。巴水忽可尽，青天无到时。
> 三朝上黄牛，三暮行太迟。三朝又三暮，不觉鬓成丝。

李白不承想，在悬崖峭壁间湍急的江水中逆水行舟，竟是如此艰难。二十来岁出三峡时是"山随平野尽，江入大荒流"；三十年后入三峡却是"巴水忽可尽，青天无到时"。时间仿佛停滞。此处的"黄牛"指黄牛山，亦称黄牛峡，在今湖北宜昌市西北。歌谣说"朝发黄牛，暮宿黄牛，三朝三暮，黄牛如故"，意思是水路迂回，行舟多时，却未能走远。李白化用歌谣，生动有民歌风。

在流放途中，李白作有《流夜郎赠辛判官》一首。辛判官，名字不详。有论者推测或是浔阳群官之一。此诗很有特色，曰：

> 昔在长安醉花柳，五侯七贵同杯酒。气岸遥凌豪士前，风流肯落他人后？夫子红颜我少年，章台走马著金鞭。文章献纳麒麟殿，歌舞淹留玳瑁筵。与君自谓长如此，宁知草动风尘起。函谷忽惊胡马来，秦宫桃李向明开。我愁远谪夜郎去，何日金鸡放赦回？

此诗独特在于，诗人流放夜郎，本是伤心欲绝、愁苦万分，可是此诗却写得"辞气粗豪"。原来李白道中遇到了一位故人，一位年轻时代同样浪迹长安的朋友："夫子红颜我少年，章台走马著金鞭"。章台，长安繁华的街区。这位朋友使李白一下子想起两人同在长安裘马轻狂的生活。诗的前半回忆当时的豪奢生活：逸乐豪饮，沉醉于花柳之间，即使皇亲国戚，也曾一道推杯换盏。气岸凌乎豪士，睥睨天下，旁若无人。风流盖乎一时，举世之人，也不肯稍加谦让："气岸遥凌豪士前，风流肯落他人后。"前人评此两句"须让太白道"，正是李白一贯风格。这与其说是回忆，不如说是自夸，诗人豪放人格借着回忆外显、释放，借了长安的奢华来写自身的豪放。我们知道，人格有多种类型，有情感型，有理智型，有外向的，有内向的。划分起来李白似乎属于外倾情感型，我们几乎一眼能够识别他豪放的人格，所有外在的宏大豪迈壮丽，他都喜爱，而他就是想表达自身内在的宏大豪迈壮丽。一提起长安豪奢，他立刻就活跃起来，呈现出诗人内在本质：豪放。

与朋友同在长安，过着花天酒地的生活。本来以为天下太平无事，享此逸乐，一直持续下去。不料草动尘起，祸乱爆发，安禄山叛乱于渔阳，胡马忽至函谷关，生活充满忧患。新君即位，群才效用，有若桃李向明而开，皆倾心于太阳。凡是愿意出仕做官的人，正好借此风云际会之嘉惠，以自显达，但诗人长流夜郎，愁苦百端，不知何日能够遇到金鸡放赦，让他重回故乡。金鸡，古代宣布大赦天下的诏令时，都会在长杆上设有金鸡形象，因古人星占，以为天鸡星动，必当有赦。

诗人期盼能有赦免的机会。

六、遇赦而还

李白过洞庭，沿着长江而上，行经三峡夔州时，遇到朝廷

286

大赦。

这时已经是乾元二年（759）春末。这并不是朝廷知道了诗人的冤屈，专门为他昭雪，而是全国性的大赦。肃宗登基不久，战乱未平，皇帝诏书说："天下现禁囚犯，死罪从流，流罪以下，一切赦免。"李白听到赦令，满怀喜悦之情，立即掉转船头，顺流而下。江水奔腾，岸边树林里传来猿猴的阵阵嬉闹声，此起彼伏。李白万分激动，吟诵道：

> 朝辞白帝彩云间，千里江陵一日还。两岸猿声啼不住，轻舟已过万重山。

这是李白的名篇《早发白帝城》。诗虽短短四句，却塑造出舟行峡江、一日千里这一鲜明生动的空间形象。白帝古城在夔州，李白早晨从白帝城出发，晚上就到了江陵（今湖北荆州）。这段水路正好是长江三峡，两岸群山连绵，江水湍急。千里之遥，轻舟朝发而夕至。行舟快速传达出诗人兴奋激动的心情。

空间因素在这首诗中占据着十分重要的地位。如果说，此诗塑造了一个人物形象，那是非常不准确的，因为诗中的人物几乎没有出现，严格说来仅仅只有"朝辞"暗示了有一个乘船人的存在。如果说，它描写了诗人喜悦之情，那也是非常不准确的，因为诗中完全没有直接的情感描写。如果说，一首诗必定有一个抒情形象，那么这首诗的抒情形象只能是诗中留给读者鲜明的空间印象。如果说，诗歌在最低限度上可以被视为一个叙事的话，那么这首诗讲的就是大跨度空间中一片轻舟急速穿过峡江的情形。这一空间过程描绘得如此生动，以致读者仿佛随着千里船行从不同的角度目睹了全过程。对于今天的读者而言，就好像航拍的画面一样。古人虽然没有发明无人机，但却有对无人机视角的准确想象。诗歌着力描写了一个"空间形象"，即瞬息千里，一叶轻舟飞行江上，快速穿过空间的综合印象构成了这首诗的全部。空间形象是这首诗艺术上成功的关键。

李白诗中的白帝城在夔州奉节县（今属重庆），汉代称为鱼复县。鱼复故城即赤甲（赤岬）城。王莽时，公孙述据蜀，有白龙出殿前井中，述以为瑞，自称白帝，更号鱼复为白帝城。后刘备改其为永安宫。《水经注》有相关记载。围绕着白帝城，有着丰富的历史故事，夔州为蜀之重镇，素为兵家所争之地，其地形势险峻，李白形容白帝城是在"彩云间"，正写其所在山势之高。

"千里江陵一日还"，空间上"千里"距离之长与时间上"一日"之短相对比，突出船行快速，这正是长江地理形势造成的。长江源于青藏高原，源头区域平均海拔在 5000 米以上，而 95% 的落差集中在宜昌以上的上游段。从文献角度来看，对三峡江行之速的描写并非始于李白。

《水经注》中说："朝发白帝，暮至江陵，其间一千二百里，虽乘奔御风，不以疾也。"这些空间认知为后来诗人的创造奠定了基础。

杜甫《最能行》一诗中有"朝发白帝暮江陵，顷来目击信有征"句，实写夔州风土。李、杜诗旨有别，一叙遇赦喜还，一叙夔州风土，本不可相较。不过，就诗句所塑造的舟行千里、朝发夕至的空间形象而言，李白此诗确实用笔有力，刻画生动。杨慎《升庵诗话》亦赞李白概括盛弘之语，"述之为韵语，惊风雨而泣鬼神矣"。

"朝辞白帝彩云间，千里江陵一日还"，舟行千里、朝发夕至的意思，李白前两句就写尽了。诗的三四句，实际上是把这个意

288

思再说一遍："两岸猿声啼不住，轻舟已过万重山。"此诗本为绝句，在四句之中诗人竟然写了两遍，不过，叙述方式却大不相同。前两句重概括，后两句重形象。清沈德潜《唐诗别裁》云："写出瞬息千里，若有神助。入猿声一句，文势不伤于直，画家布景设色，专于此处用意。"施补华《岘佣说诗》曰："太白七绝，天才超逸而神韵随之。如'朝辞白帝彩云间，千里江陵一日还'，如此迅捷，则轻舟之过万山不待言矣。中间用'两岸猿声啼不住'一句垫之，无此句则直而无味，有此句走处仍留，急语仍缓，可悟用笔之妙。"

论者皆赞叹第三句曲折用笔而富有意味，道理何在？此处"走处仍留，急语仍缓"；"入猿声一句，文势不伤于直"，正是绝句冲突性结构、戏剧性结构的反映。此诗前两句为概括，概括不免抽象，虽用语简洁有力，然而留给读者的具体印象、可以想象的内容却比较少。这就是诗家所谓"急语""直而无味"。也就是说，如果读者对于三峡了解不多，他们想象舟行千里的过程就比较模糊，就像对飞船一无所知的人无法想象绕月飞行一样。所以，诗人回过头来重新描写这一段过程，他没有忘掉诗人之所长，或者说，几乎本能地运用诗歌的动态手法，着重表现动态的形象："轻舟……过万重山。"这使得读者对"千里江陵一日还"有了具体想象的线索。而且诗人没有忘掉一定不要漏掉声音元素："两岸猿声啼不住。"陶渊明在非常寂静的村落空间描写中，以"鸡鸣""狗吠"这些声音元素创造出真切、生动的想象情境。同样，在李白这首诗中，尽管整个空间形象就是一个动态的过程，但"两岸猿声"更使人产生身临其境效果。从前引《水经注》可见，"猿声"意象也来源于前代的感知、知识的积累。

总之，此诗有两个叙述层面，一是概叙，点明"千里江陵一日还",一是更加具体形象的描述,以"两岸""猿啼""轻舟""过""万重山"等具体细节刻画舟行千里的空间形象,给人以丰富的想象。这些快捷的空间形象正传达出诗人遇赦回归时喜悦兴奋的心情。

七、发白心不改

唐代成就了诗人李白,却没有给予他实现政治理想的机会。大唐盛世造就了一位天才诗人,却没有给予他"奋其智能,愿为辅弼"的机会。

要对社会、政治作出卓越贡献,与成为唐代一流诗人一样困难,也许更为困难。在这里,我们看到个人、社会以及诗歌之间复杂的关系以及相互作用。

唐代的科举教育以及儒道思想的流行,为造就一个诗人提供了条件,诗人正是在这样的大环境中成长起来的。在当时的社会、文化环境中,受过一定的教育、读过圣贤书的正直之士都会怀有一定的政治理想,但他们一旦踏上仕途,进入官场,很快就变得异常"现实",很少再有人提及匡时济世,理想早已烟消云散。李白不同,他一直都保持着对政治的巨大热情,直到晚年都是如此,到老他都想象着自己仍然是展翅高飞的大鹏。李白辞去翰林,复归东鲁,作《单父东楼秋夜送族弟况之秦》诗中说"发白心不改",萧飒之中有坚韧之气:

尔从咸阳来,问我何劳苦。沐猴而冠不足言,身骑土牛滞东鲁。况弟欲行凝弟留,孤飞一雁秦云秋。坐来黄叶落四五,北斗已挂西城楼。丝桐感人弦亦绝,满堂送客皆惜别。

卷帘见月清兴来，疑是山阴夜中雪。明日斗酒别，惆怅清路尘。遥望长安日，不见长安人。长安宫阙九天上，此地曾经为近臣。一朝复一朝，发白心不改。屈平憔悴滞江潭，亭伯流离放辽海。拆翮翻飞随转蓬，闻弦坠虚下霜空。圣朝久弃青云士，他日谁怜张长公。

前半言送别李况到长安，后半言己曾经在京城为近臣，后"拆翮翻飞""闻弦坠虚"，漂泊多时，如今的圣朝已难理会耿介之士。沐猴即沐猴而冠，用项羽事，此诗人自喻不喜做官的约束。猕猴骑土牛也是用典，比喻，一生仕途没有进步。

"屈平"句指自己像屈原、崔骃那样被放逐。东汉崔骃字亭伯，为车骑将军窦宪的掾属，窦宪擅权骄恣，崔骃数谏不听，出为长岑长。长岑地属辽东，崔骃不到官而归。

"闻弦"句言古有善射者更赢，虚发而下雁。魏王问之，更赢曰："其飞徐而鸣悲。飞徐者，故疮痛也；鸣悲者，久失群也。雁故疮未息，惊心未忘，闻弓弦音而高飞，故疮裂而陨。"

末句的"张长公"，即西汉张释之之子张挚，字长公，官至大夫，后免官。因不能取容当世，终身不仕。末句对圣朝提出了质疑："圣朝久弃青云士，他日谁怜张长公。"这在传统时代是极少的。

李白的理想过于高远，过于理想化，所以在现实社会当中必然遭遇挫折。但这份对理想的执着成就了李白的诗歌，成就了李白独特的人生。

现代读者不免会对李白诗歌中所承诺的治理才能表示怀疑。一是作为天才的诗人，是否同时具备杰出的政治才能。当时，人们欣赏他的诗歌才能，但对他的政治才能似乎并未有什么评论，而李白始终自认为是天才。在他看来，是天才，就有天才的能力处理各种各样的问题，包括政治治理。

二是李白缺乏从政的经验。从经验上来说，李白并没有在地方上、中枢机构担任过实质性的职务，除了诗歌中的自许，人们无从了解他实际的政治才能。现代职业领域中，往往强调以往的工作经验，强调对于一般岗位知识的要求和培训，但古代社会生活简单，人们处理很多事情都是在干中学、学中干。而历史上更是不乏那些并没有很多经验而能够获得成功的例子，如在刘备三顾茅庐之前，诸葛亮并没有从事行政的经验，但后来他作为丞相负责整个蜀国的军政事务。谢安在淝水之战前，也没有在军队中征战指挥的经历，所以李白相信自己能够"使寰区大定，海县清一"，并非一点理由都没有。李白不参加科举，不屑于从做小官开始步入仕途，而是想象着自己像谢安一样，挥手之间就解决了整个王朝的重大危机，正如《赠张相镐二首》其二所云："抚剑夜吟啸，雄心日千里。誓欲斩鲸鲵，澄清洛阳水。"

也许，正是在现实领域中他自认为的政治才能没有得到重视，政治天赋没有得到发挥，他在诗歌中才以非常夸张的手法强调自己的政治理想。诗歌成为他内心真实而曲折的反映。李白用他自己的诗歌表达了他的政治理想，人们接受了他的诗歌，却没有接受他在诗歌中许诺的政治天才。诗歌对政治一往情深，而政治对诗歌则异常冷静。人们相信诗歌中的所有陈述，却不相信他的政治期许。

李白成为一个悲剧。

这个悲剧，不是说他的诗歌充满多少愁苦悲伤的故事，而是他宏大的政治抱负、激情奔放、昂扬乐观的文学表达与他孤寂落寞的人生经历所形成的强烈对比。他以诗歌抵抗命运，从不屈从于现实强加给他的不可能实现理想的命运。悲剧性体现在他的不屈、倔强，他以诗歌的豪放阻止现实的沉沦。

他是一位伟大的诗人。作为诗人，他获得成功，取得了卓越的诗歌成就。但作为现实生活中的个人，他的一生并没有惊天动地的经历与他所想象的"为君谈笑静胡沙"的伟绩。李白虽然曾进京作为翰林供奉，晚年入李璘幕，与政治有所接触，但前者经历时间短，即使诗人后来回想起来，称"忽复乘舟梦日边"，也没有实质性的政治内容，而后者甚至给他带来牢狱之灾，都谈不上成功的经历。李白似乎也没有觉得自己的人生成功了。他在《临终诗》中所说"中天摧兮力不济"，本要实现自己宏伟的人生理想，但无奈力有不济。

中国传统的读书人的成功，实际上只有一条道路，就是"学而优则仕"。古人一向认为，成功的人生在于进入仕途，匡世济俗，最终平治天下，青史留名。儒家文化所确立的价值观正是号召士人怀有经世致用的抱负，实现"修身、齐家、治国、平天下"的政治理想。这是传统士人所能接触的最普遍、最值得肯定的价值观。

李白身处唐代的社会文化环境当中，自然受到这样的价值观的影响，他在诗歌当中一再反映出这种价值观。在李白看来，英雄不是别的什么类型的人，而是历史上辅臣式的、力挽狂澜式的人物。神话不是浪漫奇异的传说，而是太公望、管子、鲁仲连、范蠡、诸葛亮、谢安这样辅佐君王、解救危难、成就王霸的事迹。功业不是常人眼中的功名利禄，而是"抚剑夜吟啸，雄心日千里。誓欲斩鲸鲵，澄清洛阳水"的功绩。

李白并没有真正意义上的从政经历。问题在于，现实当中的政治理想只满足于诗歌表达，一旦步入现实，政治理想就变成了理想中的政治而烟消云散，而许多诗人在满足诗歌对理想的颂扬之后，对这种正统价值观反而将信将疑起来，李白却深信不疑。他相信自己能够：

> 申管晏之谈，谋帝王之术。奋其智能，愿为辅弼。使寰区大定，海县清一。事君之道成，荣亲之义毕。然后与陶朱、留侯，浮五湖，戏沧洲，不足为难矣。

临终之时，他仍然相信自己是展翅高飞的鹏鸟。他用诗歌表达了最不真实、最不可能实现的政治愿望之时，获得了崇高的声誉。

李白诗中的辉煌与现实的落寞形成了李白悲剧性的人生。

八、天夺壮士心

乾元二年（759）春天，李白遇赦，立刻从夔州返回江陵。随后的行迹主要在江夏、岳州一带，南游零陵。到庐山、豫章，游洪州建昌县。又到金陵、宣城、和州历阳、溧水、当涂等地。大致是在今天的湖北武汉、湖南岳阳、江西南昌、江苏南京、安徽宣城一带活动。

李白恢复自由，但归途在哪里？

回家的旅途，似乎非常曲折。但对李白而言，问题是家在哪里，是青莲乡吗？他自从青年时代离开那里后，就再也没有回去过。第一次婚姻所在地安陆吗？结婚以后，他住在安陆的时间也并不长，况且夫人许氏已经去世多年。是鲁郡吗？他在那里买了一些田地，但李白也没有在鲁郡居住过很久，他似乎安排他的孩子定居在那里。宗氏的家在梁园，但宗氏热衷于寻仙访道，多在庐山、豫章寓居，与李白也是离多聚少。两人似乎也没有长期共同生活的经历。李白云游四方，志在千里，正如他在《上安州李长史书》中所说："白孤剑谁托，悲歌自怜。迫于凄惶，席不暇暖。寄绝国而何仰？若浮云而无依。南徙莫从，北游失路。"虽是他早年的状态，但从精神层面上讲，李白始终没有停顿下来，一辈子也没停下来，没有静心留居在某处。他一直在找寻，奔波，追逐，他是精神的游牧者。在他生命的最后两年里，他仍然寄希望于实现自己伟大的理想。

在岳州（今湖南岳阳），李白遇到诗人贾至。贾至曾任中书舍人，此时被贬为岳州司马。两人都有京城做官的经历，对长安的岁月极为留恋，又都有贬谪放逐的遭遇，此时相遇，颇有同病相怜的感受，唱和酬答，留下了不少佳作。

自赐金放还后，李白一直怀念长安的生活，心中充满着失落。但正如他在《江夏寄汉阳辅录事》中所说："报国有壮心，龙颜不回眷。"虽然天高皇帝远，无由得到朝廷重用，但诗人仍然怀抱壮心。

这年夏天在江夏，李白与汉阳县令饮酒，仍然相信自己"蛟龙笔翰生辉光"。《自汉阳病酒归寄王明府》曰：

> 去岁左迁夜郎道，琉璃砚水长枯槁。今年敕放巫山阳，蛟龙笔翰生辉光。圣主还听《子虚赋》，相如却欲论文章。愿扫鹦鹉洲，与君醉百场。啸起白云飞七泽，歌吟渌水动三湘。莫惜连船沽美酒，千金一掷买春芳。

去年长流夜郎，"琉璃砚水长枯槁"，琉璃砚已经干枯，诗人无法施展才能。今年遇赦回来，自己的蛟龙之笔仍能写出辉煌巨作。

当年圣主汉武帝只喜欢《子虚》大赋，而司马相如却怀有济世之心。李白自比司马相如，期望着在肃宗时代能有新的机会。

李白遇到旧友韦良宰。韦良宰江夏太守的任期将满，即将回到京城任职，李白嘱咐："君登凤池去，勿弃贾生才。"李白此时已是六十岁的人了，但他仍怀着壮志雄心，希望自己如汉代贾谊一样的才能，能够得到发挥。他仍然相信自己的文学天才可以得到新皇帝的欣赏。第二年即上元元年（760）春，李白又到江夏，结识了韦冰。韦冰是后来左谏议大夫韦渠牟的父亲，韦渠牟当时只有十一岁，还向李白学习古乐府。通过韦冰，又认识了颜真卿。颜真卿去年为昇州刺史、浙江西道节度使，后为刑部尚书，正从金陵返京，途出江夏，与李白相遇。

乾元二年（759）李白遇赦返回时，安史乱已经持续五年，但形势并没有彻底好转。

两年前，至德二载（757）正月，安禄山被其子安庆绪所杀，安庆绪即位为皇帝。九月，广平王李俶、郭子仪率官军与回纥兵一道，大败安庆绪于香积寺，收复长安，收复东京洛阳。十二月，上皇回到长安。史思明遣人请降，封归义王、范阳节度使。至德三载（758）二月，改元乾元，六月，史思明再反。八月，郭子仪大破安庆绪。乾元二年（759）三月，郭子仪等九节度之师共六十万人与史思明大战相州，官军溃败。史思明杀安庆绪，自称皇帝。九月史思明攻破汴州（今河南开封），李光弼弃东京洛阳，退守河阳，多次击退史思明的进攻。乾元三年（760）二月，李光弼击败史思明于沁上，四月，再破史思明于河阳西渚。闰四月，改元上元。史思明入东京。六月，平卢兵马使田神功破史思明于郑州。

上元二年（761）三月，史思明为其子史朝义部将所杀，史朝义继位。五月，以李光弼为河南副元帅，都统河南等八道行营节度，镇临淮。临淮即泗州，州治在今安徽泗县。李白时在金陵，闻讯立刻前往投奔李光弼军队，可是走到途中，大病一场，无法成行，只好回到金陵，并作诗与金陵群官告别。

宝应元年（762）建巳月（夏历四月），玄宗驾崩，改元宝应，复以建寅月为正月，月数皆如旧。肃宗死，宦官李辅国杀皇后张氏等，引太子（李俶，后改名李豫）继位，是为代宗。十月，以雍王李适为天下兵马元帅，会诸道及回纥兵于陕州，征讨史朝义，大破之，斩俘八万。史朝义逃遁。十一月，史朝义的将领薛嵩以相、卫、洺、邢四州投降。张忠志以赵、恒、深、定、易五州投降。史朝义奔莫州，唐官军围之。

上一年秋天，李白准备投奔李光弼，因病返回金陵。冬，又离开金陵，来到当涂。战事好转，诗人感到欣慰，"再欢天地清"，抱病赋诗，其《游谢氏山亭》曰：

> 沧老卧江海，再欢天地清。病闲久寂寞，岁物徒芬荣。借君西池游，聊以散我情。扫雪松下去，扪萝石道行。谢公池塘上，春草飒已生。花枝拂人来，山鸟向我鸣。田家有美酒，落日与之倾。醉罢弄归月，遥欣稚子迎。

诗作于当涂。谢氏山亭就是谢公亭，在当涂县南青山的山顶，现已不存。末句"遥欣稚子迎"，似有家人在一起。然"稚子"是谁，不能推知。此诗最大特点，就是一改往日豪放的风格，写得平淡而有韵味，酷似陶渊明，谢灵运；诗家又说"澄淡处足兼韦（应物）、柳（宗元）"。明人评"全袭康乐（谢灵运）《池上楼》首意"。谢灵运有《登池上楼》一诗，其中有"池塘生春草，园柳变鸣禽"句，李白确实想起这首诗，并且说道："谢公池塘上，春草飒已生。花枝拂人来，山鸟向我鸣。"可谓是与谢灵运的一次对话。

李白喜欢这一带的山水，本来是要与李阳冰共同隐居。李阳冰《草堂集序》中说："公退不弃我，乘扁舟而相顾。临当挂冠，公又疾亟。"范传正的碑文中也说："晚岁，（李白）渡牛渚矶，至姑熟，悦谢家青山，有终焉之志。盘桓利居，竟卒于此。其生也，圣朝之高士；其往也，当涂之旅人。"说明李白当时到当涂确实想闲居于此，欣赏山水。不料，李白此时病情加重。

李白拿出自己积存多年的诗稿，交给李阳冰，请他编集并写序言。李阳冰《草堂集序》中所谓"草稿万卷，手集未修。枕上授简，俾予为序"。

李阳冰字少温，赵郡人，官到将作少监。善词章，是当时有名的书法家，尤工小篆，篆法妙天下。当时人如果请到颜真卿书写的碑文，一定要请李阳冰用篆书题写碑额，"欲以擅连璧之美"。乾元间为缙云令，修孔子庙，自为文记之。秩满，退居吏隐山，后迁当涂令。李白曾作《当涂李宰君画赞》，其中称李阳冰"缙云飞声，当涂政成。雅颂一变，江山再荣"，称赞他的政绩。

宝应元年（762）十一月，李白病逝于当涂，年六十二。

李白去世后一年，安史之乱平息。宝应二年（763）正月，史朝义自莫州突围，走幽州，其部将田承嗣降，幽州的范阳节度使李怀仙亦降，史朝义想逃奔奚、契丹，为追兵所及，自缢而死。大唐的一场大动乱，至此得以平定。

安史之乱，对唐朝的影响至为深刻。有史家认为这是唐朝历史的分水岭，甚至是中国历史的一个分水岭。唐王朝之前的一百多年，不断走向鼎盛，之后的一百多年，差不多是由盛至衰。李白一生正好经历了玄宗开元、天宝鼎盛时期，李白豪放诗风无意之间成为一个时代精神面貌的特写。

李阳冰将李白的作品汇编成集，编成《草堂集》十卷，并写了一篇序文。序中说："公（李白）避地八年，当时著述，十丧其九，今所存者，皆得之他人焉。"可见，李白的作品当时散失极多，留存下来的只是很少的一部分。唐人范传正重新搜集李白的遗稿，编为文集二十卷。但这两种集子后来都散失了。宋人不断收集、整理李白的作品，其中宋敏求所编的诗文集三十卷比较完备，流传至今。清代王琦参考各本，重新编定《李太白文集》，并作注、增加附录等，颇为详备。

人们将他葬在当涂龙山脚下。不久，朝廷搜求遗逸，拜李白为左拾遗，但这个官职的任命来得太晚，诗人已经去世。

关于李白之死，后世有不同的传说。唐诗人项斯《经李白墓》说："夜郎归未老，醉死此江边。"《旧唐书》本传也说李白"饮酒过度"而卒。可见唐代就已经有诗人醉酒而亡的说法了。五代王定保《唐摭言》说，诗人醉游采石江，入水捉月而死。这些传说虽然没有什么根据，但颇能反映后人对李白的看法。李白一生豪饮，对于诗人而言，还有什么样的死法比醉死更符合他的愿望呢？李白喜爱月亮，描写明月的诗作很多，月亮是李白追求高尚品格的象征，还有什么能比入水捉月的举动更能形象地传达出诗人对高洁理想的追求呢？

当年李白与宗氏避安史之乱而南下时，儿女仍滞留东鲁，李白为此极为担忧，曾托门人武谔前往接取，看来未能如愿。李白流放的时候，子女仍不在身边。大约李白病重，儿子伯禽来到当涂照料父亲。伯禽从未做官，后于贞元八年（792）去世。女儿平阳嫁人之后不久去世。另一儿子颇黎，则始终未见相关的记载。

李白一个朋友的儿子范传正，后来做了官，到宣州来寻访李白的后代。他找到伯禽的两个女儿。她们都嫁给了当地的平民，她们说，还有一个哥哥，但出外十二年，不知下落。她们告诉范传正，李白生前很喜爱谢朓经常登临的"谢家青山"，如今李白的坟墓日益崩坏，希望能够迁葬在那里。元和十二年（817）正月二十三日，范传正将李白之墓迁到青山之阳，并写了一篇《唐左拾遗翰林学士李公新墓碑》，铭文中说："谢家山兮李公墓，异代诗流同此路。"此时距李白逝世已过了五十五年。李白一生钦慕谢朓，改葬青山，对诗人的在天之灵也是些许慰藉。

结语：李白的意义

弥留之际，李白写下了一生中最后一首诗《临路歌》。

诗人一生走过的路程，脑海中走马灯一般闪过。他时而清晰，时而模糊。时而欣喜，时而悲泣。多少梦想，如今已经烟消云散，多少眷恋，如今已是付诸东流，多少渴望，如今已是无人记起，多少沉醉，如今也已是月白风清。被唤起的记忆，在诗人这里凝结成短短的四十一个字。这四十一个字反映了诗人最后的真切感受。

回首往事，他慷慨不已；咀嚼人生，他感慨万千。日暮途穷，他吟唱《临路歌》：

> 大鹏飞兮振八裔，中天摧兮力不济。余风激兮万世，游扶桑兮挂石袂。后人得之传此，仲尼亡兮谁为出涕？

前人称此诗"是何等语耶？殆不可晓"，又称"此章辞义不可强解"。这首诗确实不太容易理出头绪，但还是有一些线索可寻。

首先是大鹏。《庄子·逍遥游》中的大鹏，横空出世，"抟扶摇而上者九万里"。李白一生都很喜爱这个传说，他自比大鹏，大鹏成为他精神的化身。李白二十岁时在渝州，拜见刺史李邕就在《上李邕》中写下了"大鹏一日同风起"，并说"宣父犹能畏后生，丈夫未可轻年少"，并自比为大鹏。和司马承祯相遇的时

301

候，司马承祯赞扬李白有"仙风道骨"，李白写作《大鹏遇希有鸟赋》，自比鹏鸟。此刻在他弥留之际，李白的豪情逸志，没有随着青春的逝去而消亡，仍自比大鹏。大鹏形象伴随了诗人的一生。他想象自己是展翅高飞的鹏鸟，可是时运不济，大鹏中天陨落，无法飞往目的地，实现自己的理想。然而，鹏鸟高飞，虽中天摧折，也是"余风激兮万世"，对后世产生深远的影响。唐代李华就意识到这首诗本身的意义。李华在《故翰林学士李君墓志并序》中说："〔李白〕年六十有二不偶，赋《临终歌》（集中作《临路歌》）而卒。悲夫！圣以立德，贤以立言，道以恒世，言以经俗。虽曰死矣，吾不谓其亡矣也。"李白能以他的诗歌立言，可称贤人。

其次，衣袖挂于扶桑。中国古代神话说，太阳从东方的"汤谷"出来，在"咸池"沐浴，拂过神木"扶桑"枝头，就升了起来。诗人想象自己像大鹏一样经过"扶桑"时，将自己的袖子挂断在了树梢上。为什么是袖子？因为前代的文学家就曾想象神游之时，袖子被树枝拉扯。西汉文学家严忌写过一首辞赋《哀时命》，哀叹自己时命不及古人，生不逢时，不能实现心中的志愿。其中说："冠崔嵬而切云兮，剑淋离而从横。衣摄叶以储与兮，左袪（袖子）挂于榑（扶）桑。右衽拂于不周兮，六合不足以肆行。"严忌说自己理想远大，渴望纵横天地之间，可是，向东走，自己宽大的袖子挂在天地最东面的扶桑树上；向西行，自己的衣襟就扯到最西边的不周山上。李白说，我像鹏鸟一样经过扶桑树时，袖子挂断在了树上。他借此表达天地六合之间不足以肆意行游，无法实现自己的理想。李白继承了这个诗歌意象，说大鹏的袖子被挂在了树枝上。

第三，诗人期望得到后人的怀念。古人认为，圣人在世，一定会出现"河图""洛书"这样的圣物。孔子就说过:"凤鸟不至,河不出图,吾已矣乎!"麟是神兽,它的出现也意味着圣人之世。《史记·孔子世家》记载,西狩获麟,孔子曰:"吾道穷矣!"鲁国君主狩猎时捕获神兽"麟",孔子看到,不禁泪下。孔子因麟想起圣人之世,感慨自己不逢圣人之世,无法实现理想。对于后世而言,"大鹏"是李白作为诗人寄托理想的一个标志物,就像"河图""洛书"是圣人在世的象征物一样。诗人想象,后人会怀念多少世代以前那位想像大鹏展翅的诗人,进而理解诗人内心的无限感慨。自孔子去世以后,还有谁会为圣人之世伤心?还能理解李白壮志未酬的遗憾吗?

诗人以其诗歌而不朽。

李白生前就享有很高的诗名。贺知章称李白是谪仙人。杜甫说:"白也诗无敌,飘然思不群。清新庾开府,俊逸鲍参军。"唐人殷璠选编过一部诗歌选集《河岳英灵集》,选录开元、天宝年间二十四位诗人,其中就有李白。他说李白写诗,大多"纵逸",《蜀道难》等作品"可谓奇之又奇"。李白诗名天下知,这一点在当时是肯定的,但他并没有被推到诗国最崇高的位置上。

距离诗人太近,不容易看得真切,但慧眼独具,对诗歌文学非常内行的人首先就能发现李白的天才。李阳冰《唐李翰林草堂集序》中说:"自三代以来,风骚之后,驰驱屈(原)、宋(玉),鞭挞扬(雄)、马(司马相如),千载独步,惟公(李白)一人。"李阳冰自身的诗歌成就现在很难评说,他在为李白的集子写序的时候,虽然按照惯例会颂扬诗集作者的成就,但把李白推到风骚之后,"千载独步"的程度,如果不是对李白诗歌有所体会的话,恐怕他也不会推到"千载独步"的历史高度。在很大程度上,李阳冰是发现李白天才的第一人。

中唐时代，人们领略到盛唐诗歌所创造的辉煌。韩愈是中唐时期的大诗人，他在《调张籍》中说："李杜文章在，光焰万丈长。"他清楚李白诗歌所具有的力量，但并没有像李阳冰那样给出一个历史评价。

此后，人们对于李白的推崇与称赞几乎从没有间断，最为一致的评价就是李白是超凡的天才。晚唐皮日休《七爱诗》评李白："惜哉千万年，此俊不可得。"杜荀鹤《经谢公青山吊李翰林》也说："青山明月夜，千古一诗人！"钱易《南部新书》曰："李白为天才绝，白居易为人才绝，李贺为鬼才绝。"宋代朱熹称李白是"圣于诗者也"。诗论家严羽也认为李白、杜甫的创作达到了"入神"的境界，达到了"至矣、尽矣"、无以复加的地步。

这种天才在李白诗歌中的表现就是"奇"，意思奇，句子奇，篇章奇，他一方面有很多的继承套用，另一方面又能自出心裁。皮日休《刘枣强碑文》中称李白诗能够"言出天地外，思出鬼神表"，完全超越了一般人的想象。胡应麟说李白诗是"出鬼入神，惝恍莫测"。

诗人多以奇崛之句出于意表，李白虽然也有这样的奇句，但更多的却是"容易"的诗句，让人意想不到，你甚至都觉得这样的句子自己也能脱口而出。诸如：

> 弃我去者，昨日之日不可留；乱我心者，今日之日多烦忧。（《宣城谢朓楼饯别校书叔云》）
> 清风朗月不用一钱买，玉山自倒非人推。（《襄阳歌》）

这类诗句，明白如话，却又奇妙无比，不禁使人想问，它们究竟是怎样从诗人的脑海中酝酿而成的？他的许多诗歌色泽明丽，意象丰富，想落天外，每每出人意料。历代诗人、诗论家相当一致地认为，李白的创作得之于"天授"，而非"人力"，即所谓"天人""天才"、天生之才。简单地说，李白诗歌无迹可寻，不可学。他所达到的诗歌艺术水平，得益于长期不懈的努力，但确实更多地依赖于诗人的天赋。

李白诗歌最突出的特点是豪放。从语言方面来看，豪放只是李白诗歌表现出的风格。但透过语言外表，不难感受到，诗歌风格的豪放正是诗人豪放个性、豪放人格的显现。从这种意义上来说，豪放并不是一种风格因素，而是诗人人格的投射。诗人的本质就是豪放、宏大、激进、激烈。这种风格的写作并不是依靠文句的锤炼，甚至不是体现在语言上，而是体现在风格与人格的统一性上。也就是说，只有这样的人格才可能写出这样的诗歌。不具备这样个性的人，即使是在风格上模仿，也不可能实现其内在的统一性。

在中国诗歌史上，只有很少的诗人具有这种纵逸狂放的风格。它不像有固定格式可遵循、有规则可依的格律诗的风格与样式，更受诗人的欢迎。所以杜甫成为人们可效法的诗圣，而李白仅仅是让人们惊叹的诗仙。诗仙的称呼，在某种程度上，我们可以把它看成是一种人格，一种人格的外显形式。但是，仙人毕竟有某种仙格，某种想象性、非现实的因素，而李白豪放的人格却是他身上最直接的现实。

再没有人能像李白这样把豪放人格推向极端。大多数人为了应付生活，不得不随和迁就、适应性地迎合生活的方方面面，性格由此变得油滑圆融，毫无棱角。李白虽然也有小小的迁就，但大的方面，他一生保持了自己突出的棱角，丝毫没有改变自己的豪放，甚至在长流夜郎之时，他还是要"气岸遥凌豪士前，风流肯落他人后"。他为人豪爽仗义，任侠使气，背负朋友吴指南遗骨为其下葬，真非一般人所能做到。傲世独立，狂放不羁，面对君主，内心里始终以"外臣"自居，"戏万乘若寮友，视俦列如草芥"。怀有平交王侯的思想，面对权贵，不为所动。他惊叹蜀道的艰险，向往"天姥连天"的山水，向往长风万里、海月晴空，惊呼"飞流直下三千尺"，又道"黄河之水天上来"。所有这些，都在于他震惊于一个惊天动地的世界，又渴望在这个世界上做出一番惊天动地的事业。诗风豪放都与他内在的宏大、豪放、壮阔的人格追求分不开。他渴望成为一个卓越人物，成为一个历史性人物，成为伟大本身。

他仰慕鲁仲连、诸葛亮与谢安的功业，要实现自己"使寰区大定，海县清一"的政治理想。为了实现自己的远大理想，晚年还向李光弼请缨，甚至还加入永王的幕僚，因此而长流夜郎。

李白的许多观念并不拘于传统，他能超越传统政治的一般衡量。所以历史上许多人不理解他从璘的行为。有人批评他失节，有人加以辩护。在尊崇君权的环境中，李白追随永王李璘，必然被看作是失节行为。宋代朱熹批评他"没头脑至于如此"；苏辙《诗病五事》其一曰：

> 李白诗类其为人，骏发豪放，华而不实，好事喜名而不知义理之所在也。语用兵，则先登陷阵，不以为难；语游侠，则白昼杀人，不以为非。此岂其诚能也哉！白始以酒诗奉事明皇，遇谗而去，所至不改其旧。永王将窃据江淮，白起而从之不疑，遂以放死。

苏辙大体是批评李白从璘而不疑，不疑的原因在于"不知义理之所在"。苏轼《李太白碑阴记》说："李太白，狂士也，又尝失节于永王璘，此岂济世之人哉！"但苏轼不愿接受李白主动从璘这一说，以为他是被胁迫的："太白之从永王璘，当由迫胁。不然，璘之狂肆寝陋，虽庸人知其必败也。太白识郭子仪之为人杰，而不能知璘之无成，此理之必不然者也。"苏轼认为李白这样一位具有眼光的诗人，不会看不出来永王璘成不了事。

李白的政治参与以及政治理想，很大程度上不是一种现实政治的权衡与规划，而只是他的政治书写，一种诗歌书写。他并没有从现实的角度真正去考察政治理想实施的可操作性以及与环境之间对接的可能性。他想要实现自己的政治理想，但没有从实际地进入仕途的角度，从做官、地方行政治理等环节开始考虑介入现实政治的具体路径。从璘一事，也反映出来他甚至都没有现实地考虑自己可能的处境。这些都显示他的政治理想的理想性。他以诗歌写作的方式展现政治理想的实现路径。也就是说，在一种想象性的环境当中考虑其实现的可能性。他以奇士自居，想象自己一举扭转乾坤的伟大宏图，这种政治介入不可能实现。在很多情况下，诗人非常清楚现实社会的复杂性，但诗人用自己的想象屏蔽了现实的各种阻碍和侵扰，将政治转化为一种诗歌书写，而且是一种豪放风格的书写。他的理想更多的是历史故事虚构化之后的政治蓝图。

对于现代而言，李白的意义，并不在于他的政治理想，甚至不是他的诗歌，而是透过他的诗歌看到他的人格。他奔放的诗歌、慷慨的激情、宏伟的蓝图、酣畅的豪饮都只是他豪放人格的映射。

在人格探索上，李白无疑是一个伟大的先行者。

人格是一个人之所以成为人的内在特质，它并不是现成的、与生俱来的东西。在传统社会环境中，人们更多地受到共同的观念、共同的情感、相同的生活方式的支配。在这种共享的意识、共同生活的背景中，一个人是很难形成自身鲜明的个性并且通过某种方式表现出来的。这需要将人自身某种个体性的、个人的特征抽离出来，变成个人的精神财富，并由此创造出个体的人格，这是一项卓越艰难的开拓，是古代环境中的现代性探索。从这方面来说，李白具备了一种非常超前、跨越了时代的人格意识。此前，几乎从没有诗人像他这样专注于自我，专注于自我表达，专注于表达内心激烈情感和强烈渴望。即使这种渴望有时到了某种可笑的程度，为了实现自己的愿望甚至不去权衡现实的利害，最后锒铛入狱，他也无怨无悔。可以说千百年来，他是第一个成功塑造自身人格的探索者。

他用诗歌塑造了前所未有、卓越的人格形象：崇高、自由、豪放。他也用自己的一生实现了自己的人格。如果李白不写诗，我们也就无法领略到他的个性。幸亏他是诗歌的天才，他的豪情、热烈、宏大，才直观地通过诗歌形式充分展现出来。正是通过他天才的诗歌，我们看到了一个开创性的人格形象。

这也是李白在中国传统诗歌史上，虽然受到极大的推崇，却很难被效仿的一个原因。他傲然豪放的人格与传统时代的社会环境格格不入。他很难为当时的社会所理解，甚至到了现代，我们仍然没有完全理解李白，因为我们个体的人格、人格探索仍然处在初级阶段。李白一生的奋斗探索超越了他的时代，他在古代做了一件今天我们仍然在做的事情：实现理想的人格。

诗人死了。

诗人死了，他的诗歌活着，他的人格形象留在我们的脑海。千百年后人们仍然热爱他的诗歌，诵读他的诗歌。

附录一　李白简谱

武则天长安元年（701），一岁

出生于碎叶城。

长安二年（702），二岁

长安三年（703），三岁

长安四年（704），四岁

中宗神龙元年（705），五岁

随家迁蜀，居剑南道绵州（巴西郡）昌隆（后改为昌明）青
莲乡。发蒙读书。《上安州裴长史书》云："五岁诵六甲。"

神龙二年（706），六岁

景龙元年（707），七岁

景龙二年（708），八岁

景龙三年（709），九岁

睿宗景云元年（710），十岁

读《诗》《书》及诸子百家。《上安州裴长史书》："十岁观
百家。"《新唐书》本传："十岁通诗书。"

景云二年（711），十一岁

玄宗先天元年（712），十二岁

玄宗开元元年（713），十三岁

开元二年（714），十四岁

开元三年（715），十五岁

《赠张相镐二首》："十五观奇书，作赋凌相如。"能作诗赋。《与韩荆州书》："十五学剑术。"好剑术，喜任侠。《感兴八首》其五："十五游神仙，仙游未曾歇。"慕仙道，接触道教。参与社交。

开元四年（716），十六岁

开元五年（717），十七岁

作《明堂赋》。

开元六年（718），十八岁

隐居匡山（今四川江油境内）读书。往来于旁郡，先后出游江油等地。

开元七年（719），十九岁

游梓州，从赵蕤学纵横术。

开元八年（720），二十岁

游成都，谒益州（成都）大都督府长史苏颋。游渝州（重庆），谒李邕，作《上李邕》诗。游峨眉山。

开元九年（721），二十一岁

与东严子隐于"岷山之阳"即匡山。

开元十年（722），二十二岁

隐居匡山。

开元十一年（723），二十三岁

隐居匡山。

开元十二年（724），二十四岁

辞家远游。再游成都、峨眉山。舟行东下至渝州。

开元十三年（725），二十五岁

春三月，自三峡东下。经荆门山，至江陵（今属湖北）。在江陵访道士司马承祯。夏与吴指南游洞庭（今湖南境内）。至江夏。游庐山（今江西境内）。秋游金陵（今江苏南京）。

开元十四年（726），二十六岁

春，往扬州（今属江苏）。秋，游越中，回扬州，卧病。冬，至安陆（今属湖北）。

开元十五年（727），二十七岁

居于安陆寿山，与前宰相许圉师之孙女结婚，家于安陆。秋，至襄阳，结识孟浩然。

开元十六年（728），二十八岁

早春，出游江夏（今湖北武汉），在江夏送孟浩然赴扬州，作《黄鹤楼送孟浩然之广陵》。返安陆。

开元十七年（729），二十九岁

北游汝州。居安陆。作《上安州李长史书》。

开元十八年（730），三十岁

初夏，往长安。欲见玉真公主（玄宗之妹），不果。暮秋，西游岐州。冬，游邠州。

开元十九年（731），三十一岁

春，游坊州。在长安，浪迹市井，潦倒。初夏，离长安，

经开封（今属河南），到宋城（今河南商丘）。秋，到嵩山（在河南登封县境内），访元丹丘的颍阳山居。冬，在洛阳。作《梁甫吟》。

开元二十年（732），三十二岁

在洛阳，结识元演、崔成甫。秋，自洛阳返安陆。途经南阳（今属河南），结识崔宗之。冬，元演自洛阳到访安陆，同游随州（今湖北随州），谒道士胡紫阳。岁末，归安陆。

开元二十一年（733），三十三岁

春，往随州仙城山访元演，与汉东郡（随州）太守、胡紫阳

同饮于餐霞楼。居安陆。李白构石室于安陆白兆山桃花岩。开山田耕种。

开元二十二年（734），三十四岁

春，游襄阳（今湖北襄阳），谒荆州长史韩朝宗。春，至江夏，滞留。冬返安陆。

开元二十三年（735），三十五岁

五月，元演邀游太原。秋，在太原。

开元二十四年（736），三十六岁

春，在太原。北游雁门关（今山西代县）。秋，到洛阳，往嵩山元丹丘颍阳山居，结识岑勋。至洛阳。

开元二十五年（737），三十七岁

在安陆。

开元二十六年（738），三十八岁

春，至襄阳，与孟浩然再会。游南阳，至嵩山元丹丘颍阳山居。到陈州、宋城、下邳、淮阴、楚州（今江苏淮安）。

开元二十七年（739），三十九岁

春，在楚州安宜（今江苏宝应）。夏，到扬州，游吴地（今江苏苏州）。秋，至杭州。溯江西行，入楚，至荆州，岳州。回安陆。

开元二十八年（740），四十岁

妻许氏去世。五月，移家东鲁，寓居任城（今山东济宁）。夏秋，游兖州（今山东兖州）各地。冬，与韩淮、裴政、孔巢父、张叔明、陶沔等隐于徂徕山（在今山东兖州北部），号称"竹溪六逸"。

开元二十九年（741），四十一岁

居东鲁，秋，至嵩山元丹丘颍阳山居。旋送元丹丘入朝。

玄宗天宝元年（742），四十二岁

四月，游泰山。夏，与子女同至南陵（今安徽南陵），欲游越中。玄宗征召入京，返南陵。

秋，赴长安。与太子宾客贺知章相遇，贺以谪仙人称之。玄宗召见金銮殿，命待诏翰林。

天宝二年（743），四十三岁

待诏翰林院。初春，奉诏作《宫中行乐词》，赐宫锦袍。暮春，奉诏作《清平调》。与贺知章等人有"饮中八仙"之游。

天宝三载（744），四十四岁

春，送贺知章归越。三月，上疏请还山。诏许，赐金放还。离京。

经商州，到洛阳。与杜甫相会。旋往开封，与杜甫、高适游梁宋。游河北，北往安陵（唐属平原郡，在今河北吴桥北），乞盖寰为造真箓（道教的秘籍），至齐州（今山东济南），由高天师如贵道士授箓于齐州道观紫极宫。还归任城。

天宝四载（745），四十五岁

春，在任城。杜甫来同游于任城。夏，在济南，与高适、杜甫同谒北海太守李邕。秋，与杜甫再游鲁郡（今山东曲阜）。秋冬，在鲁郡送别杜甫。

天宝五载（746），四十六岁

在鲁郡，卧病甚久。秋，病愈，游于鲁郡。有游越地之想。至宋城，游梁园，旋到扬州。

天宝六载，丁亥（747），四十七岁

春，在扬州。旋至金陵。秋，到越中，往会稽吊贺知章。至台州，登天台山（在今浙江台州）。冬返金陵。

天宝七载（748），四十八岁

春，在金陵，遇崔成甫，同游。秋，到庐江（今安徽庐江），谒见庐江太守吴王李祗。

天宝八载（749），四十九岁

春，在金陵。冬，作《答王十二寒夜独酌有怀》。

天宝九载（750），五十岁

春，在金陵。五月，往庐山、浔阳。还东鲁，途经谯郡（今安徽亳州）访元演。归鲁郡。大约在此前后，到梁园，与宗氏夫人结婚。

天宝十载（751），五十一岁

春，在任城。秋，往汝州叶县石门山（又名西塘山，在今河南叶县西南），访元丹丘石门幽居。秋末，自开封渡河北上。

天宝十一载（752），五十二岁

北行，经魏州。春，至洺州，经过清漳、永年、邯郸、临洺等地。十月，抵达幽州（今北京）。作《北风行》，预感危机。

天宝十二载（753），五十三岁

自幽州南返，经过魏州贵乡县，遇韦良宰。至宋城，此前后数年宗氏居宋城。到曹州。返东鲁，别二子。到宣城。

天宝十三载（754），五十四岁

春，游金陵。五月，至扬州，王屋山人魏万（即魏颢）远道来寻，相遇，同游金陵。继游宣州之当涂、秋浦等地。

天宝十四载（755），五十五岁

在宣州。往来青阳、泾县、当涂、南陵、秋浦、清溪等地。

肃宗至德元载（756），五十六岁

岁初，往宋城，携宗氏南奔避难。在吴地，请武谔往东鲁迎李白子女。往越中。离开杭州，秋，隐于庐山屏风叠。

至德二载（757），五十七岁

正月，永王军到浔阳，入永王幕。兵败，奔亡，身陷浔阳狱。获释。入宋若思幕。岁暮，判流夜郎。

乾元元年（758），五十八岁

春，从浔阳出发，流夜郎。五月，至江夏。八月，在汉阳。秋，到洞庭。冬，入三峡。

乾元二年（759），五十九岁

春三月，至白帝城（今重庆奉节东），遇赦，旋返江陵。夏，至江夏，再到岳州。与被贬岳州司马贾至同游。游洞庭、零陵（在今湖南省）等地。

上元元年（760），六十岁

春，由零陵返岳州，旋至江夏。在江夏结识韦冰。又遇颜真卿。秋至浔阳，再登庐山。冬，游洪州建昌（今江西修水）。

上元二年（761），六十一岁

春，送宗氏往庐山。游金陵一带。往宣城，出游和州历阳。五月，李光弼充河南副元帅，为全国十五道行营中的八道行营（节度使所在地的驻所）节度，出镇临淮（即泗州，州治在今安徽泗县）。欲从李光弼军，半道病还金陵。

代宗宝应元年（762），六十二岁

流寓江南。冬，从金陵至当涂，依李阳冰。疾亟，将手稿托付李阳冰，请其编集作序。有绝笔《临路歌》。十一月，卒于当涂。